COLEÇÃO ELEMENTOS DE DIREITO

CURSO DE DIREITO EMPRESARIAL

3ª Edição

Revista e Ampliada

Elaborada de acordo com a Legislação vigente, incluindo o Novo Código Civil e a Nova Lei de Recuperação de Empresas.

Dados Internacionais de Catalogação na Publicação (CIP)
(Câmara Brasileira do Livro, SP, Brasil)

Roque, Sebastião José
Curso de direito empresarial / Sebastião José Roque. — 3. ed. rev. e ampl. — São Paulo : Ícone, 2006. — (Elementos de direito)

Título anterior: Moderno curso de direito comercial.
ISBN 85-274-0871-6

1. Direito comercial 2. Direito comercial - Brasil I. Título. II. Série.

06-4613 CDU-347.7(81)

Índices para catálogo sistemático:

1. Brasil : Direito comercial 347.7(81)

Sebastião José Roque

- Bacharel, mestre e doutor em Direito pela Universidade de São Paulo
- Advogado e Assessor Jurídico Empresarial
- Professor da Universidade São Francisco, "campi" de São Paulo e Bragança Paulista
- Presidente do Instituto Brasileiro de Direito Comercial "Visconde de Cairu"
- Presidente da Associação Brasileira de Arbitragem – ABAR
- Autor de 26 obras jurídicas
- Árbitro e Mediador

CURSO DE DIREITO EMPRESARIAL

3ª Edição

Revista e Ampliada

Elaborada de acordo com a Legislação vigente, incluindo o Novo Código Civil e a Nova Lei de Recuperação de Empresas.

© Copyright 2007.
Ícone Editora Ltda.

Coleção Elementos de Direito

Revisão
Rosa Maria Cury Cardoso

Diagramação
Nelson Mengue Surian

Proibida a reprodução total ou parcial desta obra,
de qualquer forma ou meio eletrônico, mecânico,
inclusive através de processos xerográficos,
sem permissão expressa do editor
(Lei nº 9.610/98).

Todos os direitos reservados pela
ÍCONE EDITORA LTDA.
Rua Anhangüera, 56
CEP 01135-000 — São Paulo — SP
Tel./Fax.: (11) 3392-7771
www.iconelivraria.com.br
E-mail: iconevendas@yahoo.com.br

PREFÁCIO À SEGUNDA EDIÇÃO

Com várias modificações está saindo a segunda edição desta obra e com a inclusão de novos capítulos. Tais novidades tornaram-se necessárias em vista das inovações legislativas recentes, como a Lei de Patentes, substituindo o tradicional Código da Propriedade Industrial. A legislação sobre o Registro Público de Empresas Mercantis e Atividades Afins foi enriquecida por diversas instruções normativas, que ampliaram e deram novos contornos à matéria.

Além desses diversos diplomas jurídicos, houve avanços sensíveis na luta pela implantação do novo Código Civil, embora ainda não promulgado. Já aprovado pela Câmara dos Deputados, o projeto do novo código foi também aprovado pelo Senado, malgrado tenha este vetado alguns artigos, veto esse que provocou o retorno do projeto à Câmara dos Deputados. Contudo, os artigos vetados pelo Senado não pertencem ao campo do Direito Empresarial, de tal forma que a parte tocante à empresa não precisará mais de revisão e poderia até mesmo ser antecipada.

A promulgação do novo código talvez não provoque profunda reformulação no Direito Civil, mas, no que tange ao Direito Empresarial, haverá ampla, profunda e importante transformação. Será a integração do Brasil nas modernas teorias do Direito Empresarial predominantes no mundo inteiro. Não se pode dizer que essas teorias não tenham sido introduzidas no Brasil. Nosso Código Comercial, com um século e meio de disposições anacrônicas criava empecilhos para um direito emergente no novo século. Por esta razão, procuramos engrenar este compêndio com o novo Código Civil.

A designação de "moderno" dada a este Curso de Direito Comercial não se referia ao fato de ser recém-lançado, mas por trazer idéias modernas. Essas idéias seriam modernas apenas para o Brasil, porquanto já se tinham implantado no mundo inteiro, principalmente após o advento do Código Civil italiano de 1942. Surgiram elas dos ensinamentos do extraordinário jurista italiano Tullio Ascarelli. Essas idéias foram ampliadas por seu sucessor na cátedra de Direito Comercial da Universidade de Roma, a "La Sapienza", o insigne comercialista Giuseppe Ferri. Infelizmente, o Brasil reluta em aceitar essas idéias modernas e a reação obscurantista se revela nas resistências à adoção do novo Código Civil. Nota-se ainda o imobilismo e o comodismo na manutenção da Lei Falimentar de 1945 e em vários outros monstrengos jurídicos. O progresso, porém, não caminha para trás e estamos vendo, pouco a pouco, ruírem as arcaicas estruturas do Direito Comercial brasileiro, denominado mais comumente Direito Empresarial.

Dois fatores animam nossa confiança no sucesso de nossa luta e desta edição:

A – a integração do Direito Empresarial francês, que tanta influência exerce sobre o direito brasileiro, no esquema moderno, não só na legislação, mas também na doutrina,

B – a publicação de novas obras de Direito Empresarial em São Paulo, seguindo o mesmo esquema deste e com idéias atualizadas, rompendo, portanto, com o passado.

O autor deste compêndio participou, em janeiro de 1999 e de 2000, de vários seminários na Universidade de Sorbonne e de reuniões na CCI – Câmara de Comércio Internacional, a respeito do ensino do Direito Empresarial nas faculdades de direito dos países da União Européia. A iniciativa primordial está sendo a uniformização e harmonização do Direito Empresarial e do ensino desta matéria. Como passo importante dessa política, os franceses modernizaram bastante seu Direito Empresarial, ombreando-se com o italiano. Já tinham criado um novo Direito Falimentar revolucionário; apresentaram nova lei sobre as sociedades mercantis, que foi chamada de "pequeno código societário".

Está desaparecendo nos programas de ensino das faculdades francesas, a designação de "Direito Comercial" e até mesmo os novos livros didáticos estão sendo publicados com nome de "Droit des Affaires" (Direito dos Negócios) e "Droit des Entreprises" (Direito das Empresas). Predomina ainda como obra didática o tradicional compêndio de René Rodière, mas se encontra muito reformulada, está bem ampliado o capítulo referente à teoria da empresa, quase desaparecendo aquelas antigas considerações sobre o ato de comércio e a figura do comerciante. Esta última expressão está banida do vocabulário jurídico.

Se o direito comercial francês, do qual o brasileiro é um reflexo, mormente do Código Comercial francês, de Napoleão Bonaparte, de 1808, se atualiza e se moderniza, por que não nos atermos ao direito francês do início deste século, ao invés do direito de 1808? Por que devemos ser juridicamente fiéis a Napoleão Bonaparte? São razões pelas quais incluímos pequeno estudo sobre o Direito Empresarial, no novo Código Civil, que está para sair.

Apresentamos ainda nesta segunda edição um estudo sobre a CCI – Câmara do Comércio Internacional, imprescindível para melhor compreensão do moderno Direito Empresarial, nome atual do antigo Direito Comercial. Deve ser realçada a notável contribuição dessa organização internacional de direito privado, sediada em Paris, no movimento de modernização, atualização e harmonização do Direito Empresarial e das práticas mercantis. No capítulo inserido neste compêndio, pode-se ver o que vem realizando esse órgão, como, por exemplo, a elaboração de lei-modelo de vários contratos mercantis.

Contribuição importante da CCI foi a criação da CIA – Corte Internacional de Arbitragem, com profunda influência na divulgação de fórmulas alternativas de resolução de litígios empresariais. Houvemos por bem incluir um capítulo sobre a arbitragem, fórmula adequada para dirimir controvérsias empresariais. A arbitragem vem sendo implantada e divulgada no Brasil, após o advento da Lei 9.307/96. É hoje questão de alta relevância para o Direito Empresarial e para a administração de empresas. Impõe-se a sua inclusão nos programas de ensino do Direito Empresarial nas faculdades de direito de todo país.

O segundo fato sugestivo de nova tendência no âmbito do Direito Empresarial (lembramo-nos de que este é o nome atual do que era chamado Direito Comercial) foi a recente publicação em São Paulo de duas novas obras didáticas, denominadas Curso de Direito Comercial, por editoras diferentes, mas calcadas em idéias modernas, rompendo assim o lugar comum. Se as editoras de obras jurídicas procuram apresentar as novas idéias vigorantes no Direito Empresarial de todos os países, é porque estão sentindo os reclamos de mestres dessa matéria e dos próprios acadêmicos de direito. Essa auspiciosa ocorrência nos faz considerar o acerto de nossa orientação, quando do lançamento deste compêndio.

Não há falar tampouco que estejamos querendo ser revolucionários, inovadores, iconoclastas, ou estejamos afrontando os grandes mestres do passado, como Carvalho de Mendonça e Waldemar Ferreira. Em momento algum este livro, e os demais lançados, discutiram o mérito dos insignes mestres desaparecidos ou procura contestar seus ensinamentos. Todavia, Waldemar Ferreira já é falecido há mais de meio século e Carvalho de Mendonça há mais tempo ainda. São pensadores do início do século XX e estamos agora no início do século XXI. As teorias e a terminologia utilizadas pelos preclaros mestres, como Carvalho de Mendonça, Waldemar Ferreira, Pedro Lessa, Sílvio Marcondes, Ernesto de Moraes Leme, Trajano de Miranda Valverde, Oscar Barreto Filho, Mauro Brandão Lopes e tantos outros, podem perfeitamente ser amoldadas a novas realidades, como "empresa", "satisfação do mercado consumidor", "pesquisa operacional", "leasing", "factoring", "merchandising" e outras que estejam surgindo.

Conclamamos, assim, os mestres de Direito Empresarial a empreender esta luta pela verdade e pela realidade, para que o Direito Empresarial seja reconhecido como o mais abrangente, complexo, vibrante e relevante de todos os ramos do direito no mundo moderno. Será o direito adaptado à realidade jurídica, econômica e social do Brasil e só assim será ele aceito e cultivado pelos acadêmicos, que há anos são torturados pelo ensino de um direito artificial, ilógico, dissociado da realidade jurídica e com o uso de linguagem arcaica e ininteligível.

São Paulo, fevereiro de 2001
O Autor

PREFÁCIO À TERCEIRA EDIÇÃO

Ao compor a 3º edição desta obra denominada de Curso de Direito Empresarial, em sucessão às outras duas, publicadas com o nome de Moderno Curso de Direito Empresarial, fazemos com a maior confiança no triunfo do nome de Direito Empresarial, que já se nota em várias obras e nos programas das faculdades de direito. Temos ainda a contribuição no novo Código Civil de 2002, dando ao Livro II o nome de "Direito de Empresa" e logo no título I deste capítulo "Do empresário". A história não caminha para trás e as novas idéias vieram suplantando as antigas, que não encontram mais caminho de volta.

No ardor da vitória, o Direito Empresarial, o mais importante, complexo e sólido ramo do direito moderno, sofreu grave derrota. A carga horária tradicional de três anos (seis semestres), foi considerada excessiva e desnecessária por órgãos pouco identificados do MEC. Algumas faculdades reduziram então seus programas de Direito Empresarial para quatro semestres e algumas para três. Outras chegaram ao despautério de estabelecer carga horária para apenas um ano (dois semestres). Como poderia esta matéria, tão vasta, difícil e complexa, ser ensinada em um ano e não mais? Há o caso concreto de uma faculdade que estabeleceu apenas um ano a ser desenvolvido no segundo ano. Depois passou para o quinto ano, pois só então irá preocupar-se com essa matéria e admitir seu professor.

É um dos motivos porque a nossa pobre bibliografia emperrou e ficou relegada a obras antigas, estreitando-se o campo para novas produções. Esvaiu-se o Direito Empresarial nos meios acadêmicos, exatamente no momento em que a empresa é erigida como o centro de produção de riquezas, em que se assenta a economia de um país. Não será mais possível estudar os numerosos contratos empresariais, que se desenvolvem, tornando-se híbridos, como se fosse mistura de vários outros contratos; nem os novos contratos, surgidos nos últimos anos, como o *leasing, o factoring, o franchising,* o crédito documentário, os contratos de transferência de tecnologia, os contratos bancários e tantos outros.

A nova Lei de Patentes, junto com vários tratados internacionais sobre a propriedade industrial, alguns transformados em leis brasileiras, como poderiam ser estudados em duas ou três aulas? E ainda mais, novos ramos do Direito Empresarial, como o Bancário, o do Mercado de Capitais, o Aeronáutico, o do Turismo, que nunca tiveram guarida em cursos de direito, como poderiam entrar em cogitações para a entrada nos programas de estudo nas faculdades?

Sem nos deixar abater pelo desânimo, procuramos dar nesta obra noções introdutórias desta importante matéria, procurando entusiasmar os acadêmicos de direito e facilitar a assimilação dela por todos os que a ela se dedicam. Dizem alguns espíritos superficiais, que dolorosamente influenciam o ensino, que o Direito Empresarial é cansativo, árido, difícil, complexo e mal humorado. Em alguns aspectos até concordamos com essas afirmações. Difícil e complexo realmente ele é e não poderia deixar de ser o ramo do direito que se ocupa de toda a economia do país e das intrincadas operações que envolvem vultosas responsabilidades econômicas.

É realmente muito mais fácil, simples e empolgante tirar maconheiro da cadeia, briga de marido e mulher, invasão de favelas, tanto que ocupam até o noticiário da imprensa. Analisar um contrato de financiamento, com centenas de cláusulas, garantias de variados tipos, implicações de diversas pessoas, responsabilidades múltiplas, exceções das próprias cláusulas, envolvimento de vultosas importâncias, é realmente cansativo e impróprio para espíritos afoitos e superficiais.

Não tenhamos, entretanto, ilusões: o Direito Empresarial é difícil, mas empolgante; complexo, mas apaixonante. É o direito puro e colocado em alto nível; é para pessoas de espírito empreendedor, que pensam alto e seriamente; não é direito mal humorado, mas sério. Este livro irá demonstrar os tesouros ocultos e a maravilhosa realidade do Direito Empresarial.

São Paulo, janeiro de 2006
O Autor

Ode aos Acadêmicos:

O Poder da Mente

Pobre de ti se pensas ser vencido;
Tua derrota é um caso decidido.
Queres vencer, mas como em ti não crês,
Tua descrença esmaga-te de vez.
Se imaginas perder, perdido estás;
Quem não confia em si marcha para trás.
A força que te impele para frente.
É a decisão firmada em tua mente.
Muita empresa esboroa-se em fracasso
Inda antes de dar o primeiro passo.
Muito covarde tem capitulado,
Antes de haver a luta começado.
Pensa em grande e teus feitos crescerão;
Pensa em pequeno e irás depressa ao chão.
O querer é poder arquipotente;
É a decisão firmada em tua mente.
Fraco é quem fraco se imagina;
Olha ao alto quem ao alto se destina.
A confiança em si mesmo é a trajetória
Que leva aos altos cimos da vitória.
Nem sempre quem mais corre a meta alcança;
Nem mais longe o mais forte o disco lança.
Mas se és certo em ti, vai firme, vai em frente,
Com a decisão firmada em tua mente.

ÍNDICE

1. INTRODUÇÃO AO DIREITO EMPRESARIAL

1.1. Conceito de Direito Empresarial
1.2. Uma questão de nomenclatura
1.3. A satisfação do mercado
1.4. Características do Direito Empresarial
1.5. A especificidade do Direito Empresarial
1.6. O Direito Empresarial no Brasil
1.7. As fontes do Direito Empresarial

1.1. Conceito de Direito Empresarial

Vamos ingressar no estudo do Direito Empresarial, ramo do direito privado, anteriormente chamado de Direito Comercial, e em priscas eras Direito Mercantil. O próprio nome nos dá a entender o significado: é o direito das empresas. É o conjunto de normas e princípios concernentes à estrutura e atividades das empresas mercantis ou a elas assemelhadas.

Essa é a definição, mas, como diziam os antigos gregos, a definição define, mas não esclarece. Após essa definição, pouco ou nada ainda sabemos a respeito do Direito Empresarial. Numa definição, surgem freqüentemente palavras que também necessitam de definição. Ao dizermos que o Direito Empresarial é o direito das empresas, logo nos vem à mente: o que será empresa?

Efetivamente, a empresa será o tema constante de nossas considerações. Desde logo, porém, teremos que adotar para a empresa um conceito, para justificarmos o conceito de Direito Empresarial. O conceito adotado será o inserido no art.2082 do Código Civil italiano:

> "Imprenditore
>
> È imprenditore chi esercita profissionalmente uma attività economica organizzata al fine della produzione o dello scambio di beni o di servizii".
>
> É empresário quem exerce profissionalmente uma atividade econômica organizada para a produção ou troca de bens ou de serviços.
>
> Esse artigo inspirou o art.966 do Código Civil brasileiro:
>
> Considera-se empresário quem exerce profissionalmente atividade econômica organizada para a produção ou a circulação de bens ou de serviços.

A palavra "bens" merece alguns comentários. "Bem" é tudo aquilo que satisfaz às necessidades humanas; serviços satisfazem às necessidades humanas e também são bens. Há bens materiais e imateriais: o direito é um bem imaterial; os bens da propriedade industrial, como invenções, patentes, desenhos, também são bens. A honra é um bem tutelado pelo direito. A expressão certa será "mercadoria"; "coisa" seria também adequado, mas não totalmente. Mercadoria é uma "coisa", um bem concreto, material, corpóreo. Sua principal característica, que a distingue da coisa e do bem é a sua destinação: satisfazer as necessidades do mercado consumidor. Enfim, mercadoria é um bem, mas um bem especial.

O Direito Empresarial, portanto, é o direito que regula as atividades produtivas, tendo em vista o suprimento do mercado consumidor. Examina a pessoa que se encarrega da produção de mercadorias e de serviços, tendo, pois, um fundamento subjetivo. Cuida da estrutura, do regime jurídico, das operações da empresa; esta é uma unidade produtiva, um centro de interesses, a pessoa sobre a qual gravita o Direito Empresarial. Dizemos ter um sentido subjetivo, por tomar ele, como objeto de estudo, a pessoa que constitui a pedra angular do Direito Empresarial.

Contudo, qual será o objetivo da empresa? Para que se dedica ela a produzir e vender mercadorias e serviços? Fica bem claro seu objetivo, que é a satisfação do mercado consumidor, atender às necessidades da população. Em outras palavras, diremos, então, que o Direito Empresarial ocupa-se da satisfação do mercado consumidor de produtos ou serviços. Não se trata de outra definição, mas a empresa é agora considerada por outra visão e outras palavras, mas o sentido continua o mesmo. As operações empresariais repousam principalmente sobre o contrato de compra e venda. Como se interpreta uma venda, não no sentido jurídico, mas psicológico? Podemos dizer que vender é descobrir uma necessidade humana e satisfazê-la. Caímos, então, novamente na concepção de que a empresa se destina à satisfação das necessidades humanas.

Para os espíritos mais afoitos, isto tudo pode parecer confuso. Em uma ponderada análise, o conceito de Direito Empresarial é de cristalina evidência e clareza. O objeto de estudo de uma ciência deve ser bem claro e estável. E a empresa será plenamente esclarecida em nossas considerações. A teoria da empresa será exposta e desenvolvida em seus múltiplos aspectos, de tal forma que não restarão dúvidas quanto ao objeto de estudo do Direito Empresarial e de seu conceito.

1.2. Uma questão de nomenclatura

Ao compormos este CURSO DE DIREITO EMPRESARIAL, adotamos para o ramo do direito privado que estamos examinando, a designação que lhe é dada pelos programas oficiais expedidos pelo Ministério da Educação e Cultura e de faculdades de direito. É designação também adotada por quase todos os países, visto que é o ramo do direito que regula a vida das empresas. O programa da faculdade de direito da Universidade Phantéon-Sorbonne, de Paris, traz o nome de "Droit des Affaires"(Direito dos Negócios), enquanto o Código Civil italiano fala em "Diritto dell´Imprenditore". Todavia, o mais flagrante exemplo para retratar as modernas tendências desse ramo do direito privado nos dá o novo Código Civil brasileiro, ao estabelecer as normas mercantis, denominando seu capítulo de "Direito de Empresa". Segundo a filologia brasileira, não há diferença entre um nome e outro: apenas, um é de formação analítica e outro sintética. Direito de Empresa e Direito Empresarial são sinônimos perfeitos.

Este mesmo ramo do direito passou por três nomes, desde que surgiu em 1553, quando foi publicada a primeira obra doutrinária sobre o assunto. Direito Mercantil foi o primeiro nome, substituído por Direito Comercial, a partir de 1807, quando foi promulgado o Código Comercial francês. Nosso país recebe geralmente com atraso as inovações jurídicas, da mesma forma que as tecnológicas. É o que se deu nesta matéria: embora o Código Comercial francês tivesse imposto o nome de Direito Comercial, desde 1807, o Brasil relutou em aceitá-lo, mantendo o nome de Direito Mercantil. Nossa primeira constituição previu a elaboração do código mercantil, ao serem criados os cursos jurídicos no Brasil, em 11/8/1827, foi incluído o estudo do Direito Mercantil. O Visconde de Cairú publicou a primeira obra brasileira sobre o assunto, denominada PRINCÍPIOS DE DIREITO MERCANTIL.

Com a promulgação de nosso Código Comercial, em 1850, revogado pelo Código Civil de 2002, impôs-se o nome de Direito Comercial, com bastante atraso. Observamos agora o mesmo fenômeno: o da resistência às inovações. Continuamos adotando o nome aceito pelo maior empresarialista brasileiro, Carvalho de Mendonça e pelo insigne mestre paulista, oriundo de Bragança Paulista, Waldemar Ferreira. Carvalho de Mendonça deixou-nos obra notável sobre a matéria, o TRATADO DE DIREITO COMERCIAL BRASILEIRO e Waldemar Ferreira, não menos notável, deixou-nos o TRATADO DE DIREITO COMERCIAL e as INSTITUIÇÕES DE DIREITO COMERCIAL. A influência externa também se fez presente; Cesare Vivante, que podemos considerar o Carvalho de Mendonça no plano mundial, legou-nos o seu CURSO DE DIREITO COMERCIAL. Até mesmo o genial Tullio Ascarelli, iniciador da fase empresarial, expôs, de forma pioneira, a teoria da empresa, na obra que se denominou CURSO DE DIREITO COMERCIAL.

Entretanto, todos eles são intelectualmente anteriores a 1942; são vultos da primeira metade do século XX, até mesmo Ascarelli. Até então, poucas empresas havia em nosso país. A atividade econômica privada e profissional era realmente exercida pelo "comerciante". Na segunda metade do século XX, sobressaíram-se as empresas no cenário econômico nacional; logo após a Segunda Guerra Mundial, instalaram-se no Brasil muitas empresas estrangeiras; os comerciantes transformaram-se em empresas; formaram-se os grandes complexos empresariais; mecanizou-se a produção; o artesanato passou a ser produção seriada; implantou-se a indústria automobilística, hoje a principal atividade industrial brasileira.

Vários juristas já tinham reconhecido estar ultrapassada a fase do Direito Comercial, mormente os que surgiram na segunda metade do século XX. Tomemos, como modelo, dois consagrados mestres desta matéria, na primeira metade do século passado: o prof. Rubens Requião, da Universidade do Paraná e o prof. Fran Martins, da Universidade do Ceará; ambos compuseram o seu CURSO DE DIREITO COMERCIAL, divulgados em todo o país, servindo de formação a milhares de acadêmicos de direito e constituindo seguros orientadores de advogados e juízes que se vêem a braços com questões de natureza empresarial. Vejamos o que disse o preclaro mestre paranaense Rubens Requião em sua considerada obra:

"Constitui hoje uma disciplina ameaçada, pois é edificada sobre noções fundamentais vetustas, e tem de ser revista: a expressão em si é imprópria; ela traduz de modo imperfeito, muito estreito, a realidade que se quer expressar. O que abrange, com efeito, a expressão 'Direito Comercial' senão as regras que traduzem em termos jurídicos a atividade econômica, as operações que ela abarca, sua estrutura, seus mecanismos? Se esse direito é assim chamado 'comercial' o é como recordação da época longínqua na qual a atividade econômica se reduzia praticamente ao tráfico de mercadorias, ao negócio e ao comércio, no sentido mais estrito".

Posição semelhante é tomada pelo ilustre mestre cearense, Fran Martins, revelada no seu CURSO DE DIREITO COMERCIAL:

"Essas regras jurídicas, que constituem o fundamento do direito comercial, por alguns são consideradas como um direito novo, chamado 'direito de empresas'. Na realidade não se trata de direito novo, mas de novas formas empregadas pelo direito comercial, para melhor amparar o desenvolvimento do comércio".

Vê-se, por conseguinte, que este compêndio não tem a intenção veleidosa de inovar, de querer descobrir algo que ninguém consegue notar. Seguiu apenas a opinião geral e as tendências do moderno direito, expressas principalmente no Código Civil de 2002.

1.3. A satisfação do mercado

A conceituação do Direito Empresarial, partindo da teoria da empresa, vai bem mais longe: é o direito da atividade produtiva para a satisfação das necessidades do mercado. Ao falar-se em mercado, parece estarmos voltando ao início desse direito, que por isso recebeu o nome de mercantil. Porém, a expressão "mercado" não tinha, no início dos tempos modernos, o mesmo significado de hoje. Quando dizemos que a empresa se destina ao mercado significa este o público consumidor, a clientela, a massa de consumidores.

É possível caracterizar bem, no universo das relações jurídicas patrimoniais, uma categoria de relações com caracteres próprios e constantes, que se diversificam de outras relações jurídicas, formando uma categoria unitária e facilmente identificável: são as relações jurídicas decorrentes da produção e venda, pela predisposição de bens ou serviços para o mercado. Essa categoria de relações jurídicas é a das relações empresariais e, em conseqüência, o Direito Empresarial constitui o complexo das normas jurídicas que as regula.

As relações jurídicas empresariais e, portanto, no âmbito do Direito Empresarial, são mais amplas do que se possa deduzir: relações empresariais não são apenas as concernentes à empresa no seu sentido econômico e jurídico, mas são todas as relações que, sendo inerentes à satisfação das exigências do mercado, exercem uma função de intermediação entre a produção e o consumo. A produção e venda de bens e de serviços implica, pois, numa função intermediária de empresa, em levar os bens e serviços ao mercado.

Uma indústria, por exemplo, além de fabricar seus produtos (não os fabrica para si) coordena uma atividade febril para intermediar a aquisição de matéria-prima e exercer inúmeros atos típicos de empresa, como a contratação de transportes, as operações bancárias e securitárias, unificadas na sua atividade. Há, pela empresa, uma ação coordenadora e uma função intermediária, atuando graças à coordenação lógica de muitas operações encadeadas, em função das necessidades do mercado e em consideração do resultado econômico oriundo da atividade empresarial. O Direito Empresarial vem a ser, portanto, o direito dessa atividade; da atividade de intermediação das mercadorias para o consumo.

1.4. Características do Direito Empresarial

Como um ramo autônomo, específico, o Direito Empresarial é caracterizado como tal, graças a certos atributos que o distinguem. Esses atributos variam com o tempo, mas sempre dão ao Direito Empresarial alguns matizes individualizadores. Modernamente, podemos indicar os seguintes traços peculiares desse direito: especialidade, cosmopolitismo, dinamismo, fragmentarismo, privatismo, liberalismo, onerosidade e massificação.

Especialidade

O Direito Empresarial revela-se um direito dirigido, próprio, um direito especial. Não se aplica ele de forma genérica, mas, a uma categoria especial de relações jurídicas. As relações jurídicas empresariais não têm como sujeito um largo elenco de pessoas, mas uma pessoa especial: a empresa e seus clientes. O Direito Civil e o Direito Penal aplicam-se a todos os cidadãos em geral; as regras civis e penais caracterizam-se pela generalidade; não é o que acontece com o Direito Empresarial. Seu campo de atuação é específico, delimitado.

Cosmopolitismo

Poucos ramos do direito manifestam intensa índole internacionalista como o Direito Empresarial. Um dos seus ramos, o Direito do Comércio Exterior, é voltado totalmente para as transações internacionais. Contudo, num sentido geral, o Direito Empresarial apresenta realmente uma tendência para o internacionalismo. O cosmopolitismo das transações econômicas, de troca de mercadorias, os empréstimos internacionais acarretam o cosmopolitismo do direito que os regulamenta. Os contratos mercantis, por exemplo, têm uma concepção uniforme e assim são praticados em todos os países; esses contratos são, muitas vezes, estabelecidos entre pessoas domiciliadas em países diferentes e distantes do mundo.

Eles tendem a uniformizar-se cada vez mais. O Direito Aeronáutico e o Direito Marítimo têm, como normas, importantes convenções internacionais, como é o caso da Convenção de Varsóvia, de 1929, para unificação das normas referentes ao transporte aéreo internacional. O próprio Direito Aeronáutico, como também o Direito Marítimo, quando aplicados no plano interno, apresentam alguma uniformidade, em vista de inspirarem-se nas convenções internacionais. Aliás, as convenções (ou tratados) internacionais, constituem importantes fontes do Direito Empresarial. Essa tendência recebeu recentemente o nome de globalização.

Dinamismo

O Direito Empresarial é extremamente dinâmico; evolui, desenvolve-se rapidamente, adquirindo novos matizes a cada hora. Contratos empresariais surgem e se modificam, enquanto os contratos tradicionais são relegados ao segundo plano, ou adquirem nova interpretação. A atividade empresarial é febril, embora o direito não acompanhe a fase revolucionária das empresas e do direito que as tutela. Exemplo é o Código Comercial francês, porém, mesmo sendo de 1807, introduziu nele inovações freqüentes, nos quase dois séculos de sua existência, como a teoria do estabelecimento, o Direito de Recuperação de Empresas, substituindo o antigo Direito Falimentar, renovou as normas societárias, diversos contratos novos; elaborou sugestiva doutrina sobre o contrato "clé em main", e vários outros novos institutos. O direito italiano é ultramoderno na área empresarial.

Fragmentarismo

O Direito Empresarial fragmenta-se em diversos ramos, cada um com caracteres próprios e critérios particulares. Todos, porém, têm um denominador comum, pois se destinam a regulamentar as atividades empresariais, as que se atêm à produção de bens e serviços para a satisfação das necessidades do mercado consumidor. Não constitui o Direito Empresarial um sistema uniformizado, mas é formado de compartimentos estanques. Vão-se formando novos ramos, como o do turismo, cambial e outros. Examinaremos neste compêndio esses vários ramos, dando-lhes rápida descrição.

Privatização

O Direito Empresarial é um ramo do direito privado. As relações jurídicas do Direito Empresarial têm nos seus pólos pessoas de direito privado, como as empresas e seus clientes ou fornecedores. Mesmo uma empresa pública ou uma sociedade de economia mista exercem atividade de cunho privado. Não constituem atividade oficial, mas se submetem às leis do mercado e do Direito Empresarial; os atos que praticam não são "atos do príncipe", mas atos empresariais. Ainda recentemente surgiu novo ramo do Direito Empresarial, denominado Direito de Recuperação de Empresas, de caráter privatístico, substituindo o antigo Direito Falimentar, com características de direito público.

Liberalismo

O Direito Empresarial é direito típico do regime liberal, sendo por isso um direito flexível, liberal e mais informal do que vários ramos do direito. Apesar de legislado, escrito e com institutos regulamentados, vigora o regime de liberdade nas negociações entre empresas. Sugestivo exemplo é o do direito norte-americano, em que a lei prescreve os princípios gerais do direito contratual, mas deixa à partes ampla liberdade no estabelecimento das cláusulas contratuais. Predomina no Direito Empresarial a defesa de interesse das empresas, isto é, interesses individuais, com as partes utilizando seu poder de barganha, no regime de livre negociação. A intervenção do Estado nas questões empresariais deve ser no sentido de estabelecer e aplicar normas que garantam a segurança e a harmonia das atividades empresariais, mas não nas próprias atividades.

Onerosidade

A empresa, sujeito primordial do Direito Empresarial, exerce atividade profissional e econômica; é profissional porque, antes de tudo, visa ao lucro, à retribuição do seu trabalho e econômica porque produz riquezas. As relações jurídicas estabelecidas entre uma empresa e outra, ou entre a empresa, seus clientes, fornecedores, prestadores de serviços e outros, são onerosas, de conteúdo patrimonial, tanto de uma parte como de outra. Examinemos o ato praticado por uma empresa que distribua chaveiros gratuitamente ao público; aparentemente este ato é gratuito, mas visa a empresa conquistar quem recebe o chaveiro, fazendo-o lembrar-se para quando tiver necessidade dos produtos dessa empresa, sendo, portanto, um ato oneroso.

Massificação

Acentuam-se cada vez mais no mundo moderno as operações empresariais de massa, a produção em série e a comercialização massiva. A era do artesanato está superada a mais de século, existindo hoje uma socialização das atividades empresariais. Conseqüência dessa massificação foi o advento do contrato de adesão e do contrato-tipo, relegando-se os contratos individuais.

1.5. A especificidade do Direito Empresarial

Antecipando-nos ao posterior estudo das teorias da dicotomia ou unificação entre o Direito Empresarial e o Direito Civil, examinaremos como as normas que constituem o Direito Empresarial se contrapõem às normas do Direito Civil, fazendo do Direito Empresarial um direito especial, excepcional, em oposição ao direito comum, geral. O Direito Civil regula as relações jurídicas genéricas, mas o Direito Empresarial regula relações jurídicas de determinada categoria, uma categoria diferenciada no universo das relações jurídicas privadas.

Por essa peculiaridade do Direito Empresarial, de suas características e exigências próprias, a atividade empresarial está sujeita a uma particular disciplina jurídica. Para essa atividade são criadas normas especiais e excepcionais, destinadas a regular institutos próprios da atividade empresarial, obedecendo a princípios particulares e diversos, em condições de peculiaridade do fenômeno econômico técnico regulamentado. Essas normas especiais devem prevalecer sobre as normas gerais, na aplicação a esses fenômenos.

Ao afirmar-se que o Direito Empresarial se contrapõe ao Direito Civil, não se quer indicar a existência de conflito, mas apenas uma discriminação.

Os dois sistemas de normas integram-se e se completam. Se fossem conflitantes, não poderia haver um só código para os dois ramos, como acontece na Itália, na Suíça e agora no Brasil, em que ficaram unificados no Código Civil os dois ramos do direito. Nos casos excepcionais, em que possa haver conflito entre as normas civis e empresariais, prevalecem estas quando aplicadas a um fato ou ato típico da atividade empresarial. Vamos deixar bem claro que não é porque existe um só código para os dois ramos do direito, que há um só ramo.

1.6. O Direito Empresarial no Brasil

O direito brasileiro inicia-se no século XIX, com a nossa independência. Até então vigorava no Brasil o direito da metrópole, mais precisamente, as Ordenações do Reino. Proclamada a independência em 1822, apressou-se o Brasil em elaborar a legislação nacional, iniciando pela constituição e depois pelos códigos, compreendido o comercial.

Entretanto, antes da independência, alguns fatos importantes provocaram leis nossas. Chegando ao Brasil em 1808, D.João V instalou a sede da monarquia lusitana no Rio de Janeiro e passou a ser assessorado por José da Silva Lisboa, o Visconde de Cairu (1756-1835). Formado em Coimbra, o Visconde de Cairu havia publicado, em 180l, a obra de PRINCÍPIOS DE DIREITO MERCANTIL E LEIS DA MARINHA, a primeira obra do gênero, publicada no Brasil. Influenciado pelo Visconde de Cairu, D. João VI tomou três medidas, em 1808, de extraordinário alcance, a saber:

- Lei de abertura dos portos brasileiros ao comércio com outros países;
- Alvará criando a Real Junta do Comércio, Agricultura, Fábricas e Navegação do Brasil;
- Alvará criando o Banco do Brasil.

Esses eventos tiveram repercussão enorme no campo jurídico, provocando inclusive o surgimento do Direito Empresarial brasileiro, antes mesmo de nossa independência, um direito discriminado do português. A criação da Real Junta de Comércio, Agricultura, Fábricas e Navegação do Brasil, precursora da Junta Comercial, obrigou a criação de inúmeras normas para regulamentar as atividades produtivas e estimular as iniciativas econômicas.

Deu início à legislação empresarial brasileira. Uma das iniciativas desse órgão, com apoio do governo imperial, foi a de empreender a elaboração do código comercial brasileiro, tarefa atribuída ao próprio Visconde de Cairu. Não se concretizou essa iniciativa, mas Cairu apresentou o pano do novo código.

A abertura dos portos brasileiros às transações diretas com outras nações teve extraordinário alcance. Não havia esses contratos antes; todas as operações de comércio exterior teriam que ser realizadas por intermédio da metrópole, mais precisamente na bolsa de mercadorias do Porto. Com o Brasil mantendo intenso ciclo de relações com os demais países, criaram-se normas reguladoras do comércio marítimo, regulamentação de portos e de navegação interna e externa. Houve ainda necessidade de elaboração de normas de direito administrativo, já que no Brasil nada havia.

Proclamada a independência em 1822, sentiu o Brasil a necessidade de elaborar seu direito, começando com a constituição nacional, o código civil e o código criminal. Houve a independência política, mas não jurídica, visto que continuava vigorando o direito português. Levantou-se a necessidade de elaboração do código comercial, idéia já cogitada anteriormente. Em 1832 foi nomeada a comissão encarregada de apresentar o anteprojeto do código mercantil (até então não era aplicada a designação de comercial).

Foram convidados quatro conceituados empresários do Rio de Janeiro, dedicados ao comércio marítimo e comércio exterior: José Antonio Lisboa, Honório José Teixeira, Inácio Ratton e Guilherme Midosi. Para a presidência dessa comissão foi indicado Limpo de Abreu. Não era comissão de juristas e alterou-se com a saída de uns e entrada de outros; integrou-se na comissão o cônsul da Suécia, Lourenço Westin, cujo país já tinha legislação mercantil e elaborara recentemente seu código comercial. A entrada de um jurista ilustre, José Clemente Pereira, que assumiu a presidência, em lugar de Limpo de Abreu, propiciou a elaboração do projeto, que, por modelo do Código Comercial francês, chamou-se Código Comercial. Apresentado o projeto no Congresso Nacional, foi aprovado em 1850 e promulgado pela Lei 556.

Vigorou esse código por mais de um século e meio, sendo revogado pela Lei 10.406, de 10/01/2002, que instituiu o novo Código Civil brasileiro. As tentativas de atualização do direito baseado no Código Comercial de 1850 vinham de longa data. Em 1912, o Governo Federal encarregou o jurista Inglês de Souza para elaborar o projeto de novo código. Apresentado o projeto ao Congresso Nacional, alongaram-se as discussões por 18 anos, mas a Revolução de 1930 e as perturbações políticas deram fim a ele. Em 1936, novo projeto foi elaborado pela comissão presidida por Levi Carneiro, assessorada pelo preclaro mestre paulista Waldemar Ferreira. Após a apresentação do projeto no Legislativo, sobreveio o golpe de Estado de 1937, tendo sido fechado o Congresso Nacional e estabelecida a ditadura com suporte militar até 1945. Restabelecido o sistema representativo, esqueceu-se do projeto. Contudo, tivemos finalmente o novo Código Civil em 2002, modernizando e aperfeiçoando nosso Direito Empresarial.

1.7. As fontes do Direito Empresarial

Todo ramo do direito tem suas fontes e elas constituem objeto de estudo, não só do direito em geral, mas de cada um dos seus ramos. A palavra "fonte" tem sido interpretada sob diversos aspectos, mais precisamente, como fonte de produção e fonte de cognição do direito. Fonte, no sentido vulgar, tem o significado de nascente, do lugar onde brota, de onde flui a água, o nascedouro dela. O Dicionário Caldas Aulete cita por fonte a nascente da água, chafariz, bica por onde corre a água ou tudo que se lhe assemelha em sentido figurado: princípio, causa de onde provêm efeitos tanto físicos como morais; o texto original de uma obra; causa primária de algum fato, a sua verdadeira origem; tudo o que nos dá ou pode dar verdadeiro conhecimento de uma coisa.

O termo fonte, aplicado como fonte do direito, tem sentido bem semelhante. Importa saber, entretanto, em que aspecto estiver ela sendo aplicada: fonte de cognição do direito ou fonte de produção do direito. Cognição é a aquisição do conhecimento que se possa ter do direito. As fontes de cognição constituem os meios de que se serve o espírito humano para pesquisar a verdade. Assim, por exemplo, o acadêmico que precisa conhecer o contrato de câmbio, que fontes poderá utilizar para chegar a esse conhecimento? Poderão ser as obras de doutrina, a legislação, as decisões judiciais e jurisprudenciais sobre o contrato de câmbio e os pareceres dos especialistas. A fonte de cognição é também chamada de fonte histórica. O juiz, ao exarar uma sentença, terá que conhecer o direito a ser aplicado a determinada questão; para tanto, recorrerá às fontes de cognição de que dispõe: o código, as outras leis, a jurisprudência e outras fontes.

Em sentido diverso, entende-se como fonte de produção do direito os fatos e os documentos graças aos quais as leis são estabelecidas e concretizadas; são as fontes formais, uma vez que, por elas, o direito toma forma. Assim, Assembléia Nacional Constituinte é a fonte da constituição; é a fonte criadora dos direitos constitucionais. Por que motivo uma lei foi formalizada? Pode ser pela vontade do legislador, por já ser um costume ou outras razões que justificaram o aparecimento da lei.

Como todo ramo do direito, e como o próprio direito, o Direito Empresarial tem suas fontes específicas, mesmo que elas sejam aplicadas com maior ou menor intensidade. A validade das fontes está muito condicionada ao tempo, variando com o passar dos anos; todavia, procuraremos analisar as fontes, quer de cognição, quer de produção do Direito Empresarial, em termo atuais. Tomaremos por base de nossa classificação a hierarquia das fontes, pela maior aplicação de cada uma, reconhecida por alguns doutrinadores. Optamos pela seguinte hierarquia de fontes do moderno Direito Empresarial:

A – legislação empresarial;

B – legislação civil;

C – jurisprudência;

D – tratados internacionais;

E – usos e práticas mercantis;

F – costumes;

G – analogia;

H – doutrina;

I – princípios gerais do direito;

J – direito comparado.

A – Legislação empresarial

O Brasil situa-se na área do direito romano, um direito escrito, legislado. A lei constitui, por isso, a principal fonte do direito, quer de produção, quer de cognição. A lei prepondera como fonte e na sua ausência ou omissão, as outras fontes são invocadas. Essa hierarquia é reconhecida legalmente, num sentido geral, conforme pode ser notado no art.4º da Lei de Introdução ao Código Civil:

> "Quando a lei for omissa, o juiz decidirá o caso de acordo com a analogia, os costumes e os princípios gerais do direito".

Sendo, nas atuais circunstâncias, o Direito Empresarial um direito autônomo, bem identificado, um conjunto de normas e princípios aplicáveis à empresa e suas atividades, tem ele um campo específico e limitado de atuação. Vigora, em nosso país, o sistema de dicotomia sob três visões: legislativa, doutrinária e didática, ou seja, em quase todos os pontos de vista, o Direito Empresarial é distinto do Direito Civil e dos demais ramos do direito. Essa legislação dita empresarial, comercial ou mercantil, é facilmente identificável pode aplicar-se ao Direito Empresarial ou especificamente a cada uma de suas divisões.

O Código Civil, vale dizer, a Lei 10.406/02, no seu capítulo denominado "Direito de Empresa" é o núcleo do Direito Empresarial. Todavia, integram-se nele as leis anteriores e vão se incorporar nele as leis posteriores regulando questões referentes à produção de bens, para a satisfação do mercado consumidor, graças à atividade empresarial. Formam elas o Código Comercial que, ao contrário do que muitos pensam não desapareceu, pois se formou outro. Vamos enumerar as partes principais do novo Código Comercial brasileiro:

A – Código Civil – Arts.966 a 1195

B – Arts.457 s 796 do antigo Código Comercial – referentes ao Direito Marítimo

C – Lei de Recuperação de Empresas(Lei 11.101/05)

D – Lei Cambiária(Convenção de Genebra sobre Letra de Câmbio e Nota Promissória)

E – Código Brasileiro de Aeronáutica

F – Lei do Inquilinato(Parte referente ao aluguel de imóvel não residencial)

G – Lei do Mercado de Capitais

H – Lei das S/A

I – Lei do Registro Público de Empresas Mercantis e Atividades Afins

J – Lei de Patentes

L – Lei da Reforma Bancária

M – Lei das Duplicatas

N – Código de Defesa do Consumidor
O – Lei do Abuso do Poder Econômico
P – Várias leis criando títulos de crédito.

B – Legislação civil

Ramo do direito privado, desgarrado do Direito Civil, a partir das obras dos mestres de Bolonha, o Direito Empresarial não deixará tão cedo de ser atingido pelo direito comum, representado pelo Direito Civil, por ser este a espinha dorsal do direito. Nenhuma lei cobrirá totalmente os casos por ela atingidos, sendo obrigada a chamar outras leis que a complementem ou outras fontes do direito. Nesse princípio, quando o Direito Empresarial for omisso na aplicação a um determinado caso, terá a aplicação subsidiária do Direito Civil. Domicílio, bens, pessoas, negócios jurídicos e outros institutos regulamentados no Código Civil integram-se totalmente no Direito Empresarial.

C – Jurisprudência

As decisões de nossos tribunais sobre questões empresariais são valiosas fontes para a interpretação do Direito Empresarial e base para elaboração de outras normas. A jurisprudência tem sido muito discutida como fonte do direito, pois ao poder judiciário não cabe elaborar leis, mas aplicá-las. No tocante ao Direito Empresarial, entretanto, a jurisprudência é um repositório de informações; há muitas publicações de acórdãos em periódicos e obras especializadas, como as sobre falências, títulos de crédito, alienação fiduciária em garantia e outras. A enorme demanda dessas publicações revela ser a jurisprudência valiosa fonte de consulta, como ainda dados para a produção de novas normas e súmulas elaboradas pelo Supremo Tribunal Federal.

Direito de aplicação prática e vivido constantemente, o Direito Empresarial tem dinamismo e complexidade superior aos demais.

D – Tratados internacionais

Uma das características do Direito Empresarial é a sua tendência para o internacionalismo. O cosmopolitismo das atividades empresariais obriga empresas do mundo todo a manterem contato entre si, realizarem transações e uniformizarem os conceitos. Há vários órgãos procurando estabelecer regras uniformes para todos os países, a serem observadas nas transações empresariais. Cogita-se mesmo de elaborar um código comercial unificado. Podemos apontar, como exemplos a OMC – Organização Mundial do Comércio (ex GATT), o Banco Mundial, a Comunidade Econômica Européia, os acordos regionais como o Mercosul. Procura-se eliminar as distinções e barreiras encontradas nas transações mercantis entre países. Estamos na era da globalização e as atividades empresariais atendem a este imperativo do momento.

Tratado ou convenção internacional é o acordo celebrado entre dois ou mais países, visando regulamentar as relações jurídicas entre eles, sobre determinada atividade. Essas convenções uniformizam os procedimentos de empresas dos países convencionados, nas operações internacionais. Algumas delas devem ser referidas pela importância que adquiriram. A Convenção de Viena, de 1980, promovida pela ONU, estabeleceu regulamento destinado a disciplinar as transações de compra e venda de mercadorias, realizadas no plano internacional por empresas de todos os países. Como foi promovida pela ONU, a ela aderem automaticamente todos os países membros.

Às vezes, uma convenção internacional transforma-se em lei nacional, ou seja, foi a fonte de direito interno. É o que aconteceu com a Convenção de Genebra, que estabeleceu lei uniforme a ser seguida pelos países convencionados, sobre a letra de câmbio e a nota promissória. Esse acordo tinha aplicação apenas nas operações internacionais, mas foi transformado em lei brasileira, pelo Decreto Legislativo 54/64 e pelo Dec. 57.663/66. Posteriormente, na mesma cidade de Genebra, na Suíça, foi celebrado tratado semelhante sobre cheques. Estabeleceu-se um acordo internacional, por empresas de todos os países participantes da convenção; esta foi transformada em lei brasileira, pelo Decreto 57.595/66. Destarte, a fonte da Lei Cambiária brasileira foi a convenção internacional (convenção e tratado são sinônimos).

E – Usos e práticas mercantis

Embora descartados dos costumes, os usos e práticas mercantis constituem um direito consuetudinário; esse direito provém de costume especializado no âmbito da atividade empresarial. Nossa legislação empresarial refere-se a costumes e práticas mercantis, dando a entender que o costume tem aplicação genérica e o "uso e prática" tem aplicação específica nas questões empresariais. Conceitualmente, os dois se fundam na mesma realidade: é o comportamento uniforme e constante de determinada classe de pessoas ou de agrupamento social, cujos atos repetidos autorizem a formulação de regra geral, aceita pela maioria desse agrupamento. Representa, pois, a manifestação de vontade coletiva.

A Lei do Registro Público das Empresas Mercantis e Atividades Afins (Lei 8.934/94), no art.5º prevê o assentamento de usos de práticas mercantis, a ser realizado pela Junta Comercial. Assim, a prática reiterada e uniforme de atos que constituam atividade empresarial pode transformar-se em norma, com a regulamentação da Junta Comercial. Foi o que aconteceu com o cheque visado e o sistema de protesto de títulos. Segundo a Lei do Registro Público das Empresas Mercantis e Atividades Afins, é da finalidade do Departamento Nacional do Registro do Comércio propor e sugerir aos poderes públicos competentes a conversão em lei dos usos e práticas mercantis de caráter nacional. Pelo que parece, os usos e práticas mercantis são determinados costumes, previstos pela lei em casos específicos. Para ficar demonstrada a eficácia desse instituto, basta dizer que o cheque visado foi depois inserido na Lei do Cheque (Lei 7.357/85) e o protesto de títulos transformou-se na Lei 9.492/97.

F – Costumes

Costume é a prática reiterada de determinado comportamento pela maioria das pessoas que façam parte de um grupo social, com aceitação geral, de tal forma que esse comportamento se considere regra. Os costumes, perante o Direito Empresarial, sofrem definhamento, devido aos usos e práticas mercantis, mas, nem por isso, sua importância deixa de ser considerada. Na fase do direito mercantil, era preponderante sua influência como fonte, pois não havia ainda a legislação mercantil. As grandes compilações marítimas, aparecidas no início da Idade Moderna, eram descrições ordenadas dos costumes observados, há séculos, nas navegações mercantis. Fala-se comumente que a lei é a principal fonte do direito, mas o costume é a principal fonte da lei.

É da repetição continuada de determinada prática, que surge a necessidade de sua regulamentação. Tomemos, por exemplo, o contrato de "leasing", praticado há mais de vinte anos no Brasil. Depois de tão vulgarizada a prática do contrato, surgiu uma norma de Direito Tributário, taxando essas operações; é uma norma surgida dos costumes. Dentro em breve deverá surgir a lei regularizadora dessa prática, que, aliás, já é cogitada há bastante tempo.

Contribuem, como fonte, os costumes internacionais, uma vez que fora do país não há aplicação das leis nacionais, nem poder legislativo e judiciário internacional. As operações econômicas internacionais, quando não houver tratado internacional que as regulamentem, obedecem a direito marcantemente costumeiro. É o caso dos INCOTERMS, cláusulas reduzidas e uniformizadas para os contratos de compra e venda internacional (importação e exportação). Os INCOTERMS formaram-se pelo costume, durante vários anos, até serem regulamentados pela Câmara de Comércio Internacional.

Caso idêntico é o contrato de crédito documentário, de prática muito costumeira nas atividades interpaíses; foi também regulamentado pela Câmara de Comércio Internacional. Esse tipo de contrato foi introduzido recentemente na lei brasileira pelo novo Código Civil, nos arts.529 a 532, com o nome de "Venda sobre Documentos".

Sediada em Paris, a Câmara de Comércio Internacional tem várias finalidades, uma das quais é o assentamento dos costumes internacionais e a uniformização e regulamentação deles. É possível que esses contratos venham a ser regulamentados por lei nacional, como aconteceu com o crédito documentário. Elaborou ainda a "lei modelo" sobre arbitragem, que inspirou a lei nacional de vários países, inclusive a do Brasil. Coube-lhe também formar esboço de lei de recuperação de empresas, que se transformou na lei francesa e esta inspirou a nossa Lei de Recuperação de Empresas.

G – Analogia

Aplicada a todos os ramos do direito, tanto que foi prevista no art.4° da Lei de Introdução ao Código Civil, a analogia também se aplica ao Direito Empresarial, com a extensão de um preceito legal a casos não compreendidos diretamente nele. Por exemplo: num "contrato de conta corrente", que não é regulamentado pela lei, aplicam-se as normas de vários contratos, que lhe sejam semelhantes.

Vamos examinar a situação de um contrato bem vulgarizado, sem que haja lei alguma regulamentada: o contrato de estacionamento de auto. O proprietário de um veículo deixa-o guardado no posto de estacionamento, celebrando, assim, com o posto um contrato de estacionamento. Se esse veículo incendiar-se ou for furtado, o posto deverá indenizar o proprietário do veículo? Não há lei que estabeleça essa obrigação, por ser um contrato atípico. Contudo, esse contrato apresenta muitos pontos de analogia com o contrato de depósito e com o contrato de prestação de serviços. As normas desses contratos aplicam-se, então, ao contrato de estacionamento, devido à semelhança entre eles.

H – Doutrina

A doutrina é o conjunto de idéias expostas pelos mestres em suas preleções ou pelos juristas nos livros publicados e demais publicações especializadas. São as teorias sobre uma questão jurídica controvertida. É importante fonte de direito, tanto para sua cognição como para sua produção. É, na opinião dos jurisconsultos, onde o juiz vai encontrar o direito a ser aplicado a determinado caso. Por exemplo, nas questões controvertidas de direito privado, o apelo às obras de Pontes de Miranda, cujas opiniões produzem decisões judiciais, são fontes inestimáveis.

Foi na opinião dos jurisconsultos romanos, na "responsa prudentium", que se formaram muitas normas romanas. A doutrina elaborada por Ulpiano, Paulo, Modestino, Papiniano e Gaio, que constituíram o "Tribunal dos Mortos", serviu de supedâneo para a produção de direito, séculos após a era deles, principalmente na idade Média.

Em nosso país, temos também o "tribunal dos mortos" no tocante ao Direito Empresarial, hábil a produzir normas, interpretações e decisões judiciais. É a plêiade dos principais mercantilistas produzidos pelo nosso país: Carvalho de Mendonça, Waldemar Ferreira, Sílvio Marcondes, Trajano de Miranda Valverde, Otavio Mendes, Pedro Lessa e outros. Os doutrinadores estrangeiros merecem especial menção, como Cesare Vivante, Tullio Ascarelli, Giuseppe Ferri, Alberto Asquini, Antonio Rocco, Giuseppe Auletta, Renzo Provincialli, Umberto Pippia, Remo Francischelli, Isidoro La Lumia, Giuseppe Valeri (na Itália), Jean Scarra, M. Gaston Lagarde, Julliot de la Morandière, Jean Pierre Guyenot, Michel Juglart e Benjamin Ippolito (na França), Manuel Brosetta Pont e Joaquin Garrigues (na Espanha).

I – Princípios Gerais do Direito

Por serem expressão do pensamento mais elevado da cultura jurídica, a filosofia do direito, os princípios gerais do direito não poderiam ser privativos do Direito Empresarial, estando acima de todas as relações jurídicas, alarga-se na sua aplicação a todas elas, empresariais ou não. Assim sendo, o princípio "pacta sunt servanda" (os acordos são para serem cumpridos), aplica-se a todos os tipos de compromissos, mas igualmente aos contratos e obrigações empresariais.

J – Direito comparado

O direito comparado é fonte que tem sido ressaltada apenas nos últimos anos, mormente após o surgimento da União Européia. Consiste na comparação do sistema júridico de vários países, procurando promover os institutos mais louváveis, a interpretação comparada e a assimilação do direito de um país por outro. Tivemos recentemente um sugestivo exemplo: na elaboração do projeto da Lei de Recuperação de Empresas, a comissão constituída em Brasília no tempo do Governo Collor, encarregada de sua elaboração, tomou por base a lei francesa, a nossa lei então em vigor, a legislação norte-americana e portuguesa, numa combinação comparativa.

2. ESCORÇO HISTÓRICO DO DIREITO EMPRESARIAL

2.1. Período proto-histórico

2.2. Primeira fase: mercantil

2.3. Segunda fase: comercial

2.4. terceira fase: empresarial

2.1. Período proto-histórico

Procuraremos conhecer a origem e evolução do Direito Empresarial no decorrer do tempo, até nossos dias. A história é uma ciência social, que examina os fatos ocorridos nas sociedades humanas organizadas, procurando pesquisar suas causas e as relações que os ligam, estabelecendo as leis que regem esses fatos históricos. As leis históricas originam-se da constante encontrada nos fatos que apresentem certas semelhanças; adota o método indutivo, como faz o direito e apresenta muita analogia com este, na formulação de suas leis. Identidade muito aproximada tem a história com a sociologia; esta, porém, estuda o fato em si, ou seja, a transformação ocorrida nas sociedades organizadas, mas sem preocupação da época em que ocorreu essa transformação. A história estuda os fatos sociais, situando-os no tempo e no espaço: onde e quando ocorreram.

A orientação metodológica do Ministério da Educação e Cultura instituiu o curso de sociologia como matéria obrigatória no curso de direito. Por qual motivo? É porque dificilmente compreenderemos o espírito da lei, se não pesquisarmos os fatos sociais que provocaram o surgimento deles, os fenômenos sociais como causas determinantes das leis. Quando houver modificações num sistema jurídico, é porque se modificou o sistema social de um agrupamento humano. Nunca teremos um seguro conhecimento do Direito Empresarial se não tivermos conhecimento da sociedade em que se originou e evoluiu esse Direito Empresarial, as transformações sociais que constituíram a razão desse direito; são as fontes de produção do direito, que iremos examinar. No que tange ao Direito Empresarial, sua formação passou por três fases distintas:

1ª fase – a mercantil (de 1553 a 1807);

2ª fase – a comercial (de 1807 a 1942);

3ª fase – a empresarial (de 1942 a nossos dias).

Estamos tomando por início do Direito Empresarial a publicação, em 1553, da obra de Benvenuto Stracca, "Tratactus de Mercatura seo Mercatore"

(Tratado sobre a Mercatura e o Mercador), quando as obras jurídicas ainda eram escritas em latim. Corresponde essa obra a uma certidão de nascimento do Direito Empresarial. Essa afirmação, porém, não é radical como parece.

Uma ciência jurídica, como qualquer ciência, nunca será elaborada de um dia para o outro, mas vai se formando pelos séculos. Nenhum ramo do direito poderá surgir sem um vínculo com o passado, compreendida a antiga Roma. Muitas instituições do moderno Direito Empresarial assimilaram as contribuições do direito romano e das normas medievais.

Não se trata propriamente de uma fase do Direito Empresarial, pois este realmente não existia, mas de examinar a época de elaboração de normas e princípios, que viriam a constituir esse moderno ramo do direito. Como exemplo, poderíamos indicar o Direito Contratual. A atividade empresarial assenta-se principalmente nos contratos, como o de compra e venda; uma empresa produz para a venda ao mercado. A compra e venda é entretanto um contrato regulamentado pelo direito da antiga Roma. Os princípios em que se assenta o moderno Direito Empresarial vieram também de nossos ancestrais, principalmente os romanos.

Os romanos não criaram o Direito Empresarial, pois as atividades mercantis, o comércio daquela época eram abominados pelos cidadãos romanos, tanto que eram permitidos até aos escravos. As atividades comerciais, a troca de mercadorias, o comércio marítimo, a troca de moedas, enfim os atos tendentes à satisfação do mercado consumidor, eram exercidos pelos "peregrinii" (estrangeiros), pelos judeus, por pessoas oriundas das províncias conquistadas. O cidadão romano era político, militar ou sacerdote, as classes predominantes na sociedade romana e para reger as relações jurídicas entre os cidadãos romanos, os "quirites", prevalecida o "Jus Civilis" (Direito Civil), ou também chamado de "Jus Quiritum" (Direito Quiritário). Entre essas relações jurídicas não se situavam as decorrentes das operações de produção e troca de mercadorias. Estas eram regulamentadas pelo "jus gentium" (o direito das gentes), aplicado a quem não era cidadão romano. Ser um mercador, um comerciante, era visto pelos cidadãos romanos com desprezo. Tinham eles um provérbio, talvez recebido dos gregos, que até em português faz rima: "Atrás do balcão está o ladrão".

Se o comércio não era atividade juridicamente considerada, não poderia ser criado o direito comercial. Todavia, no decorrer do tempo, certos empreendimentos foram sendo aceitos em segredo pelos romanos, quando lhes facultavam lucros. Um instituto comercial surgido em priscas eras foi a

"Lex Rhodia de Jactu", que vigora em nossos dias, nos principais países.Concerne a uma prática do Direito Marítimo e parece ter sido familiar aos fenícios, mas, pelo nome, deve ter sido recolhida na ilha de Rhodes. Por esta lei, se um navio estivesse ameaçado de soçobrar, o capitão poderia escolher certas mercadorias e lançá-las ao mar, para garantir a estabilidade do navio. Os prejuízos não seriam suportados apenas pelo proprietário das mercadorias sacrificadas, mas rateados entre os proprietários das mercadorias beneficiadas e salvas. A "Lex Rhodia de Jactu" inspirou a norma constante na legislação de muitos países, no mesmo sentido. Constou do Código Comercial francês e dele veio para o nosso, constando nos arts. 763 e 764, na parte referente ao Comércio Marítimo, recebendo o nome de "avaria grossa".

Outro instituto peculiar à navegação marítima foi o "nauticum foenus", de possível origem graga. Conforme houvéramos dito, os cidadãos romanos não podiam dedicar-se ao comércio, que era exercido por empreendedores não patrícios, não quirites. Estes, porém, detinham o poder econômico e tinham em suas mãos consideráveis somas de dinheiro, que desejavam investir. Celebraram, então, um acordo com os mercadores, os empreendedores marítimos; por esse acordo, haveria uma conjugação de esforços, formando verdadeira sociedade mercantil, com dois tipos de sócios. Um sócio era o cidadão romano, que aplicava num empreendimento, numa expedição marítima; era o prestador de capital. O outro sócio era o mercador, o navegador marítimo, que aprestava o navio e adquiria mercadorias em outras regiões ou as trocava por mercadorias romanas.

O "nauticum foenus" era um empreendimento econômico, uma verdadeira empresa. Ao retornar o navio a Roma, que era o centro do mundo e a maior concentração urbana durante séculos, chegando a ter dois milhões de habitantes, os dois sócios dividiam os lucros. O cidadão romano (o patrício) via seu investimento remunerado, e o empreendedor marítimo o seu trabalho recompensado. Se a expedição fracassasse, ambos perderiam: o patrício, seu investimento e o navegador, seu empreendimento. Essa prática foi um sucesso e vigorou por vários séculos.

O navegador marítimo, que hoje chamaríamos de armador, era o empresário ostensivo, entrando com seu trabalho, com sua iniciativa e experiência nos negócios. O patrício era o empresário oculto, pois não podia aparecer perante os olhos da sociedade romana; era, porém, o prestador de capital, cabendo-lhe o empreendimento financeiro. O armador cumpria uma incumbência, que recebia o nome de "comanda" ou "comenda".

Formaram-se, no mundo moderno, várias instituições, hoje integradas no Direito Empresarial, inspiradas no "nauticum foenus", que é chamado hoje pelo nosso Código Comercial de "contrato de dinheiro a risco ou câmbio marítimo". Esse contrato está regulado pelos arts. 633 a 665 de nosso Código Comercial, encontrando-se no art. 633 uma definição dele. Consta também na legislação marítima de vários países, chamado pelo direito, de alguns países, de "câmbio trajetício".

O contrato de câmbio marítimo não é o único instituto originado do "nauticum foenus". A sociedade formada entre o cidadão romano e o navegador originou a moderna "sociedade em comandita" (o nome comandita parece ter sua origem na "comanda"). A sociedade em comandita está descrita nos arts. 1045 a 1051 de nosso Código Civil; está conceituada no art. 1045. Há também uma sociedade variante, trazida do direito norte-americano pela atual Lei das S/A, intitulada "sociedade em comandita por ações". Ainda outra é encontrada em nosso código: a "sociedade em conta de participação", nos arts. 991 a 996. Todas elas conservam os caracteres do "nauticum foenus" e também são encontradas no Código Comercial francês, no Código Civil italiano e em diversos outros.

Encontram-se no Direito Empresarial também alguns institutos do direito medieval, que era de origem romana, como o direito estatutário, a regulamentação das feiras, as normas das Cidades-Estados e várias outras. O reflexo deles pode ser notado em nosso Código Comercial.

2.2. Primeira fase: mercantil

O Direito Empresarial é fruto da Idade Moderna, recém-surgido após a Idade Média. Surgiu na época comunal, em que predominavam na Itália, como em toda a Europa, as comunas ou corporações. As corporações eram organizações gregárias, formadas por profissionais, como alfaiates, ferreiros, sapateiros, ourives, e outros tipos de artesãos, para se estruturarem como classe organizada e atingirem objetivos comuns de natureza profissional, econômica, política, social e jurídica. Recebiam, na Inglaterra, o nome de "guilda"; na Espanha, "grêmio"; na França, "corporations des métiers"; na Itália, "corporazioni". Essas corporações assumiram papel tão importante no cenário econômico, político e social, que se transformaram em órgãos legisladores, editando normas em seu interesse.

É exatamente nessas normas corporativas, nos estatutos das corporações e em suas instruções, que se assentou o Direito Empresarial. Muitas eram as corporações: de artesãos (como vidreiros, sapateiros, etc.) e dos mercadores. Eram os mercadores daquela época os empresários encarregados da compra e venda de mercadorias, para a satisfação das necessidades do mercado consumidor. Nota-se a correlação entre várias palavras cognatas, umas servindo de étimo para as outras: mercado-mercador-mercatura (mercancia) – mercantil. Todas essas palavras são encontradas no Código Comercial ou em leis esparsas.

O direito surgido das sistematizações das corporações de mercadores recebeu o nome de Direito Mercantil, o primeiro nome de Direito Empresarial. Assim foi denominado por ser o direito da classe dos mercadores, um direito classista e prático, formado paralelamente ao direito comum, ao Direito Civil. Não havia uma única corporação de mercadores, mas diversas, por se formarem várias categorias de mercadores. Em Florença, por exemplo, era importante a corporação dos mercadores de tecidos de Calimala (nome da rua em que eles eram instalados), a dos cambistas, a corporação dos mercadores de tecidos de seda, outra de tecidos de lã. Com o tempo, pequenos mercadores, tipo lojistas, transformaram-se em grandes empresários, formando corporações próprias, empreendendo ou financiando navegações marítimas, desenvolvendo operações de caráter nitidamente empresarial. Tornavam-se muitas vezes industriais e banqueiros.

A disciplina jurídica estabelecida por essas operações, principalmente a dos grandes mercadores, de caráter mais consuetudinário, aplicava-se a eles, formando um direito especial, paralelo ao direito comum. Foi o embrião do Direito Empresarial. Formaram-se estatutos para as corporações, alguns recebendo nomes que os caracterizaram e os realçaram, como CONSUETUDINES (1056) de Gênova, CONSTITUTUM USUS (1161) de Pisa, LIBER CONSUETUDINUM (1216) de Milão, BREVE MERCATORUM (1316) de Pisa. Eram verdadeiros códigos em miniatura. No campo do Direito Marítimo, alguns códigos semelhantes foram elaborados, como as TAVOLE AMALFITANE, de Amalfi, o CAPITULARE NAUTICUM (1255) de Veneza, o BREVE CURIAE MARIS (1305) de Pisa. A maioria desses códigos começaram a ser elaborados na Idade Média, completando-se no início da Idade Moderna.

Em 1553 surge a primeira obra doutrinária de direito empresarial, fato que se dá como o surgimento desse campo do direito; é o TRATACTUS DE MERCATURA SEO MERCATORE, composto por Benvenuto Stracca.

Nascido na cidade de Ancona, em 1509, Stracca mudou-se para Bolonha, onde cursou a famosa faculdade de direito, sendo advogado naquela cidade. Essa obra sistematizou todo o direito empresarial daquela época, compreendido nele o Direito Marítimo, que caminhava com ela "pari passu". Stracca escreveu várias outras obras, mas todas foram ofuscadas pelo "Tratactus".

Surgiu em seguida outro grande comercialista, que viveu no final de 1500 e início de 1600, Sigismundo Scaccia, com várias obras publicadas, tendo-se realçado o seu clássico TRATACTUS DE COMMERCIIS ET CAMBIO (Tratado sobre o Comércio e sobre o Câmbio), publicado em 1618, em Roma. Estava, assim, construída a doutrina do Direito Empresarial, com Stracca e Scaccia. Outros juristas notáveis, como Ansaldo di Ansaldi, De Luca, Targa, Mantica, Turri e outros, completaram e enriqueceram a obra dos dois primeiros mestres, ligados à Universidade de Bolonha, por isso considerados os criadores do Direito Empresarial.

O maior vulto do Direito Empresarial daquela época haveria de surgir posteriormente, embora sem o pioneirismo de Stracca e Scaccia. Giuseppe Lorenzo Maria de Casaregi (1670 a 1737), não era da escola de Bolonha, mas de Gênova, onde nasceu e advogou. Escreveu muitas obras de Direito Empresarial e Direito Marítimo, e traduziu para o italiano a compilação marítima CONSOLATO DEL MARE, elaborada em Barcelona, em latim, em 1718, traçando valiosos comentários sobre ela. Suas várias obras representam uma contribuição fundamental para a consolidação doutrinária do Direito Empresarial e do Direito Marítimo. Todos os institutos foram tratados profundamente e com clareza, com o mais completo e profundo exame dos usos mercantis e seus princípios fundamentais. Duas obras se sobressaem na vasta biografia de Casaregi: DISCURSUS LEGALIS DE COMMERCIO (Exposição a respeito do Comércio) e DISCURSUS GENERALIS CIRCA MATERIAM ASSEGURATIONUM (Exposição Geral sobre Seguros).

Quase um século após Casaregi, outro grande comercialista ampliou os estudos do Direito Empresarial. Ascanio Baldessaroni (1751-1824), em obra notável, DELLA ASSICURAZIONI MARITTIME (a respeito dos Seguros Marítimos), elaborou um completo tratado de seguros marítimos. Baldessaroni escreveu suas obras em italiano e não em latim, tendo sido, por isso, mais divulgadas. Representa ele o epílogo da fase mercantil, tendo publicado várias interpretações do Código Comercial francês, influindo na introdução da fase comercial francesa na Itália.

Concomitantemente com o surgimento dos estatutos das corporações e das primeiras obras doutrinárias do Direito Mercantil, foram surgindo no início da Idade Moderna códigos de Direito Marítimo, denominados "compilações". O Direito Mercantil e o Direito Marítimo caminharam juntos até então e ambos foram cultivados conjuntamente pelos grandes juristas italianos. A principal dessas compilações marítimas parece ter sido o CONSOLATO DEL MARE, elaborado em Barcelona, na segunda metade do século XIV. É o mais completo repositório de costumes e normas marítimas adotados no Mediterrâneo e regulava as transações marítimas no "mare nostrum", como o chamavam os romanos. Aplicava-se essa compilação à Espanha, França, Itália, Grécia, Norte da África e o Oriente Próximo.

O século XVII encerra o ciclo da hegemonia dos países mediterrâneos na navegação marítima, na economia internacional e no Direito Mercantil. As navegações portuguesas, de Vasco da Gama, Pedro Álvares Cabral e outros, deslocaram as transações econômicas internacionais do Mar Mediterrâneo para o Oceano Atlântico. Inglaterra, França, Holanda, Espanha, Portugal assumem posição de liderança na economia mundial. Apaga-se a Itália econômica e juridicamente e o direito empresarial francês começa a predominar; a Itália fica bem fracionada e cai, em grande parte, sob a dominação estrangeira. É na França, então, que se concentra o desenvolvimento do Direito Empresarial, conforme estudaremos especificamente no capítulo referente às raízes francesas no Direito Empresarial brasileiro.

Duas compilações marítimas foram elaboradas, na primeira fase, pelo direito francês. Uma delas foram os Rolos de Oleron, encontrados na ilha francesa de Oleron, contendo uma série de sentenças e normas para regulamentar as transações francesas no Mar do Norte. Outra foi o Guidon de la Mer, cobrindo as operações no sul da França. Mais ao norte da Europa, foi elaborada a compilação de WISBY, regulando o comércio marítimo no Mar Báltico, nações escandinavas e outras regiões do extremo norte europeu. Quanto ao comércio misto marítimo-terrestre, sobressaiu a mais importante corporação conhecida: a HANSA. Era formada por mercadores de vários países, principalmente alemães, adotando evoluída organização e formando uma frente mercantil, política e até militar. Por mais de três séculos dominou as operações econômicas em todo o norte europeu e parte da Inglaterra, com avassalador controle das transações com a Rússia. As cidades alemãs de Lubeck, Bremen e Hamburgo formaram, dentro da própria Hansa, a Liga Hanseática, mais íntima, para enfrentar os efeitos da guerra dos Trinta Anos, que pretendia abater seu poderio. As normas da Hansa formaram autêntico código e um sugestivo sistema jurídico, denominado "jus hanseaticum maritimum", editando seu código em 1614.

Ao chegar ao fim da primeira fase, a mercantil, o Direito Empresarial já estava consolidado como sendo o direito de uma classe econômica, social e política: a dos mercadores, quer marítimo, quer terrestres, que se exercia nas feiras. As feiras ou mercados eram encontro de mercadores para troca de mercadorias, realizado periodicamente em vários locais da Europa. Do direito nascido nas feiras e das compilações marítimas surgiram dois códigos comerciais na França, por iniciativa do brilhante ministro Colbert:

- Ordenação sobre o Comércio Terrestre – em 1673 – também conhecido por Código Savary, o mais atuante de seus elaboradores.
- Ordenação sobre o Comércio Marítimo – em 1681 – incorporando o Guidon de la Mer.

2.3. Segunda fase: comercial

A fase mercantil termina no século XVIII, começando no início do século XIX a segunda fase, conhecida como comercial. As corporações tiveram seu desgaste após alguns séculos de predomínio, mas ruíram com o advento da burguesia, do liberalismo e da revolução industrial. A Revolução Francesa, de 1789, representou o triunfo e a ascensão ao poder da burguesia e a derrocada dos mercadores e das corporações.

O Direito Mercantil, direito da classe dos mercadores, que não mais existia, tornou-se inócuo. Com a burguesia como classe dominante, tornou-se ele o direito da nova classe. O marco dessa transformação foi o Código Comercial francês de 1807, que entrou em vigor em 01/01/1808. Do nome do código, adveio o nome de Direito Comercial. A mudança de um fase para outra não representa apenas a do nome de Direito Mercantil para Direito Comercial, mas uma profunda reformulação doutrinária, legislativa e filosófica, com a substituição dos critérios.

A primeira fase, de inspiração italiana, tinha o Direito Empresarial em conta de um direito classista, adotando a figura do mercador como centro de sua órbita. A segunda fase, de inspiração francesa, tinha o Direito Empresarial em conta do direito dos atos de comércio, adotando uma atividade como centro de sua órbita. O Direito Mercantil (primeira fase) adotava um critério subjetivo, ao considerar a pessoa do mercador, o agente das atividades como o denominador do direito; o Direito Comercial (segunda fase) adota um critério objetivo, considerando os atos praticados, e não o agente desses atos, como denominador do novo direito.

2.4. Terceira fase: empresarial

A fase comercial também se esgotou e se desgastou, como a primeira, sendo substituída, em 1942, com a promulgação do novo Código Civil italiano, pela fase empresarial. Não cabe mais no mundo moderno um direito com o nome de comercial, visto que o Direito Comercial seja o direito do comércio, mas não há interpretação pacífica do que seja comércio ou o comerciante. Palavra muito polivalente, comércio, é encontrada nos dicionários com vários sentidos. Contudo, o próprio Direito Comercial não chegou a estabelecer seu significado, ou melhor, não conseguiu conceituá-lo. Poderíamos trazer para esse trabalho as definições dadas por muitos juristas e economistas, brasileiros e estrangeiros, mas não chegaríamos a um denominador comum tais são as discrepâncias conceituais, tanto de comércio, como de comerciante, como de Direito Comercial.

Englobando todas elas, chegaremos a duas posições bem definidas: o comércio deve ser interpretado "scrictu sensu" e "lato sensu". Em sentido estrito, o comércio é constituído pela intermediação de mercadorias, de produtor para o consumidor, sem alteração da substância dessas mercadorias. Tomemos, como exemplo, uma loja de calçados; ela adquire os calçados das indústrias e os vende aos consumidores, como eles vieram. O dono dessa sapataria é um comerciante, pois compra seus produtos e os vende tal como comprou; exerce ele o comércio em sentido estrito.

O comércio, em sentido lato, tem um significado muito diferente. Aplica-se a toda atividade com sentido de lucro. Assim, um banco, uma indústria, uma empresa prestadora de serviços, uma empresa agrícola, todos eles exercem o comércio; um banqueiro e um industrial são também comerciantes, tanto quanto aquele que compra e vende mercadorias. Ficou assim claro o conceito de comércio, nas duas versões.

Como objeto de consideração do direito, o comércio é um objeto ainda vago, impreciso e volúvel. Não se pode construir um sistema jurídico, cientificamente elaborado, alicerçado em comércio, ou comerciante, por terem eles conceito vago.

A nova fase, a terceira na evolução do Direito Empresarial, pode tomar como início o ano de 1942, quando foi promulgado o novo Código Civil italiano. Fundiu-se nele o antigo Código Comercial de 1882, baseado no modelo francês. O novo código suprimiu as expressões "atos de comércio" e "comerciante"; o próprio termo "comércio" é utilizado parcimoniosamente e com sentido claramente definido. Introduziu, por outro lado, as expressões "empresário" e "atividade". Atendeu o novo código às teorias de modernos juristas italianos, mormente Tullio Ascarelli, que recomendavam a reformulação do Código Comercial de 1882. Elaborou-se, assim, projeto do Código Comercial, de 1940, mas este não vingou, por ter sido fundido no Código Civil; as idéias do projeto de 1940 vigoraram, porém, no Código Civil. O novo sistema normativo não considerou o ato objetivo do comércio, entendido como ato isolado de especulação, como adequado para a nova estrutura organizativa a ser adotada pelo Direito Comercial. A fórmula encontrada para a nova realidade econômica foi a da teoria da empresa.

O comércio deveria ser considerado relevante apenas quando fosse organizado como empresa, que constituía uma unidade própria, distinta dos empresários que a compusessem. O novo Direito Comercial deveria ser o direito das empresas, não de atos isolados e ocasionais, mas um fenômeno de organização.

3. O ATUAL ESTÁGIO DO DIREITO EMPRESARIAL

3.1. Os antecedentes

3.2. A atividade empresarial

3.3. A herança do Código Civil italiano

3.4. Fator de nosso orgulho

3.5. As inovações introduzidas pelo novo Direito Empresarial

3.1. Os antecedentes

Cuidamos deste aspecto no Capítulo 15, referente às "Raízes Francesas do Direito Empresarial Brasileiro". Foi preponderante a participação do Código Comercial napoleônico na formação de nosso direito, ou melhor, dos códigos napoleônicos, uma vez que estamos nos referindo ao Código Comercial e ao Código Civil. Não se descarta a participação do Código Civil brasileiro de 1916, baseado no Código Civil alemão, o BGB, mas este, por sua vez, trazia a influência do Código Civil francês, também chamado código Napoleão.

A participação francesa foi sacudida pelo novo Código Civil brasileiro, como base no seu congênere italiano, mas a tradição continuará presente em nosso direito por muitos anos. Reforçou-se essa tradição com a Lei de Recuperação de Empresas, a Lei 11.101, de 9 de fevereiro de 2005, elaborada com base na lei francesa, revogando a antiga Lei Falimentar, com base na italiana.

3.2. A atividade empresarial

Em todas as considerações sobre o Direito Empresarial, sempre se volta para o conceito de empresa, expresso no art. 2082 do Código Civil italiano, projetado depois no art. 966 do nosso. É a empresa quem exerce atividade econômica organizada, para a produção e venda de bens e serviços. Ao falar-se em atos, ligam-se eles à atividade empresarial, pois no dizer da nossa legislação internacional e agora também a brasileira, a empresa exerce "atividade". Vamos agora nos ater a esse termo: atividade. Os atos não são mais examinados "per se", mas num conjunto de atos logicamente encadeados, para se atingir um objetivo. Este é um dos fatores que distinguem o Direito Empresarial antigo do moderno, ou seja, da fase comercial e da fase empresarial. O antigo Direito Empresarial, chamado de Direito Comercial, adotava o critério objetivo, por assentar-se no exame do "ato de comércio", enquanto o moderno, da fase empresarial, assenta-se na teoria da empresa.

Outra distinção observada no Direito Empresarial das duas fases, a comercial e a empresarial, é que o antigo considerava o ato de comércio "per se", vale dizer, isolado, para se fazer idéia de sua natureza jurídica.

O moderno Direito Empresarial, por adotar critério subjetivo, por considerar a empresa como pedra angular de sua doutrina, toma em consideração o ato de comércio, não isolado, mas os atos constituindo uma atividade. O Direito Empresarial é uma ciência jurídica e uma ciência não pode partir de fatos ou atos isolados (non datur scientia de individuo = não há ciência para fato individual). Esse aspecto foi mantido por Tullio Ascarelli, tendo ele declarado:

"A atividade não significa ato, mas uma série de atos coordenáveis entre si, em função de uma finalidade comum".

O conceito de atividade coordena-se com a probabilidade de ganho e é a esses conceitos que deveremos recorrer na avaliação jurídica dos fenômenos próprios de uma economia caracterizada pela produção industrial de massa. Talvez seja uma das razões por que o Direito Comercial considere ato de comércio em si, individualmente; predominava no século passado o artesanato, a produção artigo por artigo. Na economia moderna, com a produção de artigos em massa, considera-se sempre um conjunto imenso de atos, que precisam de coordenação, para atingirem objetivo comum.

A teoria das nulidades não se aplica de forma análoga ao ato e à atividade; daí decorre outra distinção. Um ato praticado pela empresa pode ser nulo, mas não sua atividade. Ainda que a empresa exerça atividade ilícita ou proibida, essa atividade nunca será anulada. Da proibição da atividade não pode derivar a sua nulidade. Se uma empresa exercer atividade ilícita ou proibida, poderá sofrer sanções, como a liquidação judicial no caso de instituições financeiras, busca e apreensão de produtos, exigência de indenização ou os administradores que a dirigem sofrerem ação penal. Assim sendo, a indústria automobilística pratica ato viciado, como a venda de auto com defeito grave; este ato pode ser anulado. Não será possível, todavia, anular a atividade da empresa; é possível suspender a atividade, mas não anulá-la. Há, pois, uma disciplina jurídica para o ato e outra para a atividade.

A atividade, portanto, distingue-se muito bem do ato, e, por isso, deverá ser apreciada de modo autônomo, ou seja, independentemente da apreciação dos atos singulares, individualmente considerados. Em um ponto, porém, identificam-se as duas realidades: é no tocante ao sujeito. O sujeito da atividade, isto é, o centro da imputação jurídica da atividade, é o mesmo sujeito dos atos singulares que a formam: a empresa. Outro ponto de contato entre ambos é no tocante ao escopo, ao objeto. Se a atividade é o conjunto de atos coordenáveis entre si, o que motiva essa coordenação é o escopo produtivo, para a satisfação do mercado consumidor. Por essa razão, Giuseppe Ferri, um dos mais ilustres discípulos de Tullio Ascarelli, elaborou o conceito de Direito Empresarial, fundamentado na atividade empresarial:

Il diritto impresariale é il complesso di norme che regolano l´organizzazione e l´esercizio professionale di un´attività intermediária diretta al soddisfacimento dei bisogni del mercato generale e conseqüentemente i singoli atti in cui questa attività si concreta.	O Direito Empresarial é o complexo de normas que regulam a organização e o exercício de um atividade profissional intermediária dirigida à satisfação das necessidades do mercado geral e consequentemente os atos singulares em que esta atividade se concretiza.

3.3. A herança do Código Civil italiano

A base de sustentação do moderno direito empresarial brasileiro encontra-se em nosso novo Código Civil, que, por ser de 2002, dá a entender que seja um dos mais modernos do mundo, o mais atualizado, o mais adaptado aos dias atuais. Por seu turno, o Código Civil amparou-se num dos códigos mais atualizados, o Código Civil italiano, do qual é um reflexo. A estrutura de ambos é bem semelhante, mas o aspecto que agora estamos examinando é a regulamentação básica, é o capítulo a que nosso código deu o nome de "Direito de Empresa".

O código peninsular adotou a seguinte estrutura, mais ou menos seguida pelo nosso:

DO EMPRESÁRIO

Ocupando os arts. 2082 a 2095 – dando o art. 2082 a definição de empresário que inspirou o art. 966 de nosso Código Civil.

DA SOCIEDADE

Ocupando os arts. 2247 a 2324 – regulamentando o contrato de sociedade e os diversos tipos de sociedade: a sociedade simples, a sociedade em comandita simples, sociedade em nome coletivo, sociedade limitada e sociedade cooperativa.

DA SOCIEDADE POR AÇÕES

Ocupando os arts. 2325 a 2497 – prevendo a sociedade anônima e a sociedade em comandita por ações.

3.4. Fator de nosso orgulho

Ansiada durante vários anos, foi promulgada finalmente a Lei 10.406, em 10/01/2002, instituindo o novo Código Civil brasileiro. Foi a maior reformulação sofrida pelo Direito Empresarial, deixando ruir as retrógradas idéias sustentadas pelo Código Comercial e pelo Código Civil, de existência secular. Foi a reformulação pela base, descartando a influência francesa, ao receber a influência italiana. Há muito paralelismo entre o direito francês e o direito italiano, razão pela qual ainda persistirá, embora mais opaca, a influência francesa.

Restava, porém, a eliminação de arcaicas leis complementares, para que o novo Código Civil e as idéias introduzidas por ele fossem obedecidas, harmonizando o Direito Empresarial. A principal delas era a Lei Falimentar, promulgada pelo Decreto-lei 7.661/45. Essa eliminação se deu três anos depois, conseguida pela promulgação, em 09/02/2005, da Lei 11.101, a Lei de Recuperação de Empresas.

Muitos diplomas jurídicos sobram do passado, mas de menor importância, e serão eles eliminados pouco a pouco. Além do mais, a lei posterior revoga a lei anterior nos aspectos contrastantes, de tal forma que disposições arcaicas estão virtualmente revogadas.

No estágio em que nos encontramos, o Direito Empresarial brasileiro pode ser considerado um dos mais perfeitos e evoluídos do mundo. Poderemos compará-lo com o dos países mais desenvolvidos sob o ponto de vista jurídico: Itália, França e Alemanha. Ante eles, poderemos colocar nosso Direito Empresarial em grau de superioridade. Verdade é que o direito brasileiro assimilou muito o direito europeu e, por isso, temos que dar graças a ele. Porém, ao nos basear nos códigos italiano e francês, adaptamos as normas deles às nossas conveniências e modernizamos muitas disposições deles, muitas das quais, um tanto, superadas.

Comparemos nosso código com o Código Comercial francês. Ele é de 1806, portanto de dois séculos, interpretando a era da Revolução Francesa e do surgimento da burguesia, da Revolução Industrial e de outras transformações econômicas e sociais, surgidas desde o início do século retrasado. Nesse tempo, a França foi modernizando seu direito, mas sem perder seu arcabouço inicial. Novas leis iam surgindo, atualizando o código primitivo, e adicionadas ao capítulo correspondente ao assunto. É o caso da regulamentação das sociedades mercantis, que muitos chamaram de "pequeno código societário", adicionado ao Código Comercial no capítulo referente às normas de Direito Societário.

Chegou o ano de 2006 com o Código Comercial francês de 1806, contendo disposições super anacrônicas, mas, logo em seguida, com leis modernas, numa convivência indigesta. Não poderia deixar de ser confuso um código de dois séculos, incorporando leis surgidas até em 2006.

Veremos então o Código Civil italiano, bem mais moderno, por ser de 1942, contudo, com mais de 60 anos de idade. Foi modernizado, ficando, às vezes, conflitante consigo mesmo. Neste código a douta comissão organizadora do nosso Código Civil se baseou, incorporando ao nosso o capítulo referente ao Direito Empresarial. Portanto, foi o Código Civil italiano adaptado às nossas conveniências, atendendo às inúmeras transformações ocorridas após a guerra mundial de 1939-1945.

Apesar de haver sido o projeto do Código Civil debatido por 27 anos no Congresso Nacional, ele é fruto da época de sua promulgação, ou seja, o ano de 2002. Em 1988, com o advento da Constituição Federal, foi o projeto do Código Civil retirado do Congresso Nacional e passou por ampla revisão por parte da comissão elaboradora. Ficou assim consentâneo com nossa constituição. É, portanto, nosso código bem moderno; é um todo unitário e coerente, sem os choques de idéias que cercam os códigos da Itália, da França e da Alemanha. É também superior ao excelente e moderno código português de 1966, que chegou até a ser sugerido para transformar-se no brasileiro.

Há outro aspecto a ser considerado: os códigos franceses eram a vontade expressa de Napoleão Bonaparte, tanto que são chamados de códigos Napoleão ou napoleônicos. A extrema rapidez com que surgiram demonstra ter havido pressão de seu patrono na tramitação. O Código Civil italiano surgiu em plena época da ditadura fascista, o que provocou até a pecha de "fastitóide" dada ao nosso, em vista de sua inspiração peninsular.

Ao revés, o Código Civil brasileiro foi submetido a longas análises, a estudos e aprimoramentos constantes durante 27 anos. Houve participação efetiva da nação brasileira, por meio de seus representantes no Congresso Nacional. Numerosos juristas e acadêmicos opinaram e sugeriram. Exemplo dessa colaboração foi o capítulo referente aos títulos de crédito, que veio a esclarecer e completar certas normas de Direito Cambiário. É, destarte, código nosso, de nossa lavra, um código popular, no sentido de ter sido produzido pelo povo brasileiro, com amplos debates e participação de todas as áreas de nossa sociedade.

Os membros do Congresso Nacional são eleitos pelo povo e são representantes dele no Poder Legislativo, de tal forma que, segundo os dizeres de Montesquieu e de Norberto Bobbio, o povo faz as leis por seus representantes. Durante os 27 anos de tramitação do projeto do código civil no Congresso Nacional houve inúmeras manifestações da população brasileira por meio de seus representantes, tendo sido apresentadas mais de mil modificações. Verdade é que no que tange ao "Direito de Empresa"(arts. 966 a 1195), o projeto permaneceu quase que inalterado. Essa crítica é até a exaltação maior que se pode fazer à nova regulamentação básica do Direito Empresarial, visto que resistiu a 27 anos de crítica e saiu-se airosamente, com a aceitação unânime da nação e da maioria absoluta dos juristas.

Há, naturalmente, alguns pontos duvidosos e discutíveis, o que é natural no direito, ciência por demais polêmica. A beleza, a vibração e o dinamismo do direito estão exatamente nas discussões que ele proporciona. Vamos citar um exemplo: há muitos anos atrás discutia-se acerbamente o pagamento de imposto de renda sobre o salário, sob a alegação de que salário não é renda. Muitos seminários levantavam bases de discussões, que agitaram os meios jurídicos. Houve enfim uma lei que sanou qualquer dúvida: salário é renda. Não houve mais seminários, nem estudos, nem teses sobre este assunto. Calou-se a rica polêmica.

Houve divergências e propostas à douta comissão elaboradora do projeto do Código Civil; algumas foram aceitas, mas a maioria abandonada. O autor deste compêndio, quando acadêmico no curso de pós-graduação da Faculdade de Direito da Universidade de São Paulo, formou grupo de estudos, coordenado pelo Professor Mauro Brandão Lopes, para propor alterações no projeto. Fizemos sentir ao preclaro mestre Sílvio Marcondes nossa discordância quanto à nomenclatura adotada para as empresas: empresário, sociedade empresária e sociedade simples. Achávamos que deveria ser mantida a nomenclatura tradicional, isto é:

Empresário mercantil individual – para o empresário;

Sociedade mercantil – para a sociedade empresária;

Sociedade civil – para a sociedade simples.

Nossa sugestão não foi aceita, mas faria grande diferença? O que mudaria na substância a adoção de uma ou outra nomenclatura? Será que a opinião de dez pessoas deveria prevalecer contra a de milhares? Além do mais, nada impede que a nomenclatura antiga continue a ser utilizada.

Em compensação, foi aceita nossa sugestão, criada pelo Professor Mauro Brandão Lopes, dileto colega do Professor Sílvio Marcondes, membro da comissão elaboradora do projeto do Código Civil, na parte referente ao Direito Empresarial, introduzindo o capítulo referente aos títulos de crédito. Foi assaz importante esta contribuição, porquanto a Lei Cambiária brasileira se ressentia de várias omissões e imperfeições, em decorrência da má tradução da Convenção de Genebra, que rege essa matéria.

Por que falamos tanto no Código Civil, quando estamos examinando o Direito Empresarial? É porque as normas estabelecidas pelo antigo Código Comercial desapareceram e surgiram outras no Código Civil. O Código Comercial, promulgado pela Lei 556, de 25/06/1850, foi revogado, na Parte Primeira, pela Lei 10.406/2002, que instituiu o novo Código Civil. As normas básicas do Direito Empresarial estão no Código Civil, um código unificado civil-comercial.

Nosso código é autêntico, original. A inspiração italiana é, porém, patente, foi baseada no Código Civil italiano. Não ficou descartada a influência francesa, uma vez que o Código Comercial vigorou no Brasil por mais de 150 anos e deixou marcas no direito brasileiro. Nem tampouco desapareceu a influência alemã que se revelava no antigo Código Civil. O código atual também se baseou no anterior, o que foi demonstração da sabedoria da comissão elaboradora. O atual conservou muita realidade boa do antigo, eliminando só o que era superado ou supérfluo.

3.5. As inovações introduzidas pelo novo Direito Empresarial

Por outro lado, o novo Código Civil trouxe algo do antigo Código Comercial, embora bem modernizado. É o caso da "Escrituração", chamado antigamente de "obrigações comuns às empresas mercantis", referente aos registros contábeis. Também trouxe alguns agentes auxiliares das atividades empresariais, denominados prepostos (arts. 1169 a 1171).

Conforme nos referimos por diversas vezes, o novo Direito Empresarial brasileiro recebeu as modernas idéias internacionais por meio do Código Civil italiano, no qual o nosso foi baseado. É a principal fonte, mas não a única. Nosso antigo Código Civil também se conservou em muitos aspectos. A estrutura do nosso é mais complexa, mas baseada no seu congênere peninsular, da qual já falamos.

Regulamentação do estabelecimento

De muita importância foi a regulamentação do "Estabelecimento", nos arts. 1142 a 1149, a que o Código Civil italiano dá o nome de "Azienda", designação também utilizada no Brasil, juntamente com a expressão "fundo de comércio".

Sociedade de marido e mulher

Outra inovação trazida pelo Código Civil é a proibição de sociedade entre cônjuges casados no regime da comunhão universal de bens ou separação obrigatória, entre si ou com terceiros. É o que consta do art. 977. Esse tipo de sociedade vinha causando inúmeros conflitos judiciais e, desta vez, o mal foi cortado pela raiz. Não nos pareceu essa a melhor solução, porquanto o ideal seria a regulamentação pormenorizada dessa sociedade, de tal forma que pudesse evitar fraudes.

Desconsideração da personalidade jurídica da empresa

Inovação das mais louváveis foi a introdução da teoria universal da "disregard theory" ou "disregard of legal entity", que já fora aceita pelo nosso direito, mas agora penetrou em nossa legislação de forma ampla. Foi ela adotada no art. 50 de nosso Código Civil, ficando o Brasil um dos poucos países a mantê-la na legislação. Pelo que nos consta, os Códigos da Holanda e da Etiópia eram os únicos a adotá-la. Nosso direito faz sua adoção de maneira clara e completa e o novo Código Civil de 2002, já exerce influência em outras leis, como por exemplo, a Lei de Recuperação de Empresas (Lei 11.101, de 09/02/2005).

Previsão do crédito documentário

Outra inovação digna de nota foi a previsão do contrato internacional conhecido como "crédito documentário", que nosso Código Civil, nos arts. 529 a 532, regulamenta com o nome de "venda sobre documentos". A regulamentação é meio sumária, mas a prática desse contrato conta com a regulamentação da Câmara de Comércio Internacional em brochura especial, aceita no mundo inteiro por convenções internacionais. Poucos países o incluíram na legislação, preferindo apegar-se exclusivamente às normas internacionais.

O novo Código Comercial

Diz o penúltimo artigo do Código Civil, o art. 2045, que se revoga a Parte Primeira do Código Comercial, Lei 556, de 25/06/1850. Nosso antigo código tinha três partes. A Parte Terceira (Das Quebras) já fora derrogada em 1890 pela Lei Falimentar, sobrando as outras duas. Dessas, apenas a Parte Primeira foi revogada, permanecendo a segunda, referente ao "Comércio Marítimo". Assim sendo, continua em vigor a Parte Segunda.

Essa questão já fora exposta no primeiro capítulo, mas vamos descrever o novo Código Comercial brasileiro, conforme vem sendo publicado por várias editoras:

Do Comércio Marítimo – Compreende os arts. 457 a 796 do antigo Código Comercial, que se conservaram e estabelecem normas de Direito Marítimo. É a parte antiga do Direito Empresarial, exigindo ampla reformulação, apesar de haver inúmeras disposições baixadas pelos órgãos públicos encarregados de controlar essa atividade.

Código Civil – Títulos de Crédito – Arts. 887 a 926 – Essa parte do Código Civil estabelece algumas normas básicas sobre o Direito Cambiário, complementando e esclarecendo a Convenção de Genebra.

Código Civil – Direito de Empresa – Arts. 966 a 1195 – É a regulamentação básica do Direito Empresarial.

Legislação complementar – É o complexo de importantes leis regendo as atividades empresariais. Entre elas, podemos citar as mais relevantes:

Lei de Recuperação de Empresas – É a Lei 11.101, de 09/02/2005, substituindo a antiga Lei Falimentar;

Lei de Patentes – É a Lei 9.279/96 – instituindo as normas básicas do Direito da Propriedade Industrial;

Lei das Sociedades por Ações – Lei 6.404/76 - Regulamenta a sociedade anônima e a sociedade em comandita por ações, sendo a mais importante lei componente do Direito Societário;

Convenção de Genebra sobre Letras de Câmbio e Notas Promissórias – Promulgada pelo Decreto nº. 53.663/66, constituindo-se na norma básica sobre o Direito Cambiário;

Lei do Mercado de Capitais – É a Lei 4.728/65 – Norma básica sobre o Direito do Mercado de Capitais;

Estatuto da Microempresa – É a Lei 9.841/99, bem moderna, regulamentando a microempresa e a empresa de pequeno porte;

Lei da Reforma Bancária – Lei 4.595/64 – Estrutura o Sistema Financeiro Nacional, prevendo as várias instituições financeiras que operam no país. É a lei centralizadora do Direito Bancário.

Lei do Inquilinato – Lei 8.245/91 – Regula a locação de imóveis para fins empresariais. Antes havia lei específica, mas a atual unificou as normas da locação de imóveis.

Código Brasileiro de Aeronáutica – Lei 7.565/85 – Estabelece as normas principais do Direito Aeronáutico.

4. DA EMPRESA

4.1. Conceito de empresa
4.2. Os três tipos de empresa do Código Civil
4.3. O advento da fase empresarial
4.4. A atividade econômica
4.5. O intento lucrativo
4.6. A especialidade da empresa
4.7. O exercício continuado da atividade empresarial
4.8. A intermediação
4.9. Empresa e sociedade
4.10. A microempresa e a empresa de pequeno porte
4.11. Empresa nacional e estrangeira
4.12. Participação estatal nas empresas

4.1. Conceito de empresa

Vimos que o Direito Empresarial é o ramo do direito privado, aplicado às atividades concernentes à produção de mercadorias e serviços, a fim de suprir o mercado consumidor. A população mundial aumenta incessantemente, alargando também as necessidades de consumo. O mesmo fenômeno ocorre com nosso país: a população do Brasil cresce de forma explosiva, contando hoje com aproximadamente 200 milhões de pessoas, tornando-se um dos países mais populosos do mundo. Essa população forma o mercado consumidor brasileiro; necessita de mercadorias e de serviços. Pesquisar essas necessidades e atendê-las é tarefa delicada e difícil, reservada a uma evoluída ciência empresarial, chamada no mundo moderno de mercadologia, também designada com o nome anglo de "marketing".

Levantar as necessidades do mercado consumidor, produzir mercadorias e serviços que satisfaçam essas necessidades e fazer com que cheguem às mãos daqueles que necessitam, não pode ser tarefa empírica, ocasional e isolada. Deve ser trabalho maiúsculo, planejado e cientificamente executado dentro de tecnologia apropriada; envolve a participação de técnicos especializados. É o trabalho das empresas. Por isso, dizemos que o Direito Empresarial é o conjunto de normas e princípios que disciplinam o trabalho realizado sob o regime de empresa. A empresa é quem exerce a tarefa a que estamos nos referindo. Seu conceito mais recomendável é encontrado, desde 1942, no Código Civil italiano:

> "Imprenditore
> É imprenditore chi esercita profissionalmente una attività organizzata al fine della produzione o dello scambio di beni e di servizi".
>
> Empresário
> É empresário quem exerce profissionalmene uma atividade econômica organizada com o objetivo da produção ou à circulação de bens e de serviços.

Esse artigo inspirou o art. 966 de nosso Código Civil:

"Considera-se empresário quem exerce profissionalmente atividade econômica organizada para a produção ou a circulação de bens ou de serviços".

"Data máxima vênia", e sem a veleidade de discordar dos legisladores, formamos opinião, com fulcro em vários doutrinadores, que a expressão "bem" não tem sentido exato. Para nós, serviços são bens. "Bem" é tudo aquilo que satisfaz às necessidades humanas, podendo ser bens materiais ou imateriais. "Coisa" seria a expressão mais adequada, mas o termo mais apropriado seria "mercadoria". Mercadoria é um bem e é uma coisa, mas quando se fala em direito mercantil, mercadoria é uma coisa destinada a ser vendida, a ser distribuída para a satisfação dos interesses de outrem.

Quando falamos em "empresa", ficam incluídas as empresas estatais e as prestadoras de serviços; as empresas estatais, considerando-se nessa nomenclatura a empresa pública e a sociedade de economia mista, tanto uma, quanto outra, pertencentes ao Governo. Todavia, a função delas é produzir e vender, transformando-se juridicamente, não em órgão da administração pública, mas num centro de interesses, regido pela legislação empresarial.

Ao incluirmos empresa cujo objeto seja a prestação de serviços, procuramos arredar a não exigência de registro na Junta Comercial, sendo assim considerada empresa civil. Contudo, tanto as empresas públicas como as prestadoras de serviços, amoldam-se ao conceito exarado pelo art. 966 de nosso código. Há realmente algumas peculiaridades, como o não enquadramento da empresa civil na legislação mercantil; não faz registro na Junta Comercial, não se submete à Lei de Recuperação de Empresas. Não deixa, porém a empresa civil de ser empresa.

As atividades econômicas do mundo atual têm sido concentradas em três categorias: primárias, secundárias e terciárias. As atividades primárias são as referentes à extração direta, da natureza, dos produtos que ela nos proporciona. É o caso da agricultura, da pesca, da pecuária e da mineração. A atividade secundária refere-se à manipulação dos produtos, transformando-os em outros, fazendo chegar às mãos do consumidor, não o produto comprado, mas um novo produto. Colher cacau é atividade primária, mas transformá-lo em tablete de chocolate é atividade secundária. A atividade secundária é a indústria, a mais sugestiva sob o ponto de vista empresarial.

Atenção especial merece, no mundo moderno, a atividade terciária: a de prestação de serviços. Inclui-se nela o comércio puro, o comércio "strictu sensu", ou seja, a compra de produtos para sua venda ao consumidor, sem modificá-lo. É o que ocorre na indústria automobilística; a indústria fabrica o produto, mas não o vende ao consumidor (exerce, pois, atividade secundária). A concessionária de veículos compra-os e vende-os sem modificar a substância deles; exerce atividade terciária. Esse terceiro tipo de atividade desenvolve-se demais em nossos dias; é a atividade de prestação de serviços, por terceiros à empresa. Recebe o nome de "terceirização", introduzido recentemente. O prestador de serviços desempenha o papel de agente auxiliar das atividades empresariais.

O Direito Empresarial disciplina todas essas atividades, desde que exercidas em sistema de empresa, ou seja, como atividade econômica organizada, para a produção de mercadorias e serviços, destinados à satisfação das necessidades dos consumidores. As empresas, porém, são divididas em vários grupos, sendo algumas delas declaradas, legalmente, como civis e não mercantis. É o caso de empresas agrícolas ou pecuaristas, que exercem atividades consideradas civis, como também as empresas imobiliárias ou administradoras de imóveis, de empresas de prestação de serviços, de cooperativas e várias outras. São empresas civis por força ou determinação da lei.

4.2. Os três tipos de empresa do Código Civil

Há muitas classificações de empresas, conforme o critério adotado para classificá-las, como a que falamos acima: empresas de atividade primária, secundária e terciária. Nosso Código Civil fala em três tipos de empresa, a que ele dá o nome:

EMPRESÁRIO (Arts. 966 a 971)

É a pessoa individual que se registra na Junta Comercial para exercer atividades empresariais em nome próprio. Sobre ele falaremos pormenorizadamente no capítulo 5º.

SOCIEDADE EMPRESÁRIA (Arts. 1039 a 1096)

É empresa coletiva, ou seja, formada por duas ou mais pessoas, registrando-se na Junta Comercial, e trabalha com mercadorias. Encontraremos as características dessa empresa em várias passagens legislativas, das quais citaremos as principais:

A – precisa registrar-se no Registro Público de Empresas Mercantis;
B – precisa exercer atividade econômica;
C – é dotada de personalidade de direito privado, personalidade essa distinta da de seus sócios (Decreto 900);
D – ter seu capital constituído por contribuições de seus sócios;
E - persegue lucros (Art. 2º da Lei das S/A);
F – deve revestir-se das formas previstas na lei e seguir as disposições do Direito Empresarial;
G – as atividades empresariais devem ser lícitas;
H – deve ter organização interna, com livros fiscais, registros, contabilidade e demonstrações financeiras;
I – deve dedicar-se a atividades mercantis, isto é, trabalhar com mercadorias: na produção delas (indústria) ou na distribuição delas (varejo).

A sociedade empresária, também chamada de "empresa mercantil", tem vários modelos, grande parte regulamentados no Código Civil, a saber:

1 – Sociedade em conta de participação – Arts. 991 a 996;
2 – Sociedade limitada – Arts. 1052 a 1087;
3 – Sociedade anônima – Arts. 1088 a 1089;
4 – Sociedade em comandita por ações – Arts. 1090 a 1092;
5 – Sociedade cooperativa – Arts. 1093 a 1094.

A sociedade anônima e a sociedade em comandita por ações são apenas mencionadas e caracterizadas no Código Civil, mas são regulamentadas em lei própria, a Lei 6.404/76, denominada Lei das S/A, ou Lei das Sociedades por Ações. O mesmo fenômeno ocorre com a sociedade cooperativa, regulamentada por lei própria.

SOCIEDADE SIMPLES (Arts. 997 a 1038)

Está fartamente regulamentada nos 42 artigos do Código Civil e suas disposições aplicam-se a outros modelos societários, o que revela a importância que o novo Direito Empresarial deu a essa empresa. É também chamada sociedade civil. É o tipo de empresa que se dedica à atividade terciária, vale dizer, prestação de serviços. Peculiaridade desse modelo societário é a de que se registra no Cartório de Registro Civil de Pessoas Jurídicas.

4.3. O advento da fase empresarial

A empresa constitui hoje o objeto de estudo do Direito Empresarial e a pedra angular sobre a qual repousa sua dogmática. Nem sempre foi assim, mas surgiu recentemente.O desenvolvimento científico-legislativo da empresa e a sua noção jurídica surgiram ainda na primeira metade do século XX, graças aos estudos de Tullio Ascarelli, conforme veremos mais tarde, em um capítulo sobre a influência desse extraordinário pensador no Direito Empresarial.

Quando Ascarelli despontava, aos 20 anos, como genial discípulo de Cesare Vivante na Universidade de Roma, em 1923, outro extraordinário jurista, Lorenzo Mossa, manifestava sua antecipadora visão sobre o advento da empresa como nova base do então chamado "Direito Comercial". Ao pronunciar, em 1923, a aula inaugural no curso de direito daquele ano na Universidade de Sassari, na ilha da Sardenha, Lorenzo Mossa anteviu a importância da empresa na estruturação de novo direito comercial. Mossa afirmou naquela aula que o Direito Comercial seria mais tarde o direito das empresas, pois a noção atomística do ato de comércio estava perdendo, de forma acelerada e irreversível, qualquer valor concreto na uniformização do Direito Comercial.

Esse direito destinava-se, então, a disciplinar as empresas, suas relações com outras empresas e com seu público, ou seja, clientes e fornecedores. Mossa previu ainda a ascensão do Direito do Trabalho, em decorrência da ascensão da empresa, que deveria em breve constituir-se como ramo autônomo do direito. Naquela época, o Direito do Trabalho tinha sua regulamentação no Código de Comércio italiano (que não existe mais), e no Brasil no Código Civil.

Apesar das reações desfavoráveis às idéias de Mossa, suas visões se concretizaram, com o advento das empresas no domínio do Direito Comercial, em decorrência da importância que elas assumiram na economia de todos os países, até mesmo nos países de regime comunista, embora como empresas públicas. Tornar-se-ia despiciendo falar sobre isso, mas hoje, em nosso país, ninguém poderá desconhecer a dominação das empresas na economia e nas demais áreas de funcionamento do país, como na política.

As empresas brasileiras, entre as quais os bancos se situam, põem, e depõem governantes, como aconteceu há tempos com um Presidente da República. Com a expressiva influência das empresas, cresceu a importância do direito que as disciplina. O Direito Empresarial é hoje, não só no Brasil, o mais importante, complexo e abrangente ramo do direito. Estabelece ainda ampla conexão com os demais ramos do direito, como, por exemplo, o Direito Econômico, no que tange principalmente aos mecanismos reguladores da economia e do mercado consumidor.

4.4. A atividade econômica

Conforme vimos, e veremos várias vezes no decorrer de nosso trabalho, a empresa exerce atividade econômica, e esta última expressão necessita de comentários e de interpretação. O sentido do termo fica melhor esclarecido no exame do objetivo dessa atividade econômica: para a produção e venda, a título oneroso, de mercadorias e serviços. A atividade econômica é considerada no seu valor social, no interesse da coletividade. O termo "econômica", aqui aplicado, interpreta-se como uma atividade criadora de riquezas, pois as mercadorias e serviços produzidos devem representar um acréscimo ao patrimônio social.

Tanto as mercadorias como os serviços representam um valor econômico; são patrimonialmente avaliáveis. É o caso de um agricultor, de uma empresa agrícola, que, exercendo trabalho sobre a terra, dela produz cereais; essa produção representa o aumento da riqueza social. A indústria que fabrica determinados produtos, como automóveis, faz aumentar a riqueza nacional, não só porque adquire a matéria-prima e paga seus empregados, mas seus produtos aumentam o patrimônio da coletividade. Uma empresa prestadora de serviços também exerce atividade econômica (como um banco), se os seus serviços engrandecem a riqueza nacional, aumentando a produtividade.

A atividade econômica vem esclarecida pela produção e troca de mercadorias e serviços. A troca a que a lei se refere é a troca de mercadorias por dinheiro; a empresa dedica-se à produção e venda de seus produtos, mais precisamente, a produção para venda. O agricultor que planta e colhe para satisfazer suas necessidades, nunca se constituirá como empresa, pois esta se destina a satisfazer as necessidades do mercado e não as suas; colocando seus produtos no mercado, aumenta o patrimônio desse mercado.

4.5. O intento lucrativo

Outra expressão passível de explicações, utilizada no conceito de empresa, é a do profissionalismo. Ao dizer que é empresa quem exerce "profissionalmente" atividade econômica organizada, o conceito atribuiu-lhe diversos significados. O advogado e o médico também exercem profissionalmente sua atividade. O que significará esse profissionalismo? Em primeiro lugar, o advogado e o médico vivem de sua profissão, vale dizer, têm intento lucrativo, procuram ganhar o seu sustento, com sua atividade.

Em segundo lugar, por ser profissional, não pratica atos isolados, mas exerce atividade, renovando seus atos de forma habitual. Atos isolados não formam profissão: o aluno que vende alguns livros a seus colegas não é vendedor de livros. Em terceiro lugar, o advogado não pratica atos variados, mas específicos da advocacia; da mesma forma, o médico pratica atos de medicina, atos de sua profissão.

Mais ou menos como os profissionais liberais, a empresa tem também a sua profissão. A empresa tem ainda uma qualificação como as pessoas físicas; tem nome, nacionalidade, profissão, domicílio e documentos que a identificam. Só não tem estado civil, mas pode ser uma empresa casada com outra, pelo seu capital, ou então independente. A profissão da empresa é o seu objeto social, a sua especialidade; pode ela ser industrial ou varejista, como pode dedicar-se à prestação de serviços. A profissão da empresa não decorre apenas de necessidade organizacional, mas de exigência legal.

O fator mais importante do profissionalismo é o intento lucrativo. Toda empresa tem seu objeto e seu objetivo: o objeto é o seu ramo de atividade; o objetivo é o lucro. O intento lucrativo é da essência da empresa; ninguém monta uma empresa por diletantismo ou passatempo, por benemerência ou por vaidade. O empresário é um profissional, pois investe seu dinheiro na empresa, para fazê-la gerar lucros com que possa viver e prosperar. Esse é o objetivo da empresa: proporcionar lucros para si, para distribui-los aos seus donos. A formação da empresa coletiva processa-se por uma estruturação jurídica, retratada no contrato denominado contrato social ou contrato de sociedade. Se diversas pessoas constituem empresa pelo contrato social, têm um objetivo em vista: obter lucros.

A lucratividade da empresa é exigência legal. Nosso direito não regulamenta devidamente a empresa, mas o novo Código Civil traça as normas sobre a sociedade, que é a sua estruturação jurídica. Essa questão fica pormenorizadamente explanada em nossa obra Direito Societário, publicada por esta mesma editora.

Vê-se, pelas considerações acima, que o dirigente da empresa tem dois ônus ao organizá-la: contribuir com o capital e responsabilizar-se pelos prejuízos; assume, pois, os riscos da profissão. Será eqüitativo, portanto, que haja o reverso da medalha: se ele se responsabiliza pelos prejuízos, deverá desfrutar dos lucros. Encontramos maior clareza se examinarmos o art. 2247do Código Civil italiano:

Con il contratto di società due o più persone conferiscono beni o servizi, per l´esercizio in comune di una attività econômica, allo scopo di dividirne gli utili.	Com o contrato de sociedade, duas ou mais pessoas conferem bens ou serviços para o exercício de uma atividade econômica, com o escopo de dividir seus lucros.

Seguindo a esteira do Código Civil italiano, o nosso apenas muda algumas palavras, no art. 981:

> "Celebram contrato de sociedade as pessoas que reciprocamente se obrigam a contribuir, com bens ou serviços, para o exercício de atividade econômica e a partilha, entre si, dos resultados".

Embora fale a lei em "sociedade", interpreta-se como "empresa", visto que a sociedade é a estrutura jurídica da empresa. Se, portanto, a empresa tem finalidade lucrativa, por princípio e pela lei, o direito que a regulamenta, o Direito Empresarial, caracteriza-se pela onerosidade. A atividade empresarial tem sempre o escopo lucrativo, ainda que seja aparente, pois atividade empresarial será sempre onerosa. Por exemplo: uma empresa lança produtos a preço mais baixo do que o seu custo, tendo prejuízo; pretende, entretanto, conquistar freguesia para esse produto, para depois lucrar com vendas maiores. Outro exemplo: a empresa faz doação de brindes; embora gratuitos, visa a conquistar clientela e obter mais lucros. Todos esses atos revelam intento lucrativo ao formarem a atividade empresarial; todos têm sentido profissional.

Nota-se, ainda, dupla finalidade lucrativa: da empresa e do seu dono. A empresa visa lucros para que? Para destiná-los aos seus donos, aos que investiram dinheiro nela. Há objetivo mútuo da pessoa jurídica e da pessoa física que compõem a empresa.

4.6. A especialidade da empresa

A atividade empresarial é atividade especializada, não atividade variada, genérica, tipo "faz qualquer coisa". O advogado é um profissional porque se dedica á advocacia, atividade específica e especializada. O médico é um profissional porque se dedica a certa e determinada profissão: a medicina; esta constitui conjunto de atos profissionais compatíveis. A empresa, tanto quanto o profissional liberal, tem a sua profissão, sua atividade especializada.

Sob o ponto de vista jurídico, a profissão da empresa está expressa no seu objeto social, observada nos atos constitutivos da estrutura jurídica da empresa, na sociedade que lhe dá a forma legal. Ao estruturar-se juridicamente, a empresa coletiva tem, como primeiro ato, o ato constitutivo que estrutura a empresa: o contrato social ou contrato de sociedade. Nesse contrato deve constar obrigatoriamente a profissão da empresa, com o nome de "objeto social". Para melhor compreensão do tema, devemos examinar como a Lei das S/A (Lei 6.404/76) aprecia o objeto social da empresa, no seu art.2º:

Objeto social

"Pode ser objeto social da companhia qualquer empresa de fim lucrativo, não contrário à lei, à ordem pública e aos bons costumes.
1º – Qualquer que seja o objeto, a companhia é mercantil e se rege pelas leis e usos do comércio.
2º – O Estatuto social definirá o objeto de modo preciso e completo".

Vê-se por esse dispositivo legal que o empresário tem dois ônus ao organizar uma empresa: contribuir com o capital e responsabilizar-se pelos prejuízos; assume, pois, os riscos de sua profissão. Será eqüitativo que haja o reverso da medalha: se ele se responsabiliza pelos prejuízos, deverá desfrutar dos lucros. Encontramos maior clareza se examinarmos o artigo nº. 2247 do Código Civil italiano:

> "Con il contratto di società due o più persone conferiscono beni o servizi per l´esercizio in comune di uma attiità econômica allo scopo di dividirne gli utili".
>
> Com o contrato de sociedade duas ou mais pessoas conferem bens ou serviços para o exercício em comum de uma atividade econômica com o fim de dividir os lucros.

Se, portanto, a empresa tem finalidade lucrativa, por princípio e pela lei, o direito que a regulamenta, o Direito Empresarial, caracteriza-se pela onerosidade. A atividade empresarial tem sempre escopo lucrativo, ainda que seja apenas aparente, por ser onerosa. Por exemplo: uma empresa faz doação de brindes; embora sejam gratuitos, esses brindes constituem ato empresarial e, portanto, oneroso. Outro exemplo: uma empresa lança um produto a preço mais baixo do que seu custo, tendo prejuízo; também pratica ato empresarial. Eles vão ter intento lucrativo, ao formarem a atividade empresarial.

Nota-se, ainda, um duplo escopo lucrativo da empresa e do seu dono. A empresa visa lucros para que? Para dá-los ao dono. Há, pois, objetivo mútuo da pessoa jurídica e das pessoas físicas ou jurídicas que a compõem

O artigo "ut supra" refere-se à companhia, ou S/A. Aplica-se igualmente aos demais tipos de sociedade, como a sociedade limitada. Essas duas formas societárias representam a quase totalidade das empresas brasileiras, motivo pelo qual se trata de uma disposição do direito nacional. Fala ele no estatuto e não no contrato social, uma vez que a S/A não tem contrato social, mas é regida pelo estatuto, que tem, mais ou menos, a mesma finalidade.

Deve, pois, constar no estatuto da S/ A, ou no contrato social das outras formas de sociedade mercantil, a profissão dela, ou seja, o objeto de modo preciso e completo.Não basta dizer apenas se é indústria ou prestação de serviços, e os produtos com que vai trabalhar não podem ser expressos de forma incerta, vaga ou variada. Exporemos, como exemplos, o objeto social extraído do contrato social ou do estatuto de algumas empresas:

- indústria e comércio de confecções testeis;
- edição e venda de livros jurídicos;

- indústria e comércio de motores elétricos;
- representação por conta própria ou de terceiros de produtos de leite e derivados.

4.7. O exercício continuado da atividade empresarial

O exercício profissional da atividade da empresa implica outro fator; que seja continuado. Não caracteriza a empresa a prática de um ou de alguns atos, mas que a atividade seja permanente, seguindo o caminho traçado. A atividade empresarial é, então, constituída de longa série de atos, coordenáveis entre si, com vistas a um objetivo. A prática de atos isolados não forma a atividade empresarial, portanto, não caracteriza a empresa. Nem mesmo a simples repetição, mas a repetição continuada e regular de certos atos concatenados. A esse respeito há alguma diferença entre a empresa individual e a coletiva.

A empresa individual é formada por um só componente, que se registra na Junta Comercial em nome próprio, sem ter sócios, portanto, sem contrato social, por não haver sociedade. Confundem-se e se identificam, num só centro de interesses, a empresa e seu componente. Para ele, a profissionalidade consiste na habitualidade. O hábito é a aptidão humana para exercer uma atividade, com facilidade e perfeição crescentes, quantas vezes sejam repetidos os atos que constituem essa atividade. É o hábito, por conseguinte, inerente ao ser humano, à personalidade humana, nunca a uma pessoa jurídica. Eis por que a habitualidade constitui o traço marcante da empresa individual. Não há mútuo intento lucrativo da empresa e do empresário, já que o intento é único.

O hábito provoca no empresário individual uma experiência constante, um aperfeiçoamento no exercício de sua atividade. A organização que ele adquire é conseqüência da repetição de atos mais ou menos uniformes, da sua experiência pessoal. A lei não lhe impõe o intento lucrativo, que decorre apenas da natureza de sua atividade.

Examinando agora a empresa coletiva, ou seja, a empresa formada por duas ou mais pessoas que fazem acordo escrito ente si, registrando na Junta Comercial, não o nome próprio delas, mas o acordo celebrado. Não se confundem a empresa e seus donos, que possuem personalidades jurídicas claramente distintas. A profissionalidade é a prática continuada de uma série imensa de atos empresariais, mesmo diferentes entre si, mas que sejam coordenados para um objetivo. O objetivo nunca se pode perder de vista: o exercício da atividade empresarial, ou seja, de uma atividade econômica organizada, para a produção de mercadorias ou de serviços.

Não é atividade profissional a exercida por conta própria. Essencial ao conceito de profissionalidade é a atividade para o uso ou usufruto de outrem, a um destinatário situado fora do próprio âmbito pessoal ou familiar. A profissionalidade é um fenômeno social, ante o caráter eminentemente social da empresa. Um cidadão que mantém em sua casa um equipamento para fabricar pão, balas e doces para ele e seus familiares não é empresário nem empresa, pois não há empresa por conta própria.

4.8. A intermediação

Pode parecer meio camuflada uma característica da empresa, ínsita na consideração expressa pelo art. 2082 do Código Civil italiano, quando ele se refere à produção e troca de bens e de serviços. A expressão "troca" não se refere, nesse caso, à produção e troca de bens ao estrito sentido do contrato de troca. Troca, para a interpretação do Direito Empresarial, tem o sentido de comercialização, de intermediação. A empresa dedica-se à produção de bens e serviços, mas não os produz para si; é para suprir as necessidades do mercado consumidor. A troca que realiza a empresa é pela entrega de seus produtos no mercado, recebendo em troca o preço desses produtos. Não é também a troca como a prevista no Código Civil, "res pro res"; é a troca de mercadorias ou serviços por dinheiro, "res pro pecúnia".

Seria mais próprio, na linguagem atual, dizer que a empresa dedica-se à produção e venda de bens e de serviços. A venda é, não obstante a terminologia, uma troca; mas é a troca de uma coisa por outra coisa bem especificada: o dinheiro. A troca de mercadorias, isto é, aquisição e venda de mercadorias, constituiu o objeto da atividade empresarial. Na realidade, a palavra comércio não está totalmente banida de nossos dicionários, quer léxicos, quer jurídicos. O comércio puro, o comércio "strictu sensu" é a compra de mercadorias, para vendê-las com lucro, sem alterar-lhes a substância; é a intermediação entre o produtor e o consumidor.

O comerciante (ou negociante) também existe; é a pessoa que se instala num local, para vender ao consumidor, no varejo, as mercadorias que compra por atacado. Em São Paulo, como nos demais centros maiores, há uma categoria profissional muito importante e comentada; é a dos "intermediários", os que adquirem produtos agrícolas nas fontes de produção e os trazem para o grande centro, destinando-os ao consumo.

Afora o comércio nesse "strictu sensu", as atividades empresariais de maior porte, o comércio "latu sensu", ou seja, típico de empresa organizada, também constitui intermediação. Uma indústria que fabrica e vende seus produtos, exerce função intermediária; adquire matéria-prima e serviços, sempre com impulso para o consumo. Um banco e outras financeiras também fazem a intermediação entre o dinheiro de quem o tem e não precisa, entregando-o a quem dele precisa e não o tem.

Perante o direito, não é diferente a posição de quem adquire produtos no atacado para revendê-los no varejo. Em ambos os casos, as diversas operações executadas são elementos concatenados, com função intermediária e intento lucrativo, para a satisfação das necessidades do mercado consumidor.

4.9. Empresa e sociedade

Dois termos aplicados vulgarmente como sinônimos necessitam de melhor explicação, por serem distintos. A empresa não tem existência legal sem a sociedade, por ser, em si, uma ficção. Para ter existência legal, a empresa deve revestir-se de uma roupagem jurídica, de uma forma societária e do registro nos órgãos oficiais. Os registros, porém, não podem ser feitos sem determinados trâmites burocráticos. Esses trâmites partem de alguns documentos denominados atos constitutivos; estes, por sua vez, constituem objeto de registros públicos.

A empresa necessita de organização econômica, mas também de organização jurídica. Essa organização jurídica começa pela constituição da sociedade, a forma de que vai se revestir a empresa.

No direito brasileiro, estão previstas sete formas societárias de que a empresa possa se revestir: sociedade limitada, sociedade em comandita simples, sociedade anônima, sociedade em comandita por ações, sociedade em nome coletivo, sociedade simples, sociedade cooperativa.

A empresa não tem personalidade jurídica, a não ser por intermédio da sociedade que a estrutura juridicamente. Para ser representada em juízo, só tendo seu contrato social, instrumento básico de constituição da sociedade. Quem deseja exercer individualmente atividades empresariais, poderá registrar-se, em nome próprio na Junta Comercial; não tendo sócios, não há sociedade. A estruturação jurídica da empresa individual ou empresário individual dá-se pelo registro na Junta Comercial.

4.10. A microempresa e a empresa de pequeno porte

Uma das mais interessantes inovações da vida empresarial foi a criação e regulamentação da microempresa – ME – e da empresa de pequeno porte – EPP. Surgiu, a princípio, apenas a microempresa, criada pela Lei 7.256/84, tendo sido essa lei regulamentada pelo Decreto 90.880/85. Atendeu a nova legislação aos reclamos de nosso país, que via aumentar o desemprego. As fontes jurídicas da nova legislação devem ter sido buscadas no código italiano, trazendo um conceito no art. 2083, com o nome de "piccoli imprenditori".

O conceito e os critérios adotados pelo direito brasileiro são diferentes, sendo o nosso sistema mais completo. A ME e a EPP são geralmente dirigidas pelo pequeno empresário e componentes da sua família. O traço característico dessas empresas é a sua receita bruta, que deverá atingir a parâmetros limitados. O tratamento diferenciado, simplificado e favorecido tem como objetivo facilitar a constituição e o funcionamento de unidades produtivas de pequeno porte, com vistas ao fortalecimento de sua participação no processo de desenvolvimento econômico e social. Criaram-se assim muitos empregos, senão para terceiros, mas para pequenos empresários e membros de sua família.

Entretanto, quinze anos depois, novo estatuto da microempresa – ME surgiu com a Lei 9.841/99, que estabeleceu normas para as microempresas e empresas de pequeno porte – EPP, relativas ao tratamento diferenciado e simplificado, nos campos administrativo, fiscal, previdenciário, trabalhista, creditício e de desenvolvimento empresarial. O próprio enunciado da Lei invoca, como fonte inspiradora o art.179 da Constituição Federal de 1988. Será conveniente transcrever:

> "A União, os Estados, o Distrito Federal e os municípios dispensarão às microempresas e às empresas de pequeno porte, assim definidas em lei, tratamento jurídico diferenciado, visando incentivá-las pela simplificação de suas obrigações administrativas, tributárias, previdenciárias, ou pela eliminação ou redução destas por meio de lei".

A Constituição Federal de 1988 é posterior ao estatuto da microempresa, que é de 1999, mas estabeleceu, como princípio jurídico, a tutela da ME, prevendo também a EPP, que veio consagrada no novo estatuto de 1999. Esse novo estatuto, criado pela Lei 9.841/99, não introduz modificações no regime jurídico da ME regulado pela Lei 7.256/84. Estabeleceu, porém, as normas para a EPP, que não tinham sido previstas na antiga lei. É sugestivo frisar que tanto a Constituição Federal de 1988, como o novo estatuto da ME e da EPP, de 1999, por serem obras legislativas recentes, utilizam linguagem atualizada e expendem idéias do moderno Direito Empresarial, conflitando frontalmente com a linguagem e idéias de nosso direito tradicional. Demonstram essas obras legislativas que o direito brasileiro aceita e adota as novas teorias, conceitos e linguagem que o moderno Empresarial elaborou nas últimas décadas e, dentro em breve, irá impô-los definitivamente.

Nota-se que não mais se aplica a expressão "comerciante". As figuras jurídicas regulamentadas pela nova legislação são "microempresa" e "empresa de pequeno porte". Ainda quanto à linguagem, sugestiva é a adoção de nomenclatura adequada aos dois tipos de microempresas e empresas de pequeno porte: podem ser "pessoas jurídicas" ou "firma individual". Embora julguemos essa nomenclatura correta e louvável, difere da que temos adotado, de empresa individual e coletiva", expressões oriundas do art. 2º da Consolidação das Leis do Trabalho:

> "Empregador é a empresa individual ou coletiva que, assumindo os riscos da atividade econômica, admite, assalaria e dirige a prestação pessoal de serviços".

Vamos, porém, caracterizar claramente as duas formas jurídicas previstas legislativamente para a ME e a EPP:

FORMA INDIVIDUAL – trata-se de empresário que se registra com o próprio nome para exercer atividades empresariais. É também chamada, modernamente de "empresa individual" ou "empresário individual". A denominação de "firma individual" decorre do tipo de assinatura da empresa: ela assina com o nome próprio do empresário que a constitui.

PESSOA JURÍDICA – é a chamada empresa coletiva pela CLT: deve revestir-se da forma societária prevista pelo Código Civil e devidamente registrada na Junta Comercial, sendo suficiente o registro no Cartório de Registro Civil de Pessoas Jurídicas. Não poderá também se revestir da forma de sociedades por ações.

Quanto à classificação das empresas a que a lei assegura um tratamento jurídico simplificado e favorecido nos campos administrativo, tributário, trabalhista, previdenciário e creditício, sob o critério do faturamento anual, ficaram caracterizados dois tipos de empresas:

MICROEMPRESA – ME – É a pessoa jurídica ou firma individual que tiver receita bruta anual igual ou inferior a R$244.000,00. Essa modalidade de empresa deverá adotar, em seguida ao seu nome, a expressão "microempresa" ou "ME".

EMPRESA DE PEQUENO PORTE – EPP – É a pessoa jurídica ou firma individual que tiver receita bruta anual igual ou inferior a R$1.200.000,00. Deverá adotar, em seguida, ao seu nome a expressão "empresa de pequeno porte" ou "EPP".

Vemos, então, que as duas espécies de empresas distinguem-se, entre si, pelo limite do valor bruto anual de sua receita: A ME é de R$244.000,00 e a EPP de R$1.200.000,00. Devem surgir planos de tratamento diferenciado para cada uma dessas empresas, pois até agora não vemos necessidade de distinção entre as duas, quanto aos efeitos da lei. Aguardamos, entretanto, decreto que regulamente essa questão.

O limite da receita bruta deve ser apurado no exercício social de um ano, de 1º de janeiro a 31 de dezembro de cada ano, somando-se as receitas brutas de todos os meses. Se a receita bruta da ME ultrapassar a R$244.000,00, será classificada como EPP automaticamente, devendo ela comunicar esse fato à Junta Comercial.

Da mesma forma, se a EPP tiver sua receita bruta anual superior a R$1.200.000,00, perderá ela essa condição, enquadrando-se como empresa comum, não desfrutando mais das vantagens da lei. Se a empresa constituir-se no decorrer do ano, será considerado o período iniciando de sua constituição até o fim do ano; por exemplo, uma empresa constitui-se em 1 de agosto, tendo, pois, um exercício de cinco meses, até 31 de dezembro; para efeito de seu enquadramento como microempresa ou empresa de pequeno porte, será considerada a receita bruta durante esses cinco meses. A mudança de categoria da empresa, porém, não altera os contratos porventura celebrados com terceiros, antes da alteração.

O que alteram são os efeitos da mudança quanto às obrigações e vantagens. Foram elas conservadas pela Lei. Repetimos, porém, as vantagens concedidas: são as mesmas para a ME e para a EPP, e são aplicadas nos planos: administrativo, fiscal, previdenciário e trabalhista, creditício e de desenvolvimento empresarial. Repetimos, ainda, que esse tratamento diferenciado aplica-se tanto à pessoa jurídica (ou sociedade), como à firma individual (ou empresa individual).

No tocante ao campo administrativo, são previstas várias facilidades, nos arts. 4º a 7º da Lei 9.841/99. O registro da ME e da EPP na Junta Comercial será pelo sistema especial, comparado ao registro sumário, tratado pela Lei 6.939/81. Esse registro é mais ágil e rápido e bem mais facilitado. A microempresa deverá apor no final de seu nome a expressão "ME" e a empresa de pequeno porte "EPP", sendo privativas a elas essas designações. Caso a receita dessas empresas ultrapassar o limite, bastará a elas fazer comunicação à Junta Comercial, que modificará o registro, não havendo necessidade de instrumento especial.

Quanto ao regime tributário e fiscal diferenciado, os arts. 11 a 14 desta lei já concedem à ME e à EPP a possibilidade de escrituração fiscal simplificada, podendo utilizar documentos mais simples. Até o mês de abril, essas empresas deverão enviar à Secretaria da Receita Federal a DASRI-Declaração Anual Simplificada de Rendimentos e Informações. O cadastramento fiscal dessas empresas será feito mediante comunicação da Junta Comercial à Secretaria da Receita Federal, dispensando as providências por parte delas. Elas estão isentas de pagamento de títulos, mas não poderão reter os tributos por terceiros.

Essas empresas também gozam de facilidades de ordem trabalhista e previdenciária. Gozam tanto os funcionários como os administradores da empresa, dos direitos previstos na legislação previdenciária e trabalhista, mas são eliminadas as exigências burocráticas e obrigações acessórias que sejam incompatíveis com o tratamento simplificado e favorecido. O recolhimento para a previdência social será normal, mas haverá algumas facilidades de outra ordem, como a contribuição para o custeio das prestações por acidente de trabalho, que será calculada pelo percentual mínimo. Normal será também a obrigação de registrar os empregados, anotar na carteira de trabalho deles a apresentação da RAIS.

Cogitou ainda a Lei 9.841/99 do apoio creditício a essas empresas. À ME e à EPP ficam asseguradas condições favorecidas relativamente a encargos financeiros, prazos e garantias nas operações que realizarem com instituições financeiras, inclusive bancos de desenvolvimento e entidades oficiais de fomento na forma a ser regulamentada pelo Poder Executivo. Para incentivar e fomentar os agentes financeiros públicos e privados e estabelecer linhas de crédito diferenciado às ME e às EPP, bem como a constituir fundo para garantia de aval ou fiança, inclusive provendo os meios necessários, ficou o Poder Público de regulamentar. O Decreto 3.474/00 deu melhor regulamentação à Lei 9.841/99, mormente no que tange ao apoio creditício.

4.11. Empresa nacional e estrangeira

Tal como uma pessoa natural, a empresa também possui a qualificação: tem nome, registro, data de nascimento, profissão, nacionalidade, domicílio. Só não tem estado civil; mesmo assim, em sentido figurado, uma empresa pode ser "casada" com outra quando houver forte conexão entre elas, como, por exemplo, se pertencerem ao mesmo dono, ou uma prestar serviços à outra. Traçaremos, então, algumas considerações sobre um dos fatores da qualificação da empresa: o da nacionalidade.

Interessante notar que essa questão assumiu tamanha importância em nosso direito, que a Constituição Federal de 1988 dela cuidou no seu art.171, no capítulo denominado "Dos Princípios Gerais da Atividade Econômica", assim estatuindo:

"São consideradas:

I – Empresa brasileira constituída sob as leis brasileiras e que tenha sua sede e Administração no País;

II – Empresa brasileira de capital nacional cujo controle efetivo esteja em caráter permanente sob a titularidade direta ou indireta de pessoas físicas domiciliadas e residentes no País ou de entidades de direito público interno, entendendo como controle efetivo da empresa a titularidade da maioria de seu capital votante e o exercício, de fato e de direito, do poder decisório para gerir suas atividades".

Interpretando o art.171 da Magna Carta, embora tenha sido ele revogado, ousamos dizer que empresa brasileira é toda empresa registrada na Junta Comercial. Assim concluímos porque a Junta Comercial só registrará uma empresa se ela for constituída nos termos da lei brasileira e tenha sua sede e administração no Brasil. Se os atos constitutivos de uma empresa não forem elaborados nos moldes da legislação brasileira, ou não tiver sede e administração, ou seja, o domicílio no Brasil, a Junta Comercial não poderá fazer seu registro. Malgrado tenha sido o art.171 revogado, ele é bem sugestivo como fonte doutrinária, que pode ser adotado para formar novo direito.

Por outro lado, a empresa estrangeira deverá ser, por exclusão, a empresa não brasileira. Nossa Magna Carta não estabeleceu conceito de empresa estrangeira, mas pressupõe-se, com muita lógica, que seja a empresa cuja sede e administração estejam fora do Brasil e seus atos constitutivos tenham sido elaborados de acordo com a lei de seu país e não de acordo com a lei brasileira. Se o contrato social dessa empresa for elaborado, por exemplo, em idioma estrangeiro, não poderá ser aceito para registro, pela Junta Comercial. A empresa estrangeira, para poder operar no Brasil, precisa registrar-se na Junta Comercial, mas segue outros trâmites bem diferentes, dirigindo-se primeiro ao Ministério da Indústria, Comércio e Turismo.

Há outro tipo de empresa que fora previsto no item II do revogado art.171: a ABCN – Empresa Brasileira de Capital Nacional. Constituída de acordo com as exigências legais, essa empresa caracteriza-se pelo fato de seu poder decisório estar a cargo de pessoas domiciliadas no Brasil. Pelo que diz a Magna Carta, não é necessário que o poder dominante esteja nas mãos de brasileiros natos ou naturalizados. Poderá a EBCN ser formada só por administradores (donos da empresa) estrangeiros, mas deverão ser domiciliados no Brasil. Poderá o capital com direito a voto dessa empresa estar nas mãos de brasileiros e estrangeiros; se a maioria do capital votante, ou seja, o poder decisório, estiver nas mãos de pessoas domiciliadas no Brasil, será uma EBCE – Empresa Brasileira de Capital Estrangeiro. Repetimos quer o art.171 da Constituição foi revogado, mas seu conteúdo doutrinário é bem sugestivo.

Ao revés, se a maioria do poder decisório, vale dizer, o capital com preponderância nas decisões, for detido por pessoas residentes e domiciliadas no exterior, será uma EBCE – Empresa Brasileira de Capital Estrangeiro. É possível até que essas pessoas sejam de nacionalidade brasileira, mas estejam domiciliadas no exterior. É o critério do domicílio que caracteriza a nacionalidade da empresa e não a nacionalidade de seus donos e seus dirigentes, que o novo Código Civil chama de "administradores". Exemplo de EBCE são as grandes indústrias automobilísticas: Mercedes-Benz do Brasil S/A, General Motors do Brasil S/A, Volkswagen do Brasil S/A. Examinemos a posição da FORD DO BRASIL S/A: é uma empresa brasileira legalmente constituída no Brasil, com os atos constitutivos devidamente registrados na Junta Comercial; tem sede e administração no Brasil e está em operações há muitos anos. Entretanto, é uma sociedade anônima e a quase totalidade das ações com direito a voto pertencem à FORD MOTORS CO., empresa estrangeira sediada no exterior e registrada em outro país. É, pois, a FORD DO BRASIL S/A uma EBCE.

O mesmo art.171 trazia, em dois parágrafos, algumas vantagens da EBCN sobre a EBCE; preferência para desenvolver atividades que dependam de aprovação governamental, como nas atividades estratégicas ou setores imprescindíveis, ou na aquisição de bens e serviços pelo Poder Público.

4.12. Participação estatal nas empresas

Evolução política e econômica das mais sugestivas nos últimos anos é a da participação do Poder Público na atividade econômica organizada para a produção e venda de bens e serviços para a satisfação do mercado consumidor. Tornou-se o Estado, em muitos países, também um empresário, às vezes, considerado um megaempresário; é o que sucedeu no Brasil, embora nos últimos anos o Governo brasileiro esteja em retração empresarial.

Formou-se, então, posição dúplice do Estado: o Estado-Poder e o Estado-Empresário. Nesta última posição, o Estado é um concorrente das empresas privadas, colocando-se na mesma linha delas, ao exercer atividade econômica. Muitas vezes não é concorrente, mas um agente auxiliar das atividades empresariais, como a EBCT – Empresa Brasileira de Correios e Telégrafos, que não concorre com empresas privadas, mas presta serviços a essas; também a RFF – Rede Ferroviária Federal, que presta serviços de transportes às empresas privadas. A participação do Estado nas atividades econômicas processa-se principalmente pelas empresas públicas e as de economia mista. Essas empresas tiveram sua disciplina jurídica traçada pelo Decreto-lei 200/67, reformulado depois pelo Decreto-lei 900/69. Definição de inestimável valor, clareza e efetividade, dá-nos o art.5º do Decreto-lei 900/69:

> "Empresa pública é a entidade dotada de personalidade jurídica de direito privado, com patrimônio próprio e capital exclusivo da União, criada por lei, para exploração de atividade econômica que o governo seja levado a exercer por força de contingência ou de conveniência administrativa, podendo revestir-se de qualquer das formas admitidas em direito".

Característica importante da empresa pública é a de ser ela dotada de personalidade jurídica de direito privado. Apesar de pública, portanto, submete-se ela, como as empresas privadas, às normas do Direito Empresarial e subsidiariamente às leis civis. É objeto de nossa matéria, pois a ela se aplicam os mesmos critérios de estudo preconizados para as empresas privadas, exceto algumas leis, como a Lei de Recuperação de Empresas. Não se aplicam às empresas públicas ou de economia mista os institutos de falência, recuperação judicial ou recuperação extrajudicial.

Peculiar característica da empresa pública e, porém, a sua criação por lei. Não tem ela contrato social nem estatuto, mas um regulamento expresso pela própria lei que a criou. Também peculiar característica da empresa pública é a de ter ela patrimônio próprio e capital exclusivo da União; pertence totalmente ao governo. Nem todas, entretanto, pertencem à União, podendo haver empresa pública estadual, como é o caso do Metrô ou da CMTC, esta pertencente ao governo municipal.

Por outro lado, pode a empresa pública revestir-se de qualquer das formas admitidas em direito. Contudo, apesar das sete formas admitidas pelo Código Civil, só três têm atualmente larga aplicação: a sociedade anônima, a sociedade limitada e a sociedade simples.

Passando agora para um breve estudo da empresa de economia mista, que a lei chama de sociedade de economia mista, vamos encontrar também boa definição no art.5º do Decreto-lei 900/69:

> "Sociedade de economia mista é a entidade dotada de personalidade jurídica de direito privado, criada por lei, para o exercício de atividade econômica, sob a forma de sociedade anônima, cujas ações com direito a voto pertencem, em sua maioria, à União ou a entidade da administração indireta".

Vamos notar duas diferenças fundamentais entre a empresa pública e a de economia mista: esta última só pode estruturar-se juridicamente na forma de S/A, enquanto aquela poderá amoldar-se nas várias formas jurídicas que nossa lei prevê. Outra diferença é a de que a empresa de economia mista tem a maioria de seu capital nas mãos do governo, enquanto que, na empresa pública, o capital é 100% do governo. Como exemplo de empresas de economia mista, temos a Petrobrás e o Banco do Brasil; o capital dessas duas empresas pertence, mais ou menos, em 80% ao Poder Público; todavia, 20%, mais ou menos, do capital, estão pulverizados entre muitas pessoas privadas. É uma associação da iniciativa privada com a iniciativa pública.

Importante, entretanto, é que a empresa de economia mista é, como a empresa pública, de direito privado. Essa posição foi prevista ainda pela Constituição Federal de 1988, declarando o art.173 que a empresa pública, a sociedade de economia mista e outras entidades que explorem atividade econômica, sujeitam-se a regime jurídico próprio de empresas privadas, inclusive quanto às obrigações trabalhistas e tributárias e não poderão gozar de privilégios fiscais não extensivas às do setor privado.

A criação de empresas públicas e de economia mista não poderá ser feita, porém, de forma indiscriminada, mas só em alguns casos excepcionais, que o Decreto-lei 900/69 diz ser "por força de contingência e de conveniência administrativa". Bem mais clara e incisiva é a constituição de 1988, no art.173, ao dispor que, ressalvados os casos previstos na Constituição, a exploração direta de atividade econômica pelo Estado só será permitida quando necessária aos imperativos da segurança nacional ou a relevante interesse coletivo, conforme definidos em lei. Será o caso, por exemplo, das atividades de comunicação exercidas pela Empresa Brasileira de Correios e Telégrafos.

A "atividade econômica" referida pela Magna Carta e pelo Decreto-lei 900/69, corresponde ao que o direito moderno vem chamando de "atividade econômica organizada para a produção e circulação de mercadorias e de serviços, com vistas à satisfação do mercado consumidor".

5. DOS ADMINISTRADORES DA EMPRESA

5.1. Uma questão de nomenclatura
5.2. A empresa e seu administrador
5.3. Características do administrador
5.4. O empresário previsto no Código Civil
5.5. Registro competente do empresário
5.6. Privilégios do empresário
5.7. Da capacidade para ser empresário
5.8. Empresa conjugal: sociedade entre marido e mulher
5.9. Tipos especiais de empresários e administradores

5.1. Uma questão de nomenclatura

Em vez de chamarmos de administrador, podemos chamar empresário ou dirigente. Contudo o Código Civil de 2002 dá o nome de "administrador" à pessoa que dirige a empresa. Evitaremos então as expressões: "empresário" e "dirigente" o quanto possível, para nos atermos à nomenclatura adotada pela Lei. "Empresário" é a expressão utilizada pelo artigo 966 do Código Civil para designar o componente da empresa individual, e, por isso, segundo aqueles que se aferram à lei não deve essa expressão ser usada em outro sentido. Entretanto, o termo "administrador" também é utilizado em vários sentidos, pela própria legislação, o que se tornaria termo inadequado. Assim, segundo a lei, administrador é o dirigente de qualquer empresa e administrador é também o membro do Conselho de Administração de uma sociedade anônima.

Perante nosso Código Civil "empresário" é o empresário individual, como fala o art. 966. Porém as normas reguladoras da atividade do empresário individual alargam na aplicação da empresa coletiva. Assim sendo, o Código Civil considera três tipos de empresas: empresário, sociedade empresária e sociedade simples; as normas reguladoras do primeiro aplicam-se também à segunda e à terceira:

EMPRESÁRIO – É a pessoa individual que se registra na Junta Comercial em nome próprio e exerce a atividade empresarial sozinho. É também chamado vulgarmente de empresa individual.

SOCIEDADE EMPRESÁRIA – É empresa coletiva, isto é, constituída de duas ou mais pessoas e dedica-se à atividade mercantil, vale dizer, trabalha com mercadorias. Registra-se na Junta Comercial.

SOCIEDADE SIMPLES – É também formada por duas ou mais pessoas, registrando-se no Cartório de Registro Civil de Pessoas Jurídicas; dedica-se à prestação de serviços e não à atividade mercantil.

5.2. A empresa e seu administrador

Após ter falado da empresa, cabe ainda falar do "administrador", ou seja, a pessoa que a dirige. Não se poderá conhecer bem a empresa sem conhecer o seu dirigente, aquele que a aciona, tão íntima é a conexão entre eles. Para se fazer idéia de como se confunde uma expressão com a outra, basta dizer que tanto a lei como as obras de doutrina do direito italiano usam uma palavra pela outra, numa sinédoque freqüente. O art. 2082 do Código Civil italiano, sobre o qual baseamos nosso trabalho, como também se baseou nosso atual Código Civil, ao dar o conceito de empresa, expressa-se dessa forma:

Imprenditore	Empresário
È imprenditore chi esercita profissionalmente una attività economica organizzata al fine della produzione o dello scambio dei beni o di servizi.	É empresário quem exerce profissionalmente atividade econômica organizada para a produção ou para a venda de bens ou de serviços.

Não é apenas nesse artigo que o Código Civil italiano fala empresário como sendo a própria empresa. O art. 2195, ao apresentar obrigatoriedade de registro das empresas no órgão especializado, chamado Registro das Empresas, diz que deve se registrar no Registro das Empresas o empresário. Na verdade, quem se registra no Registro das Empresas é a empresa, dando o nome do órgão, e não o empresário. Em alguns casos, é ainda mais íntima a conexão, como na empresa individual; como a empresa é formada por uma só pessoa, não faltam afirmações de que se confundem a empresa e o empresário, formando uma só pessoa. Outro caso não radical como o anterior é o da microempresa em que a atividade é exercida pelo empresário e pessoas de sua família, sendo o objeto da empresa o exclusivo interesse pessoal da pessoa que a dirige, ou seja, para dar-lhe emprego.

Voltemos então a falar que o administrador é a pessoa física que dirige a empresa. É possível, porém, que uma empresa seja também administradora, como o caso de uma empresa que tinha como sócias três outras empresas, e as três exerciam a gerência. O administrador é o dirigente da empresa e o seu representante legal: a empresa assina um contrato por intermédio de seu administrador, que é o seu representante legal. É a pessoa que exerce diretamente a atividade empreendedora e faz a empresa exercer a atividade que cabe a ela.

São duas personalidades distintas, cada uma com patrimônio próprio, bem como direitos e obrigações reservados a cada um. Ao assumir responsabilidades em nome da empresa, o administrador não se obriga pessoalmente. O Direito Penal não se aplica à empresa, pois ela não pode praticar crimes; o administrador sim. Exemplos são os crimes previstos na Lei de Recuperação de Empresas; se a empresa praticou atos ilícitos que a levaram à falência, pagará ela por esses atos ilícitos, como suspensão de atividades; os administradores que tiverem praticado tais atos em nome da empresa, responderão pessoalmente pelo que fizeram. Por outro lado, é possível mudarem-se os administradores, sem mudar a empresa e sua estrutura.

O art. 2085 do Código Civil italiano inspirou o nosso art. 966, que abre o capítulo referente ao Direito Empresarial:

> Considera-se empresário quem exerce profissionalmente atividade econômica organizada para a produção ou a circulação de bens ou de serviços.

O Código está falando "empresário", mas o que ele diz aplica-se também à "empresa"; há nesse caso uma sinédoque, linguagem figurada. Essas disposições sobre o empresário estendem-se aos outros dois tipos de empresas.

Não se considera empresa ou empresário quem exerce profissão intelectual, de natureza científica, literária ou artística, ainda com o concurso de auxiliares ou colaboradores. É o caso de um escritório de advocacia ou de um consultório médico.Às vezes vinte ou trinta médicos se associam para exercerem atividades profissionais; são profissionais liberais e não empresários, ainda que no consultório haja enfermeiras e outros profissionais, estoques de remédios, enfim estrutura organizada de tipo empresarial. Há escritório de advocacia com mais de cem advogados e características de empresa, mas não é empresa. Pode ser sociedade de advogados, organizada segundo o Estatuto da Advocacia da OAB (Lei 8.906/96), mas este proíbe sociedade de advogados com características mercantis.

5.3. Características do administrador

A produção de bens e serviços para colocá-los no mercado de consumo não pode ser tarefa de atividade acidental e improvisada, mas de atividade profissional organizada e especializada, que se exerce por meio de órgãos de planejamento, produção e controle, previamente dispostos. Esses órgãos, constituídos para o ciclo mercadológico, que se concretizam na organização dos fatores de produção e que se propõem à satisfação das necessidades humanas e, mais precisamente, das exigências do mercado consumidor, assumem na terminologia econômica o nome de empresa.

A empresa apresenta-se como a conjugação de elementos pessoais e reais, objetivando a um resultado econômico e acionados com intuito especulativo, conjugação essa administrada por uma pessoa, que, por isso, recebe o nome de administrador. Esses elementos se integram em unidade funcional, graças à atividade criadora do administrador, que dispõe metodicamente esses elementos.

Das formas mais simples, passa-se às mais complexas, nas quais se revela o gênio criativo e regulador do administrador. Como criação de sua atividade organizativa e como fruto da sua idéia, a empresa é necessariamente vinculada à pessoa do administrador; como um motor que ao receber um impulso conserva-o por um dado tempo. Contudo, o funcionamento e a eficácia da empresa estão sempre vinculados à atividade de quem preside a sua sorte, ou seja, à pessoa do administrador.

Normalmente, o administrador é também o capitalista, o prestador de capital, no todo ou em parte. A empresa tem, pois, três tipos de colaboradores internos: o capitalista, o administrador e o funcionário. A figura do administrador distingue-se da do capitalista e do funcionário por dois elementos fundamentais: a iniciativa e o risco.

A iniciativa é o poder de determinar a organização da empresa e a sede do exercício da atividade. É a iniciativa do empresário que transforma a empresa de organismo estático em organismo dinâmico. A empresa é, a princípio, organismo sem vida; é a iniciativa do administrador que lhe dá a vida, fazendo-a operar e produzir. A empresa sem o administrador é um trator sem tratorista.

O risco consiste em suportar o ônus inerente à organização da empresa e assunção da álea desfavorável ou favorável inerente à atividade da empresa. Nos termos do Direito de Recuperação de Empresas, o administrador é quem será chamado pela justiça, para explicar o fracasso da empresa. Cabe ao administrador a maior carga dos ônus sociais e jurídicos, embora, às vezes, não os financeiros.

A álea desfavorável inerente ao exercício da empresa pode também recair sobre o capitalista e o funcionário, mas não de forma direta e imediata como sobre o administrador. Sobre os funcionários recai em decorrência da relação contratual trabalhista e não do exercício da empresa: sobre o capitalista atinge a remuneração do capital aplicado, por questões mercadológicas ou ineficiência do administrador.

Para o exercício da empresa, o administrador se vale da colaboração temporária ou permanente de outros profissionais, mas é o administrador quem os escolhe e este poder de recrutamento e seleção de colaboradores da empresa é a manifestação do poder e da iniciativa do administrador. As determinações do administrador, em caso de divergência de opiniões, prevalecem sobre a de seus colaboradores.

A esse respeito, não se concebe, no mundo moderno, empresa sem colaboradores, sem trabalho organizado de equipe. Pouco resta a organizar se não houver pessoas atuando numa empresa. É difícil compreender como a produção e venda de bens e de serviços possam ser tarefa individual, em regime empresarial. Por isso, é possível fundir o administrador e o capitalista numa só pessoa, mas não administrador e funcionário. Não permite a lei e nem a lógica que o administrador possa prestar serviço assalariado à empresa.

Encontraremos opiniões semelhantes em nosso direito. O insigne comercialista Waldemar Ferreira, conceituado mestre de direito, originário de Bragança Paulista, deu a entender esse critério há mais de meio século:

> "Há sempre na empresa uma reunião de esforços, sem que seja necessária a forma de sociedade, porque o empresário pode ser um indivíduo, contanto que empregue, utilize e explore o trabalho de várias pessoas na execução de um serviço industrial ou público".

Embora não declare de forma cabal, o art.2° da Consolidação das Leis do Trabalho confunde a figura do administrador com a do empregador, ao dizer:

> "Empregador é a empresa, individual ou coletiva, que, assumindo os riscos da atividade econômica, admite, assalaria e dirige a prestação pessoal de serviços".

5.4. O empresário previsto no Código Civil

Estamos falando no administrador da empresa, a pessoa que a dirige e administra, malgrado dirigir seja também administrar. Essa pessoa é chamada vulgarmente de empresário, mas não usaremos essa expressão em respeito e observância à linguagem do novo Código Civil, que adotou "administrador", reservando o termo "empresário" à outra figura de empresário, que pode também ser chamado ode "empresário mercantil individual" ou "empresa mercantil individual". Vamos falar um pouco sobre esse tipo de empresário, descrito no Código Civil nos arts. 966 a 980, nos quais fala sobre a caracterização, a inscrição e a capacidade jurídica dele.

É caso excepcional este, em que uma empresa mercantil é, ao mesmo tempo, um empresário mercantil. Se um cidadão quiser exercer atividade empresarial em nome próprio, sem formar sociedade, poderá inscrever-se na Junta Comercial, adotando o próprio nome. Por exemplo: o Sr. Arnaldo Alves Pontes deseja montar estabelecimento para a venda de artigos de presentes, sem ter sócios. Poderá requerer o registro de sua empresa na Junta Comercial, que se chamará "Arnaldo Alves Pontes", ou seja, o nome da empresa será o nome de seu único componente. Poderá colocar ainda no nome da empresa o ramo de atividade, ficando assim: "Arnaldo Alves Pontes-Presentes". Ou então, poderá abreviar o nome da empresa, A A Pontes-Presentes" ou A.A Pontes.

É um tanto controvertida, em nosso direito, a posição da empresa em relação ao seu componente. Dizem alguns que haverá, neste caso, duas pessoas: uma natural e outra jurídica. Afirmam outros que só existe a pessoa natural. No aspecto patrimonial, entretanto, só existe uma pessoa, pois haverá um só patrimônio. No caso de falência da empresa, "Arnaldo Alves Pontes", serão arrecadados para formar a massa falida os bens da empresa, como as mercadorias que formam o estoque, e os bens pessoais da pessoa do Sr. Arnaldo Alves Pontes, como automóvel, o apartamento dele e demais bens pessoais, ficando fora aqueles que a lei considera impenhoráveis.

Esse tipo de empresa, a empresa individual, ou firma individual (porque é a assinatura de uma só pessoa), predominava no início do século passado e se dedicava ao comércio puro, ao comércio "strictu sensu", ou seja, cabia a essa pessoa o nome de "comerciante"; a designação vem adequada, por ser um homem que comprava as mercadorias "por grosso" para revendêlas "por retalho". O Direito Empresarial, naquela época chamado Direito

Comercial, cuidava dos atos praticados por essas pessoas, os comerciantes, justificando, assim, a nomenclatura de Direito Comercial. O que, todavia, aconteceu, foi o surgimento das empresas, modificando o sistema de produção e venda de mercadorias.

Hodiernamente, rareiam esses casos embora haja algumas empresas desse tipo. Não surgem mais empresas individuais, pois será uma temeridade alguém arriscar seu nome pessoal num empreendimento que poderá sofrer abalos. No caso de falência dessa empresa, não só o patrimônio particular, mas o nome patronímico de seu componente será atingido e poderá prejudicá-lo pelo resto da vida.

5.5. Registro competente do empresário

Condição "sine qua non" para o exercício da atividade empresarial é o registro do empresário no órgão público competente, neste caso o Registro Público de Empresas Mercantis e Atividades Afins da respectiva sede. Sobre esse registro, falaremos em capítulo especial. A inscrição do empresário na Junta Comercial, órgão em cada Estado, é tarefa mais fácil do que a dos demais tipos de empresas. Basta fazer um requerimento dirigido à Junta Comercial; o impresso desse requerimento é encontrado nas papelarias, existindo diversas nas proximidades da Junta Comercial; é paga pequena taxa em bancos. O requerimento deve conter o nome, nacionalidade, estado civil, e, se casado, o regime de bens. Deve constar a "firma", com a respectiva assinatura autógrafa. Há o mau uso do termo "firma" ao atribuir-lhe o significado de empresa, mas firma é assinatura. No caso do empresário, sua firma é a sua assinatura, a forma com que assina seus documentos. Essa assinatura é também chamada "razão individual".

O registro deve indicar o objeto social, que é o ramo de atividade, a profissão da empresa, sendo referido também como "segmento de mercado". O objeto social deve ser bem explícito, como por exemplo, "indústria de tintas e vernizes", "comércio varejista de calçados", "comércio e indústria de artefatos de plástico".

Deve ser também indicado o local de sua sede; o domicílio da empresa. Não existe pessoa física ou jurídica sem domicílio, e a Junta Comercial não fará o registro sem constar o domicílio da empresa ou do empresário.

Com todas as indicações acima referidas, exigidas pelo art. 968, a inscrição será tomada por termo no livro próprio do Registro Público de Empresas Mercantis e Atividades Afins e obedecerá a número de ordem contínuo pra todos os empresários inscritos. À margem da inscrição, e com as mesmas formalidades, serão averbadas quaisquer modificações nela ocorrentes. A averbação é o registro que se faz em outro registro. Por exemplo: o Registro de Imóveis, em que se encontra inscrito um imóvel, a hipoteca desse imóvel deve ser averbada nesse registro. No registro de casamento de um casal, se eles divorciarem, a sentença do divórcio deve ser averbada no registro de seu casamento.

No caso do empresário aplica-se esse mesmo critério. Ele se inscreveu na Junta Comercial quando ainda era solteiro; se ele se casar, a certidão de casamento deve ser averbada no registro da Junta Comercial. Se for empresa coletiva, ou seja, sociedade, qualquer mudança na estrutura da empresa deve ser averbada, como aumento de capital, mudança de domicílio, morte de sócio, entrada de outro.

O empresário que instituiu sucursal, filial ou agência, em lugar sujeito à jurisdição de outra Junta Comercial, nesta haverá também de inscrevê-la, com a prova da inscrição originária. O registro de empresas é instituição nacional, mas é feito em órgão estadual, a Junta Comercial, que tem sede em cada Estado e jurisdição apenas nele. Se a empresa for manter estabelecimento em outro Estado, deverá registrar-se também na Junta Comercial desse Estado.

5.6. Privilégios do empresário

A lei assegurará tratamento favorecido e simplificado ao empresário rural e ao pequeno empresário. E quanto à inscrição e aos efeitos daí decorrentes (art.970 do CC). O pequeno empresário, a que se refere a lei não é a microempresa ou a empresa de pequeno porte; esses tipos de empresa têm registro próprio e tratamento diferenciado, estabelecidos por lei própria. Refere-se ao empresário que exercer atividades fracas e que não o permitem observar as exigências da lei, por serem superiores às suas forças.

Tratamento também diferenciado é dado ao empresário rural, visto que o agricultor exerce atividades simples e dificilmente se adapta a trâmites costumeiros das empresas organizadas, como emissão de notas fiscais, de duplicatas, livros fiscais, registros e outras formalidades legais. Além disso, exerce atividade estratégica e básica da economia, necessitando de liberdade para suas operações.

O empresário, cuja atividade rural constitua sua principal profissão, pode requerer inscrição no Registro Público de Empresas Mercantis e Atividades Afins da respectiva sede, caso em que, depois de inscrito, ficará equiparado, para todos os efeitos, ao empresário sujeito a registro. Destarte, o empresário rural fica dispensado de registro na Junta Comercial, mas se quiser registrar-se ficará atingido pelos efeitos do registro. É conveniente citar que a inscrição de uma empresa no registro público competente não visa a prejudicar, mas dar-lhe certos privilégios, como o direito de exclusividade do nome empresarial, a publicidade de suas atividades. Conseguindo esses privilégios, ficará também sujeito a responsabilidades, como a manutenção de livros contábeis.

5.7. Da capacidade para ser empresário

Há certos requisitos para a pessoa natural requerer sua inscrição na Junta Comercial como empresário. O primeiro deles é ser dotado de personalidade jurídica e ter capacidade jurídica de praticar atos da vida civil. Podem exercer a atividade de empresário os que estiverem em pleno gozo da capacidade civil e não forem legalmente impedidos (art.972). Fala a lei em capacidade plena, ou seja, que não o impeça da prática dos atos da vida civil. Por exemplo: a pessoa de idade entre 16 e 18 anos é relativamente incapaz, vale dizer, tem alguma capacidade, mas pleno gozo da capacidade civil.

Capacidade plena ele obterá quando completar 18 anos. A idade não é, porém, o único empecilho da capacidade, e este problema está previsto nas arts. 1° a 5° do Código Civil. Incluem-se entre os incapazes os interditos, ou seja, os declarados judicialmente impedidos para a prática de atos referentes à atividade empresarial. É o caso daqueles que, por enfermidade ou deficiência mental, não tiverem o discernimento para a prática desses atos e também os ébrios habituais, os viciados em tóxicos, e os que, por deficiência mental, tenham o discernimento reduzido. Igualmente os excepcionais, sem desenvolvimento mental completo e os pródigos.

Apesar desses impedimentos, será possível, em certas condições, suprir a capacidade, eliminando-se o impedimento. É o caso, por exemplo, do menor emancipado. A emancipação resulta de processo de emancipação, movido pelo pai ou responsável por um menor, pedindo à justiça que o declare capaz. Seria a antecipação da maioridade. Só será possível se o menor já tiver completado 16 anos. Segundo o art. 976, a prova da emancipação deverá ser averbada ou inscrita na Junta Comercial, quer para ser empresário quer para ser administrador.

Por outro lado, o incapaz poderá, por meio de representante ou devidamente assistido, continuar a empresa antes exercida por ele enquanto capaz, por seus pais ou autor da herança. Trata-se de caso de retorno às atividades empresariais, por alguém que era empresário, mas tornou-se incapaz por alguma razão. Para não encerrar as atividades poderá ele, mesmo sendo incapaz, continuar as atividades, mas representado ou assistido por um tipo de curador, com autorização judicial. Neste caso, o juiz dará autorização após exame das circunstâncias e dos riscos da empresa, bem como da conveniência em continuá-la. A autorização pode ser revogada pelo juiz, ouvidos os pais, tutores ou representantes legais do menor ou do interdito, sem prejuízo dos direitos adquiridos por terceiros.

Não ficam sujeitos ao resultado da empresa os bens que o incapaz já possuía ao tempo da sucessão ou da interdição, desde que estranhos ao acervo daquela, devendo tais fatos constar do alvará que conceder a autorização. Essa disposição constante do art. 974 do Código Civil usa o termo "empresa" no significado de "atividade empresarial". Procura preservar o patrimônio do incapaz, deixando-o imune a qualquer constrição judicial, como a penhora de bens particulares. Vamos exemplificar: o empresário desenvolve normalmente suas atividades, mas torna-se interdito. No momento da interdição ele tinha um automóvel; esse bem ficará imune à penhora em vista de dívida decorrente da atividade empresarial. Não ficam imunes os bens utilizados, como uma caminhonete para transporte de mercadorias.

Se o representante ou o assistente do incapaz for pessoa que, por disposição de lei, não puder exercer atividade de empresário, nomeará, com a aprovação do juiz, um ou mais gerentes. Do mesmo modo será nomeado gerente em todos os casos em que o juiz entender ser conveniente. A aprovação do juiz não exime o representante ou assistente do menor ou do interdito da responsabilidade pelos atos dos gerentes (art.975). Exemplifiquemos essa situação: Miranda é um empresário e tornou-se incapaz, tendo Alfeu sido nomeado como seu representante. Miranda, porém, assume dois papeis: é uma pessoa natural e um empresário. Alfeu é um tipo de curador de Miranda e fala por ele; não é, porém, empresário e não conhece o ramo de atividade a que Miranda se dedicava; não tem elementos para gerir as atividades empresariais antes exercidas por Miranda. Ante essa situação, Alfeu pedirá autorização ao juiz que o nomeou para contratar um gerente preparado para dar continuidade às atividades de Miranda. Alfeu, porém, será responsável pelos atos desse gerente. O uso da nova firma caberá, conforme o caso, ao gerente ou ao representante do incapaz, ou a este, quando puder ser autorizado.

5.8. Empresa conjugal: sociedade entre marido e mulher

Parece-nos que esse problema seja próprio do Direito Societário, mas nosso Código Civil coloca-o no campo da capacidade para o exercício da atividade empresarial, nos artigos 977 a 980. Vamos seguir o código, examinando a questão, pois é muito íntima a conexão entre a empresa e as pessoas que a compõem, devido à capacidade dessas pessoas. Assim diz o art. 977 do Código Civil: "Faculta-se aos cônjuges contratar sociedade, entre si ou com terceiros, desde que não tenham casado no regime de comunhão universal de bens, ou no da separação obrigatória".

Por qual razão só nesses dois regimes e não nos outros? Há muitas explicações, mas não convincentes. A verdade, contudo, está patente: o art. 977 está em plena eficácia. Surgem, porém, outros problemas: e as sociedades constituídas anteriormente? Devem ser encerradas? Os sócios devem mudar o regime de bens? Em nosso parecer, a lei proíbe a constituição de sociedade de marido e mulher, se forem casados nesses dois regimes de bens, mas não anula as anteriores; logo, elas continuam.

O empresário casado pode, sem necessidade de outorga conjugal, qualquer que seja o regime de bens, alienar os imóveis que integram o patrimônio da empresa ou gravá-los de ônus real (art.978). Devemos novamente discriminar a posição de duas pessoas: a pessoa natural de cidadão e a pessoa jurídica do empresário. Por exemplo: Miranda é um cidadão casado e não poderá dar em garantia de ônus real os bens do casal sem a outorga uxória. Poderá, todavia, dispor livremente os bens de sua empresa, ou seja, os que constam no balanço dessa empresa; os bens utilizados na atividade empresarial. Poderia Miranda provocar fraude, tapeando a esposa ao passar os bens particulares para a empresa e depois vendê-los.

Como é muito íntima a conexão entre a pessoa natural e a pessoa jurídica de Miranda, e a comunicação de bens, a mudança de "status" jurídico dele deverá constar no seu registro empresarial. Além do Registro Civil, serão arquivados e averbados no Registro Público de Empresas Mercantis, os pactos e declarações antenupciais do empresário, a título de doação, herança, ou legado, de bens clausulados de incomunicabilidade ou inalienabilidade (art.979).

A sentença que decretar ou homologar a separação judicial do empresário e o ato de reconciliação não podem ser opostos a terceiros, antes de arquivados e averbados no Registro Público de Empresas Mercantis (art. 980).

5.9. Tipos especiais de empresários e administradores

Existem vários tipos de administradores, distinguidos juridicamente. As diferenças seguem as diferenças entre as empresas que eles administram: cada tipo de empresa apresenta um tipo de administrador e o perfil jurídico deste fica normalmente traçado nos atos constitutivos de sua empresa. Vimos já que a empresa não tem personalidade, nem forma definida; o que lhe dá estrutura e personalidade é a sociedade com que ela se reveste.

A estrutura da empresa, em sociedade, faz-se pelos atos constitutivos, vale dizer, pelos documentos que lhe dão vida jurídica. Registrados esses documentos no órgão devido que, em nosso país, tem como principal instituição a Junta Comercial, recebe a empresa a certidão de registro, que constitui uma espécie de certidão de nascimento. Nesses atos constitutivos fica previsto o perfil do empresário, apresentando vários tipos, como o sócio-gerente, o diretor ou administrador, o sócio aparente e o microempresário.

SÓCIO-GERENTE – Em nosso sistema empresarial, em que a maioria das empresas são empresas coletivas de pequeno e médio porte, seguindo a forma societária de "sociedade limitada", o tipo mais comum de administrador é o sócio-gerente. O capital desse tipo societário é dividido em quotas, representando a parcela com que cada sócio concorreu. O ato constitutivo primordial é o contrato social, documento no qual consta quem são os sócios-quotistas e quais deles deverão administrar a empresa; estes são chamados sócios-gerentes. Os sócios-quotistas, que não exercem a administração da empresa não se consideram administradores, uma vez que este não pode ser figura decorativa em sua empresa, mas deve exercer a gerência, a direção das atividades. É conveniente citar que o sócio-gerente é também quotista, pois deve ter sua parcela no capital.

DIRETOR – Tratando-se de S/A é bem diferente o perfil do administrador. Ele é investido nessa posição por eleição de seus compares. O capital da S/A é dividido em parcelas chamadas de ações; os que participam do capital da empresa são os acionistas. O fato de ser acionista não faz dele um administrador, mas apenas o acionista que for eleito diretor.

Além do diretor, equiparam-se a ele os membros do Conselho de Administração da S/A, pois estes participam da direção da empresa, embora indiretamente, tanto que são chamados de administradores.

SÓCIO-APARENTE – Passando agora a outro tipo de empresa, em que há duas espécies de sócios, um oculto e outro aparente, veremos que só um é administrador: o sócio aparente. É o sócio que a administra, impulsiona as atividades e assume o risco direto de suas ações. O sócio-oculto não é administrador, por não exercer essa função na empresa, da qual participa apenas como prestador de capital. Essa sociedade recebe o nome de "sociedade em comandita simples".

6. REGISTRO PÚBLICO DAS EMPRESAS MERCANTIS

6.1. Registro das empresas na Junta Comercial

Rememorando levemente as considerações sobre a existência e organização jurídica das empresas e organização jurídica delas, veremos que ela adquire personalidade jurídica e uma estrutura organizativa, graças a um contrato celebrado entre as pessoas que a constituirão, denominado contrato social. Esse contrato estabelece a sociedade entre os empresários, mas não dá à empresa existência jurídica, a não ser quando esse ato constitutivo e demais documentos estiverem registrados nos órgãos públicos competentes para tanto. Vários registros são necessários, mas o primordial deles é o que vai proporcionar à empresa a certidão que declara sua existência legal: é o registro na Junta Comercial.

A obrigatoriedade desse registro é observada na legislação dos principais países, o que nos leva a crer ser ele necessário para assegurar a segurança das atividades empresariais e a confiança que deva a empresa desfrutar no meio da coletividade em que atua. O registro na Junta Comercial dá a conhecer a empresa, dando publicidade aos seus atos constitutivos; nele consta seu "status" jurídico, quem são os administradores que a dirigem, e outros informes, como o capital e endereço.

O ato sujeito a registro, ressalvadas disposições especiais da lei, não pode, antes do cumprimento das respectivas formalidades, ser oposto a terceiro, salvo prova de que este o conhecia. O terceiro não pode alegar ignorância, desde que cumpridas as referidas formalidades (art.1154 do CC). É um dos importantes efeitos do registro: dar publicidade aos atos da empresa à coletividade, para que todos fiquem conhecendo sua existência e suas transformações.

Qualquer pessoa, que necessite relacionar-se com a empresa registrada, poderá agir com segurança, sem precisar basear-se exclusivamente nas declarações da própria empresa. O registro da empresa deve ser dado a conhecer a quem quer que seja; não pode a Junta Comercial negar-se a prestar informações solicitadas, nem mesmo exigir motivos do pedido de informações. Em São Paulo, as informações são prestadas graças a uma ficha denominada "Breve Relato". Essa obrigatoriedade de registro e da sua publicidade foi notada desde a Idade Média e não passou desapercebida de nosso direito.

O registro dos atos sujeitos à formalidade do registro será requerido pela pessoa obrigada em lei e no caso de omissão ou demora, pelo sócio ou qualquer interessado. Os documentos necessários deverão ser apresentados no prazo de trinta dias, contados da lavratura dos atos respectivos. Requerido além desse prazo, o registro somente produzirá efeito a partir da data da sua concessão. Se for requerido a tempo, ou seja, no prazo de trinta dias, o registro produzirá efeito desde o dia em que foi protocolado o pedido de registro. As pessoas obrigadas a requerer o registro responderão por perdas e danos, em caso de omissão ou demora (art. 1151 do CC).

6.2. A Junta Comercial

Vejamos, então, como a Lei 8.934/94 e o decreto, que a regulamenta, isto é, o Decreto 1800/96, estruturam os serviços do Registro Público de Empresas Mercantis e a competência dos órgãos que a compõem. Esse registro é uma instituição nacional, sediado na Capital da República, mas concede ampla descentralização, de tal forma que a Junta Comercial é órgão essencialmente estadual; é administrativamente independente. Os serviços de registro ficam a cargo da Junta Comercial, que opera com liberdade e independência; tem leve subordinação técnica ao Departamento Nacional do Registro do Comércio, mas administrativamente está ligada ao Governo Estadual.

Muitas atribuições recebe a Junta Comercial e falamos já de uma delas, no estudo das fontes do Direito Empresarial, qual seja, a do assentamento de usos e práticas mercantis. Seu trabalho primordial, porém, é o registro das empresas mercantis, tanto as sociedades mercantis, que formam as empresas coletivas, como a empresa individual (ou firma individual). O registro é um trabalho muito amplo e consta ele de várias fases: arquivamento, registro, anotação, cancelamento.

A primeira medida de uma empresa para legalizar-se é o arquivamento de seus atos constitutivos na Junta Comercial. O arquivamento é a entrega do contrato social da empresa, para permanecer no arquivo desse órgão. Se a empresa revestir-se da forma societária de S/A, não haverá contrato social, mas devem ser entregues os atos constitutivos próprios desse tipo de empresa, como estatuto e atas. Não apenas os atos iniciais devem ser arquivados, mas todos os que provocarem alterações na composição da empresa, como entrada e saída de sócios, aumento de capital e outras na estrutura originária da empresa.

Caso seja empresa individual, não há contrato social, mas apenas o arquivamento do requerimento de registro; contudo, deverá o empresário individual arquivar documentos que alterem sua situação patrimonial, exigindo a lei o arquivamento de pacto antenupcial e títulos referentes a bens que não possam ser obrigados por dívida.

Cabe ao órgão incumbido do registro (a Junta Comercial para o empresário, a sociedade empresária e o Cartório de Registro Civil de Pessoas Jurídicas) verificar a regularidade das publicações determinadas em lei, de acordo com o disposto nos vários parágrafos do art.1152 do Código Civil. Salvo exceção expressa, as publicações no capítulo do Código Civil referente ao registro serão feitas no órgão oficial da União ou do Estado, conforme local da sede do empresário da sociedade, e em jornal de grande circulação. As publicações das sociedades estrangeiras serão feitas nos órgãos oficiais da União e do Estado onde tiverem sucursais, filiais ou agências. O anúncio da convocação da assembléia dos sócios será publicado por três vezes, ao menos, devendo mediar, entre a data da primeira inserção e a da realização da assembléia, o prazo mínimo de oito dias, para primeira convocação e de cinco dias para as posteriores (art.152 do CC).

Cumpre à autoridade competente, antes de efetivar o registro, verificar a autenticidade e a legitimidade do signatário do requerimento, bem como fiscalizar a observância das prescrições legais concernentes ao ato ou aos documentos apresentados. Das irregularidades encontradas deve ser notificado o requerente, que, se for o caso, poderá saná-las, obedecendo às formalidades da lei (art.1153 do CC).

A segunda atribuição da Junta Comercial é o registro dos documentos arquivados. O registro não é feito apenas para a empresa, mas também de seu nome. Se a empresa estiver registrada, não poderá outra registrar-se com o mesmo nome, ou nome semelhante a ponto de criar confusão.

A anotação é a alteração do registro anteriormente mantendo-o atualizado, como, por exemplo, se a empresa alterar seu nome. É também chamada de averbação: o registro em cima de outro registro.

6.3. Competência da Junta Comercial

Fizemos referência à principal função da Junta Comercial, mas várias outras funções enquadram-se na sua competência, segundo nossa legislação, que aponta oito:

1 – a matrícula;
2 – o arquivamento;
3 – o registro;
4 – a anotação no registro de firmas individuais e de nomes mercantis;
5 – a autenticação de livros mercantis;
6 – o cancelamento do registro;
7 – arquivamento ou registro de quaisquer outros atos ou documentos determinados por disposição da lei;
8 – o assentamento de usos e práticas mercantis.

Sobre quase todas essas funções, traçamos algumas considerações, mas não da matrícula. A matrícula não se aplica às empresas, mas aos agentes auxiliares das atividades empresariais, como tradutores públicos e intérpretes comerciais, leiloeiros, trapicheiros e administradores de armazéns gerais. Dessas classes de colaboradores externos da empresa, ocupar-nos-emos no próximo capítulo deste compêndio.

6.4. A sociedade de fato

É obrigação da empresa registrar-se de acordo com a lei e só após receber a certidão de registro na Junta Comercial poderá ela exercer suas atividades. Não se registrando na Junta Comercial, será considerada empresa de fato, se exercer essas atividades. Assim sendo, poderá sofrer sérias conseqüências, pois não será considerada empresa mercantil. O Código Civil de 2002 chama a empresa nessas condições de "sociedade em comum" e a considera como "não personificada", ou seja, não possui personalidade jurídica. Não poderá adquirir direitos, como, por exemplo, impetrar a "recuperação judicial" nos termos da Lei 11.101, de 9 de fevereiro de 2005.

Não tendo existência legal, não pode adquirir direitos: não poderá representar-se em juízo, vale dizer, não poderá processar ninguém e se for processada não poderá defender-se. Poderá ter sua falência pedida, bastando a qualquer credor seu comprovar estar ela exercendo atividade empresarial. Não poderá pedir a autenticação de seus livros fiscais e contábeis, pois a Junta Comercial não poderá autenticá-los. O mais grave, porém, é no que toca à responsabilidade dos administradores da empresa de fato.

Digamos que essa empresa se revista da forma societária de "sociedade limitada": as dívidas assumidas por essa empresa recairão solidária e ilimitadamente sobre todos os sócios. Destarte, a sociedade limitada será ilimitada para eles.

6.5. Autenticação de livros

Os livros fiscais e contábeis deverão ser apresentados à Junta Comercial, para que esta os autentique. A autenticação consta da lavratura de um termo na folha de rosto do livro com o carimbo da Junta Comercial e assinatura de pessoa autorizada. Esse registro é obrigatório para que tenham os livros fé, se forem apresentados em juízo.

6.6. Registro sumário

Ante o excessivo volume de registros de empresas e a proliferação das microempresas, empresas de pequeno porte e empresas que, mesmo não enquadradas nessas duas categorias, sejam pequenas, houve por bem nosso direito criar o registro sumário, pela Lei 6.939/81, regulamentada pelo Decreto 86.764/81. O registro sumário é um registro mais facilitado e rápido, como também o cancelamento do registro. Aplica-se, porém, a casos mais simples, para pequenas empresas, que não tenham sócios do exterior, nem pessoas jurídicas como sócias, e não seja sociedade por ações. A principal vantagem é a de que o pedido de registro poderá ser aprovado por um dos membros da Junta e não por decisão colegiada, como normalmente acontece.

O registro sumário não se refere ao registro especial da microempresa e da empresa de pequeno porte, uma vez que estas foram criadas posteriormente. O registro especial, peculiar a ela é ainda mais sumário, simples e facilitado.

6.7. Outros registros públicos

O registro na Junta Comercial não é o único obrigatório às empresas mercantis. Estamos falando num sentido geral, isto é, obrigações comuns a todas as empresas mercantis. Existem registros especiais para empresas de determinada categoria: um banco deve se registrar no Banco Central do Brasil, uma empresa de seguros no seu órgão especializado, uma S/A de capital aberto na Comissão de Valores Mobiliários. Estamos porém examinando os registros necessários às empresas em sentido geral, e quais as principais inscrições a serem feitas.

CGC-MF

Essa sigla representa o Cadastro Geral de Contribuintes do Ministério da Fazenda, em que a empresa se inscreve para ser identificada, qualificada e localizada pela Secretaria da Receita Federal. Destina-se principalmente a cadastrar e classificar os contribuintes do Imposto de Renda e outros impostos federais. Devem inscrever-se não só as empresas mercantis, individuais ou coletivas, mas, também as empresas civis (as sociedades civis) e outras entidades que estejam obrigadas a recolher impostos federais. Ao ser inscrita, a empresa receberá um cartão, chamado vulgarmente de CIC ou CNPJ, com o número de sua inscrição. Esse número deverá constar nas notas fiscais, duplicatas e outros documentos exigidos por lei.

IE – Inscrição Estadual

É análoga à anterior, mas no âmbito do Governo Estadual. Habilita a empresa a recolher regularmente os impostos estaduais, como é o caso do ICMS, o principal tributo estadual.

IM – Inscrição Municipal

Conforme o nome dá a entender, é o cadastramento da empresa na Prefeitura Municipal, habilitando a empresa ao pagamento regular dos tributos municipais. Essa inscrição é própria das empresas civis, as que se dedicam à prestação de serviços. Tradicionalmente, as empresas mercantis contribuem com o IPI (federal) e com o ICM (estadual), enquanto as prestadoras de serviços contribuem com o ISS (municipal). Estando inscrita, a empresa poderá requerer à Prefeitura Municipal a expedição de alvará de funcionamento.

PS – Previdência Social

Toda empresa está obrigada a inscrever-se na Previdência Social, habilitando-se a recolher as contribuições ao INSS. Ainda que se trate de empresa individual ou microempresa, esse registro se torna necessário, pois estão elas obrigadas ao recolhimento das contribuições previdenciárias e poderão contratar empregados, filiando-os à Previdência Social.O certificado de registro é importante, devendo ser apresentado e exibido em muitas ocasiões, como no licenciamento de veículos e nas concorrências públicas.

CE-MT

É o Cadastro das Empresas no Ministério do Trabalho, sujeitando a empresa à inspeção do Ministério do Trabalho, a quem deverá demonstrar o cumprimento de obrigações trabalhistas; é exemplo da Lei do 2/3, que exige demonstração de que dois terços dos empregados da empresa sejam de nacionalidade brasileira.

6.8. Registro da sociedade simples

Esse tipo de sociedade não se registra na Junta Comercial, mas no Cartório de Registro Civil de Pessoas Jurídicas, o qual produz os mesmos efeitos jurídicos. O registro no seu órgão público competente dá-lhe personalidade jurídica e, conseqüentemente, direitos próprios às empresas. Porém, não está abrangida pela Lei de Recuperação de Empresas, pois esta só se aplica às empresas mercantis, ou seja, ao empresário e à sociedade empresária.

Apesar de amplamente regulamentado o sistema de registro pela Lei 8.934/94 e pelo Decreto 1800/96, o Código Civil de 2002 previu o registro das empresas nos arts.1150 a 1154. O art.1150 faz a distribuição dessa competência de registro, como se vê:

"O empresário e a sociedade empresária vinculam-se ao Registro Público de Empresas Mercantis a cargo das Juntas Comerciais, e a sociedade simples ao Registro Civil de Pessoas Jurídicas, o qual deverá obedecer às normas fixadas para aquele registro, se a sociedade simples adotar um dos tipos de sociedade empresária".

7. DA ESCRITURAÇÃO EMPRESARIAL

7.1. Contabilidade

O novo Código Civil, num capítulo denominado "Da Escrituração", contendo os artigos 1179 a 1195, aliás, o último capítulo do código, estabelece a obrigatoriedade de a empresa mercantil seguir sistema de contabilidade, mecanizada ou não, com base na escrituração uniforme de seus livros, em correspondência com a documentação respectiva.

Estabelece ainda a obrigatoriedade de a empresa mercantil levantar anualmente o balanço patrimonial e de resultado econômico. Essas duas exigências são dispensadas para o empresário rural e a empresa pequena. Também a microempresa e a empresa de pequeno porte são beneficiadas por esses privilégios, de acordo com a lei que as regulamenta. Quando se fala em empresa mercantil, conforme foi lembrado várias vezes, está se referindo ao empresário e à sociedade empresária.

A contabilidade é a ciência econômica, intimamente correlacionada ao Direito Empresarial, visto que toda empresa é obrigada a adotá-la, não só por razões de ordem administrativa como também por imposição legal. Ao falar em contabilidade e livros contábeis, a linguagem apresenta hodiernamente sensível evolução, devendo aplicar-se à moderna ciência da administração. O que é considerado "livro", hoje é um sistema de registros, de escrituração; é normalmente aplicado esse sistema por computadores e os "livros" transformaram-se em disquetes. Por via de dúvidas, é conveniente apontar como origem etimológica de contabilidade o verbo latino "computare" (computar, calcular, contar), do que se originou também o termo computador".

A contabilidade é a ciência da escrituração de todos os fatos econômicos da empresa, que impliquem numa variação patrimonial, de forma sistematizada. Registra tecnicamente as operações econômicas da empresa, apreciáveis monetariamente, fornecendo, assim, os elementos para que se possa conhecer a situação patrimonial dela. Podemos destarte chamá-la de ciência da escrituração empresarial, ou da escrituração dos livros fiscais.

Impossível se tornou, no mundo moderno, o funcionamento de empresa sem a contabilidade, não só pela exigência legal, mas pela imperiosa necessidade. O administrador da empresa não poderá tomar seguramente suas decisões, sem conhecer a contabilidade de sua empresa: o que ela possui, quais os recursos de que dispõe, e quais os compromissos a cumprir. Por isso, nossa legislação determina as normas a serem observadas na contabilidade empresarial; como se processam os lançamentos da escrituração, recomendando que sejam eles precisos, claros, sem omissão nem rasuras, seguindo a ordem cronológica de lançamentos.

7.2. Os livros obrigatórios

As sociedades por ações deverão ter livros específicos e sistema de demonstração financeira peculiar a elas, de acordo com a lei que as regulamenta, a Lei 6.404/76. Estamos falando neste estudo das obrigações comuns a todas as empresas mercantis, razão por que examinaremos as normas gerais. A escrituração, vale dizer, o registro sistemático e metódico das operações econômicas da empresa, apreciáveis monetariamente, eram feitos, a princípio, manualmente, depois mecanicamente. Nos dias atuais, ainda vigora um pouco a contabilidade mecanizada, mas quase totalmente substituída pela computadorizada.

Os livros praticamente obrigatórios são o Diário e o Razão, embora a lei não mais cite o Razão como livro obrigatório. O livro básico de escrituração mercantil e centralizador da contabilidade empresarial é o Diário, destinado ao registro de todas as operações econômicas da empresa, que impliquem em variação patrimonial, não podendo ser omitidos quaisquer deles. O Decreto-lei 486/69, que dispõe sobre a escrituração e livros mercantis, exige que a empresa siga ordem uniforme de escrituração, mecanizada ou não, utilizando os livros e papéis adequados, cujo número e espécie ficam a seu critério. Essa mesma exigência consta também do art.1179 do Código Civil.

O Razão não é exigido expressamente pela lei, mas seu emprego se torna obrigatório, principalmente para a melhor manipulação do Diário; serve de índice do Diário, registrando, resumidamente, os mesmos lançamentos feitos neste. Sua utilização deve ser bem antiga, pois há séculos se tem notícias do "liber rationum". Classifica as contas, em páginas próprias, pela natureza dessas contas. Por exemplo: se um administrador quiser saber o valor das duplicatas que sua empresa tiver que pagar, basta consultar o Razão, na conta "Duplicatas a Pagar". Quando a empresa for levantar o seu balanço, transportará para o balanço as contas do Razão.

Os livros obrigatórios deverão ter o termo de abertura, assinado pela empresa por seu representante legal, e pelo contador responsável por sua escrituração, como também de encerramento. Deverão ser autenticados pelo Registro Público de Empresas Mercantis. Os livros não obrigatórios, como o "Caixa", o de "Contas Correntes" e outros, poderão também ser autenticados pelo Registro Público de Empresas Mercantis. A escrituração nesses livros deverá ficar sob a responsabilidade de contabilista legalmente habilitado, salvo se nenhum houver na localidade.

Não esclarece a lei o que entende por "forma contábil", mas a doutrina contábil considera contábil o sistema de "partidas dobradas", apesar de que o sistema de "partidas simples" também apresenta efetividade mercantil. O sistema de "partidas dobradas", criado por um padre italiano, Luca Paccioli, é o mais usual modernamente. Partida significa lançamento, na terminologia contábil; é o registro de uma operação econômica. O sistema de "partidas dobradas" consta de lançamentos duplos da mesma operação: uma no ativo, outra do passivo, ou, uma no "deve" e outra no "haver". A ordem uniforme a que se refere a lei, deve ser constante, seguindo o mesmo método, de tal forma que, ao ser examinada a escritura tenha uma diretriz.

7.3. O Diário

Além dos demais livros exigidos por lei, é indispensável o Diário, que pode ser substituído por fichas no caso de escrituração mecanizada ou eletrônica. A adoção de fichas não dispensa o uso de livro apropriado para o lançamento do balanço patrimonial e de resultado econômico (art.1180 do CC). Convém repetir que o Diário é um livro, mas hoje em dia não quer dizer um volume, um livro como é vulgarmente considerado: será um livro para a contabilidade manual, fichas para a mecanizada e disquetes para a computadorizada.

A escrituração será completa, em idioma e moeda nacionais, em forma contábil, por ordem cronológica de dia, mês e ano, sem intervalos em branco, nem entrelinhas, borrões, rasuras, emendas ou transportes para as margens. É permitido o uso de código de números ou de abreviaturas, que constem de livro próprio, regularmente autenticado.

No Diário serão lançadas com individuação, clareza e caracterização do documento respectivo, dia a dia, por escrita direta ou reprodução, todas as operações relativas ao exercício da empresa. Admite-se a escrituração resumida do Diário, como totais que não excedam o período de trinta dias, relativamente a contas cujas operações sejam numerosas ou realizadas fora da sede do estabelecimento desde que utilizados livros auxiliares regularmente autenticados, para registro individualizado, e conservados os documentos que permitam a sua perfeita verificação. Serão lançados no Diário o balanço patrimonial e o de resultado econômico, devendo ambos ser assinados por técnico em Ciências Contábeis legalmente habilitado e pelo empresário ou sociedade empresária (art.1184 do CC).

O empresário ou sociedade empresária que adotar o sistema de fichas de lançamentos poderá substituir o livro Diário pelo livro Balancetes Diários e Balanços, observadas as mesmas formalidades extrínsecas exigidas para aquele (art.1186).

O livro Balancetes Diários e Balanços será escriturado de modo que registre a posição diária de cada uma das contas ou títulos contábeis, pelo respectivo saldo, em forma de balancetes diários. Registrará também o balanço patrimonial e o de resultado econômico, no encerramento do exercício (art.1186).

Na coleta de elementos para o inventário serão observados os critérios de avaliação a seguir determinados:

I – Os bens destinados à exploração da atividade serão avaliados pelo custo de aquisição, devendo, na avaliação dos que se desgastam ou depreciam com o uso, pela ação do tempo ou outros fatores, atender-se à desvalorização respectiva, criando-se fundos de amortização para assegurar-lhes a substituição ou a conservação do valor.

II – Os valores mobiliários, matéria-prima, bens destinados à alienação, ou que constituem produtos ou artigos da indústria ou comércio da empresa, podem ser estimados pelo custo de aquisição ou de fabricação, ou pelo preço corrente, sempre que este for inferior ao preço de custo, e quando o preço corrente ou venal estiver acima do valor do custo de aquisição ou fabricação, e os bens forem avaliados pelo preço corrente, a diferença entre este e o preço de custo não será levada em conta para a distribuição de lucros, nem para as percentagens referentes a fundos de reserva.

III – O valor das ações e dos títulos de renda fixa pode ser determinado com base na respectiva cotação da Bolsa de Valores; os não cotados e as participações não acionárias serão considerados pelo seu valor de aquisição.

IV – Os créditos serão considerados de conformidade com o presumível valor de realização, não se levando em conta os prescritos ou de difícil liquidação, salvo se houver, quanto aos últimos, previsão equivalente.

Entre os valores do ativo podem figurar, desde que se preceda, anualmente, à sua amortização: 1 – as despesas de instalação da sociedade até o limite correspondente a dez por cento do capital social; 2 – os juros pagos aos acionistas da sociedade anônima, no período antecedente ao início das operações sociais, à taxa não superior a 12% ao ano fixada no estatuto; 3 – a quantia efetivamente paga a título de aviamento de estabelecimento adquirido pelo empresário ou sociedade.

7.4. A pequena empresa

Fica excluída dessas exigências a pequena empresa. Por pequena empresa, considera-se, de acordo com o Decreto 64.567/69, a empresa que opera com um só estabelecimento, ou seja, que não tenha filiais, e exerça atividade artesanal ou outra atividade em que predomine o próprio trabalho de seu administrador ou de pessoas de sua família. A pequena empresa só pode ser empresa individual, não se amoldando nessa classificação a empresa coletiva, a sociedade mercantil. Também não se inclui a sociedade civil, pois é necessário que a pequena empresa esteja inscrita no Registro Público de Empresas Mercantis. O artigo 970 do Código Civil diz que a lei assegurará tratamento favorecido, diferenciado e simplificado ao "empresário rural" e ao "pequeno empresário", não falando em sociedade.

Além desses requisitos, a pequena empresa não poderá auferir receita bruta anual superior a 100 salários mínimos, e o capital aplicado no negócio não ultrapasse a 20 salários mínimos.

A microempresa e a empresa de pequeno porte também gozam de privilégios semelhantes, previstos pela lei que as regulamenta.

7.5. A exibição judicial dos livros

O Código de Processo Civil estabelece normas, vigorando, embora de forma legalmente controlada, a obrigatoriedade de exibição. O artigo 381 limita a três casos: na liquidação da sociedade, na sucessão por morte do sócio, quando e como determinar a lei. Todavia, o artigo 382 afronta o anterior, abrindo leque da autoridade do juiz:

> "O juiz pode, de ofício, ordenar à parte a exibição parcial dos livros e documentos extraindo-se deles a soma que interessar ao litígio, bem como reproduções autenticadas".

Por outro lado, o arbítrio do juiz não é amplo, pois ele pode ordenar a exibição apenas parcial dos livros, e a "soma que interessar ao litígio". Assim sendo, a empresa está obrigada a exibir a escrituração estritamente ligada à questão discutida em juízo e não toda a contabilidade. As dúvidas a este respeito foram dirimidas pela Súmula 260 do Supremo Tribunal Federal:

> "O exame de livros comerciais em ação judicial fica limitado às transações entre os litigantes".

Vigora, pois, o princípio da inviolabilidade da escrituração contábil da empresa, admitindo a lei a vistoria apenas em casos excepcionais, específicos e previstos pela lei. É uma das prerrogativas da empresa. Sem essa reserva, essa confidencialidade, a escrituração contábil seria um peso e um risco para a empresa; ela não teria segurança nem liberdade para desenvolver suas atividades, pois a contabilidade seria a "espada de Dâmocles" sobre sua cabeça. Esclareça-se ainda que a exibição de livros só cabe nos casos em que houver lide judicial sobre uma transação mercantil e o exame dos livros só poderá ser parcial, ou seja, restrito e específico à lide.

A contabilidade é fato íntimo e pessoal da empresa, razão por que o novo Código Civil confirmou os critérios já adotados desde os tempos do revogado Código Comercial de 1850, como se vê no "caput" do artigo 1191:

"O juiz só poderá autorizar a exibição integral dos livros e papéis de escrituração quando necessária para resolver questões relativas a sucessão, comunhão ou sociedade, administração ou gestão à conta de outrem, ou em caso de falência".

Fica, então, limitada a cinco casos a possibilidade da exigência judicial para que a empresa apresente seus livros contábeis:

sucessão – comunhão ou sociedade – administração ou gestão à conta de outrem – falência.

Justificam-se plenamente essas exceções; se a empresa for à falência, seus livros contábeis devem ser arrecadados e ficar nas mãos do administrador judicial para ser elaborado laudo contábil a ser apresentado em juízo. Se uma sociedade for dissolvida judicialmente, para a apuração dos haveres só pelo exame contábil em juízo. No caso de morte do sócio de uma empresa, deixando vários herdeiros: deverá entrar no inventário a divisão dos haveres dessa empresa, o que se fará só com o exame da sua contabilidade.

Fica assim a empresa obrigada a apresentar em juízo suas demonstrações contábeis, sujeitando-se até mesmo a constrição judicial, pelo que se vê nos parágrafos 1º e 2º do artigo 1191:

"O juiz ou tribunal que conhecer de medida cautelar ou de ação pode, a requerimento ou de ofício, ordenar que os livros de qualquer das partes, ou de ambas, sejam examinados na presença do empresário ou da sociedade empresária a que pertencerem, ou de pessoas por estes nomeadas, para deles se extrair o que interessar à questão.

Achando-se os livros em outra jurisdição, nela se fará o exame, perante o respectivo juiz".

Outro tipo de restrição garantido por lei é a de que o exame de livros só pode ser feito em juízo, não podendo haver críticas ao trabalho contábil da empresa, como se fosse uma auditoria. Por isso, a proibição não atinge as autoridades fazendárias; estas podem fazer análise crítica da contabilidade da empresa e multá-la por apresentar lançamentos errados, confusos, lacunosos, borrados, enfim uma contabilidade "tutta sporcatta", de tal forma que dificulte a inspeção fiscal. É o que garante o artigo 1190 do CC:

> "Ressalvados os casos previstos em lei, nenhuma autoridade, juiz ou tribunal, sob qualquer pretexto, poderá fazer ou ordenar diligência para verificar se o empresário ou a sociedade empresária observam, ou não, em seus livros e fichas, as formalidades prescritas em lei".

7.6. O valor probante dos livros da empresa

Os livros da empresa constituem meio de prova, se forem exibidos em juízo. Por isso, deve a empresa conservá-los enquanto puderem ser úteis, mantê-los com os lançamentos em dia e segundo as exigências legais. A exigência da observância das formalidades legais para os livros, para servir de prova à empresa que a invocar, consta do artigo 8º do Decreto-lei 486/69. É confirmada pelos artigos 378 e 379 do Código de Processo Civil: os livros provam contra seu autor, mas se preencherem os requisitos exigidos por lei, provam também a favor de seu autor. A contabilidade empresarial foi criada em benefício da empresa e não em seu prejuízo.

Se a empresa recusar a apresentação dos livros fiscais, estes podem ser apreendidos judicialmente e poderá significar confissão tácita do que for alegado contra ela, ou seja, ter-se-á como verdadeiro o alegado pela parte contrária para se provar pelos livros. A confissão resultante da recusa pode ser elidida por prova documental em contrário.

7.7. Elaboração do balanço patrimonial

O artigo 1179 impõe ainda às empresas a obrigação de formar anualmente o balanço geral do ativo e passivo e o de resultado econômico. O balanço patrimonial deverá exprimir, com fidelidade e clareza, a situação real da empresa e, atendidas as peculiaridades desta, bem como as disposições das leis especiais, indicará, distintamente, o ativo e o passivo. O balanço patrimonial de sociedades coligadas é regido por leis especiais, mormente a Lei das S/A.

O balanço patrimonial é a expressão gráfica do patrimônio, expondo a situação econômico-financeira da empresa. Demonstra, de forma técnica e coerente, o conjunto de bens, de valores a pagar ou a receber, o dinheiro em caixa ou em bancos, o tipo de direitos, como duplicatas e contas a receber, o tipo de obrigações e os demais dados.

A legislação, inclusive o novo Código Civil no artigo 1189 fala também no "balanço de resultado econômico", ou "demonstração da conta de lucros e perdas", que acompanhará o balanço patrimonial. Dele constarão o débito e crédito, na forma da lei especial, vale dizer, tudo que a empresa recebeu e tudo que a empresa pagou, a receita e a despesa; se a despesa for inferior à receita haverá o "superávit", se a despesa for superior à receita haverá o "déficit". Em outras palavras, se a empresa recebe mais dinheiro do que gasta, a diferença será chamada de lucro; se gastou mais do que recebeu, a diferença será o prejuízo.

A empresa é uma pessoa jurídica; ainda que seja uma empresa individual, ou seja, uma pessoa que se registra em nome próprio no Registro Público de Empresas Mercantis, para exercer atividades empresariais, usando seu nome como firma. Em certas passagens pelas leis, esse tipo de empresa é também chamado de firma individual e, na doutrina, de empresário individual. Ao registrar-se, ele passa a ser pessoa jurídica, distinta, portanto, de sua pessoa física. Nem todos concordam com essa distinção, considerando que há somente a pessoa física, tanto que o patrimônio particular se comunica com o patrimônio empregado nas operações mercantis. Preferimos, porém, levar em consideração a dualidade de pessoas. O balanço da empresa deve constar apenas do patrimônio empresarial, senão deveria lançar as jóias da esposa do empresário individual. O Código Civil de 2002 deu a esse tipo de empresa apenas o nome de "empresário".

A empresa coletiva, uma sociedade mercantil, é uma pessoa jurídica, constituída por outras pessoas, porém, distinta das pessoas que a compõem. Tanto a pessoa jurídica como as pessoas físicas que a compõem possuem personalidade própria, o que implica num patrimônio próprio. O patrimônio é um conjunto de direitos e obrigações, de valores ativos e passivos pertencentes a uma pessoa e sujeitos a ela, com o fim de dar lucro ou renda. É todo aquele conjunto de bens, direitos e obrigações que constituem a base material da empresa expressos em moeda. Dentro do sistema de "partidas dobradas", o patrimônio é dividido no conjunto de valores ativos de um lado e passivos de outro. A diferença positiva entre o ativo e o passivo chama-se "patrimônio líquido"; a diferença negativa recebe o nome de "passivo líquido" ou "passivo descoberto", que passa a ser um valor contabilizado.

8. DOS AGENTES AUXILIARES DA ATIVIDADE EMPRESARIAL

8.1. Colaboradores da empresa

8.2. Os prepostos: gerentes – contabilistas

8.3. O representante comercial autônomo

8.4. Os corretores

8.5. O Despachante aduaneiro

8.6. Outras assessorias afins

8.7. Instituições auxiliares da empresa: Bolsas

8.1. Colaboradores da empresa

Ao analisar a figura do empresário, verificamos ser ele um colaborador da empresa, mas não como se fosse o único colaborador; sozinho, não conseguirá ele fazer a empresa atingir seu objetivo. Conta o empresário com seus colaboradores internos e externos; Os internos são o capitalista e os funcionários. Do capitalista ocupa-se principalmente o Direito Societário e do funcionário, o Direito do Trabalho.

Resta agora analisar os colaboradores externos, os assessores da empresa, não ligados a ela pelo capital ou pelo trabalho subordinado; a conexão desses colaboradores com a empresa é mais ágil e efêmera, com adaptação às necessidades mais momentâneas. Caracterizam-se também os colaboradores externos pela especialização, pela profissionalização. Exercem eles uma atividade tecnológica especificada que a empresa tem de executar, mas não possui a tecnologia especificada para tanto, já que essa atividade não faz parte de seu objeto social, de seu ramo de atividade. Socorre-se ela, então dos serviços especializados de terceiros; este recurso é chamado modernamente de "terceirização".

A terceirização vem atingindo a própria advocacia. Em vez de manter um departamento jurídico, preferem muitas empresas modernas socorrer-se de escritórios de advocacia: um especializado no Direito Empresarial, outro no Direito do Trabalho, outro no Direito Tributário, outro no Direito da Propriedade Industrial, outro no Direito Penal, e assim por diante. O objeto social da empresa não inclui a advocacia, nem é ela um setor de linha de produção da empresa, e, destarte, ela prefere ater-se ao seu ramo de atividade, ao seu objeto social, à sua especialidade, socorrendo-se de terceiros especializados em serviços dos quais não mantém ela especialização, um "know how" de trabalho.

8.2. Os prepostos: gerentes – contabilistas

PREPOSTO – Criado pelo novo Código Civil, o preposto é o agente auxiliar das atividades empresariais assistente do empresário, respondendo por ele perante terceiros, graças a um mandato expresso. O preposto pratica atos em nome da empresa, em geral, ou em atividades específicas; poderá haver então um preposto geral da empresa, ou atuante em certas áreas, como vendas, compras, patrimônio, finanças, ou mesmo perante outra empresa ou grupo de empresas.

É cargo de confiança e, portanto, indelegável. O preposto não pode sem autorização escrita, fazer-se substituir no desempenho da preposição, sob pena de responder pessoalmente pelos atos do substituto e pelas obrigações por ele contraídas. Pelo visto, o preposto poderá agir mediante mandato expresso ou tácito, podendo ser evidenciado por presunção. Se um preposto age no recinto da empresa, praticando atos em nome dela, sem que haja objeção, presume-se ele autorizado a praticar esses atos. É possível ao preposto outorgar poderes a terceiro, se tiver autorização escrita da empresa, devendo ficar claro se o substituto será responsável por seus atos.

O preposto será investido no cargo por um acordo com a empresa, que poderá ser chamado de contrato de preposição, tendo como partes o preposto e o preponente. É a designação que dá às duas partes dos arts.1169 a 1171 do nosso Código Civil, ao regulamentar essa relação jurídica. Não é um contrato típico, pois a lei não lhe traça as linhas básicas, mas apenas alguns aspectos. Pelo que se deduz do art.1171, o preposto deve atuar exclusivamente pelo preponente, sendo que, salvo autorização expressa, não pode negociar por conta própria ou de terceiro, nem participar, embora indiretamente, de operação do mesmo gênero da que lhe foi cometida, sob pena de responder por perdas e danos e de serem retidos pelo preponente os lucros de operação. Em outras palavras, o preposto não pode fazer concorrência ao preponente.

Considera-se perfeita a entrega de papéis, bens ou valores ao preposto, encarregado pelo preponente, se os recebeu sem protesto, salvo nos casos em que haja prazo de reclamação. Não nos parece muito clara essa disposição expressa pelo art.1171. Examinemos uma ocorrência muito comum: uma empresa faz pedido de compra e o preposto recebe a mercadoria, assinando a nota fiscal; recebe depois a fatura e a duplicata. Terá a empresa prazo de dez dias para devolver a duplicata aceita e para reclamar possível irregularidade na mercadoria entregue. Poder-se-ia aplicar neste caso a isenção de responsabilidade do preposto aplicando-se a ressalva "salvo nos casos em que haja prazo para reclamação"? Há, pois, necessidade de interpretação deste artigo em conexão com outras normas e circunstâncias.

Nosso código traça considerações sobre dois tipos de prepostos: o gerente (arts.1173 a 1176) e contabilista (arts.1177 a 1178). Quanto ao gerente, estamos falando de colaborador geralmente interno da empresa, um funcionário assalariado; sua função está regulada pela Consolidação das Leis do Trabalho, sendo bem diferente o sistema de responsabilidade. Quanto ao contabilista, ele é um funcionário nas grandes empresas, mas nas pequenas e médias nem sempre; ele é um agente auxiliar externo.

GERENTE – Considera-se gerente o preposto permanente no exercício da empresa, na sede desta, ou em sucursal, filial ou agência. Vem essa palavra de gerir= digirir= administrar. Fica ele à frente do estabelecimento. Não se confunde, porém, com o sócio-gerente; este é um capitalista, detentor do capital da empresa, um dos donos dela. O gerente não pode ser dono nem co-dono da empresa a que presta seus serviços. É normalmente um funcionário assalariado, mas com poderes de direção. Esses poderes não decorrem do contrato social da empresa, mas do mandato que ela lhe outorga.

Como novidade introduzida pelo novo Código Civil, figura o registro do instrumento de outorga do mandato, ainda que o gerente seja empregado da empresa e seu contrato de trabalho regido pela CLT. As limitações contidas na outorga de poderes, para serem opostas a terceiros, dependem do arquivamento e averbação do instrumento no Registro Público de Empresas Mercantis, salvo se provado serem conhecidas da pessoa que tratou com o gerente. Para o mesmo efeito e com idêntica ressalva, deve a modificação ou revogação do mandato ser arquivada ou averbada no Registro Público de Empresas Mercantis (art.1174). Assim sendo, deve o gerente agir apenas dentro dos poderes que lhe foram outorgados. O registro no órgão público competente dá publicidade a esses poderes.

Quando a lei não exigir poderes especiais, considera-se o gerente autorizado a praticar todos os atos necessários ao exercício dos poderes que lhe foram outorgados. Na falta de estipulação, consideram-se solidários os poderes conferidos a dois ou mais gerentes (art.1173). Por exemplo, um gerente não pode emitir nota promissória em nome do preponente, pois a lei exige, para isso, poderes especiais.

O gerente pode ser o representante legal do preponente perante a justiça, como por exemplo, na Justiça do Trabalho. Ele pode estar em juízo em nome do preponente, pelas obrigações resultantes do exercício da sua função (art.1176).

O preponente responde com o gerente pelos atos que este pratique em seu próprio nome, mas à conta daquele (art.1175). As responsabilidades afetam ambos; sendo o gerente mandatário do preponente, este fica logicamente engajado na responsabilidade pelos atos de seu preposto.

CONTABILISTA – Nesse contexto, entre os diretos colaboradores da empresa no exercício de suas atividades, juntamente com o gerente, situa-se o contabilista, também chamado de contador ou técnico em contabilidade. Trata-se de profissional de nível superior, tendo concluído curso específico e registrado em órgão próprio, o CRC – Conselho Regional de Contabilidade. A exemplo do advogado, quando assinar algum documento referente ao serviço contábil, deverá fazer constar seu número de registro, como por exemplo: CRC. 60.757.

O contabilista encarrega-se da escrituração da empresa. Sobre esse assunto já tratamos alhures e aqui nos ocuparemos da figura do profissional responsável pela escrituração. Ele lança no registro da empresa as operações econômicas que impliquem modificação patrimonial, assim dizendo as operações que fizeram a empresa ficar mais rica ou mais pobre.

Trata-se de um colaborador direto, um preposto que age em nome do preponente. Os assentos lançados nos livros ou fichas do preponente por qualquer dos prepostos encarregados de sua escrituração; produzem os mesmos efeitos como se fossem lançados pelo preponente, a menos que tenha procedido de má-fé, e, nesse caso, o preposto responderá perante o preponente por qualquer ato fraudulento ou excedente dos poderes que lhe foram outorgados.

No exercício de suas funções, o contabilista, como os demais prepostos, será pessoalmente responsável perante o preponente pelos atos culposos. Pelos atos dolosos será responsável perante terceiros, solidariamente com o preponente.

Há outro aspecto importante a considerar: se a ação do contabilista ou de outros prepostos for exercido no recinto da empresa, ou se for exercida em outros locais, fora dos estabelecimentos dela. No primeiro caso, a preponente, vale dizer a empresa, é responsável pelos atos de quaisquer prepostos, praticados nos seus estabelecimentos e relativos à atividade da empresa, ainda que não autorizados por escrito.

Quando tais atos forem praticados fora do estabelecimento, somente obrigarão o preponente nos limites dos poderes conferidos por escrito, cujo instrumento pode ser suprido pela certidão ou cópia autêntica do seu teor. Há muitos contabilistas que não permanecem no recinto da empresa, mas no escritório deles, razão pela qual será conveniente que haja entre eles, empresa e contabilista, um contrato de prestação de serviços contábeis, constando os direitos e obrigações de ambas as partes, de maneira inequívoca. Pelo menos deveria haver procuração da empresa ao seu contabilista, ou uma carta de preposição. Estamos nos referindo aos cuidados referentes ao preposto-contabilista, porém, eles também se aplicam aos demais tipos de prepostos.

O regime de trabalho das grandes empresas é diferente; o contabilista é um funcionário da empresa, contratado sob o regime da CLT. Seu ambiente de trabalho é interno, no recinto da empresa e só excepcionalmente exerce a profissão fora do estabelecimento. Nesse caso, há normalmente um só contabilista-preposto e seus auxiliares são empregados da empresa. Predomina então o que contiver o contato de trabalho, mas, perante terceiros, o preponente é responsável pelos atos de seus prepostos, no termos do Código Civil.

8.3. O representante comercial autônomo

Entre os agentes auxiliares da empresa, assumiu em nossos dias papel de primordial importância o representante comercial autônomo. Ele substituiu o vendedor funcionário, dispensando a manutenção de vultoso departamento de vendas e custoso quadro de pessoal. O representante comercial autônomo é o profissional das vendas; encarrega-se da conquista da clientela e colocação dos produtos da empresa, num determinado território. Pertence o representante a uma profissão regulamentada pela Lei 4.886/65 e só poderá exercê-la se for inscrito no órgão específico, o CORCESP, o Conselho Regional de sua categoria, da jurisdição em que for atuar. Uma boa definição deste agente auxiliar da empresa nos é dada pelo art. 1º da Lei 4.886/65:

"Exerce a representação comercial autônoma a pessoa jurídica ou a pessoa física, sem relação de emprego, que desempenha, em caráter não eventual, por conta de uma ou mais pessoas, a mediação para a realização de negócios mercantis, agenciando proposta ou pedidos, para transmiti-los aos representados, praticando ou não atos relacionados com a execução de negócios".

Segundo o parágrafo único do art.1º, quando a representação comercial incluir poderes atinentes ao mandato, serão aplicáveis, quando ao exercício deste, os preceitos próprios da legislação constante do Código Civil e da legislação complementar. Se o representante for também mandatário, além de agir em seu nome, age também em nome da empresa com quem estabeleceu contrato de representação. É o principal motivo pelo qual se atenuaram, em nossos dias, a aplicação dos contratos de mandato mercantil, de comissão mercantil e gestão de negócios, que quase desapareceram, tanto que nosso novo Código Civil nem sequer os previu.

Essa definição dá margem a vários comentários. O nome deveria ser apenas de representante, ou representante mercantil, dispensando o autônomo, pois, se diz "sem relação de emprego", fica claro que é autônomo. O representante pode exercer individualmente sua atividade, mas poderá constituir uma sociedade civil, ou seja, pessoa jurídica para exercer sua atividade. Não é necessário que constitua sociedade mercantil, com registro na Junta Comercial, mas apenas sociedade civil, registrada no Cartório de Registro Civil de Pessoas Jurídicas. Haverá então aspecto um tanto interessante: uma sociedade civil para realização de negócios mercantis. Somos ainda avesso à expressão "comercial", uma vez que esse termo, como também "comerciante" e "comércio", foram banidos da linguagem jurídica pelo novo Código Civil. Somos de opinião de que a Lei 4.886/65 necessita de uma revisão, por ter mais de 40 anos e ser bem anterior ao Código Civil, com o qual não se coaduna muito bem.

Por outro lado, seja pessoa física ou jurídica, é obrigatório o registro no seu órgão de classe, o CORCESP – Conselho dos Representantes Comerciais do Estado de São Paulo. Só quem for inscrito no CORCESP pode ser representante. Afora a documentação compatível, há uma série de exigências, aliás, as mesmas exigidas para quem quiser registrar-se na Junta Comercial. O art.4º estabelece que não pode ser representante quem não puder ser empresário e, se tiver sido inscrito na Junta Comercial, tiver tido seu registro cancelado como penalidade. Não pode ainda quem tiver sido falido e ainda não reabilitado, ou quem tenha sido condenado por crimes infamantes, tais como falsidade, estelionato, apropriação indébita, contrabando, roubo, furto, lenocínio ou crimes também punidos com perda de cargo público.

O Conselho dos Representantes Comerciais tem uma estrutura mais ou menos semelhante à da OAB. É órgão nacional, com sede na Capital da República, onde funciona o Conselho Federal. Todavia, as operações se desenvolvem nos Estados, controladas pelo Conselho Regional. O interessado pelo exercício dessa profissão deverá requerer sua inscrição no seu órgão profissional, seja pessoa física ou jurídica; se for pessoa jurídica, deverá apresentar os atos constitutivos, comprovando sua existência legal. Sendo concedida a inscrição pelo CORCESP, este expede a carteira profissional.

O exercício da profissão se dá pelo contrato de representação comercial, celebrado entre o representante comercial autônomo e a empresa representada. Do representante comercial autônomo, além dos elementos comuns e outros, a juízo dos interessados, constarão, obrigatoriamente: as condições e requisitos gerais da representação; a indicação genérica; indicação da zona ou zonas em que será exercida a representação; garantia ou não, parcial ou total, ou por certo prazo, da exclusividade de zona, de setor de zona, retribuição e época do pagamento, pelo exercício da representação dependente da efetiva realização dos negócios e recebimento, ou não, pelo representado, dos valores respectivos; os casos em que se justifique a restrição de zona concedida com exclusividade; obrigações e responsabilidade das partes contratantes; exercício exclusivo ou não da representação; indenização devida ao representante pela rescisão do contrato, cujo montante não poderá ser inferior a 1/12 (um doze avos) do total da retribuição durante o tempo em que exerceu a representação.

O representante comercial autônomo é uma extensão da empresa representada, cabendo-lhe muitas funções e responsabilidades; fica obrigado a fornecer à empresa representada, segundo as disposições do contrato ou, sendo este omisso, quando lhes for solicitado, informações pormenorizadas sobre o andamento dos negócios a seu cargo, devendo dedicar-se à representação, de modo a expandir os negócios do representado e promover os seus produtos.

Por outro lado, o representante terá garantia do recebimento de uma comissão pelas vendas por ele realizadas, ou por qualquer venda que se realiza em seu território, adquirindo o direito às comissões quando do pagamento dos pedidos ou propostas. O pagamento das comissões deverá ser efetuado até o dia quinze do mês subseqüente ao da liquidação da fatura, acompanhada das respectivas cópias das notas fiscais. As comissões pagas fora do prazo previsto (quinze dias) deverão ser corrigidas monetariamente.

As comissões deverão ser calculadas pelo valor total das mercadorias. Os direitos do representante, no tocante às comissões, ficam assegurados pelo art. 32 da Lei 4.886/65.

A lei prevê a defesa do trabalho realizado por esse profissional, caso a empresa representada queira rescindir o contrato sem justa causa; nesse caso, a eventual retribuição pendente, gerada por pedidos em carteira ou em fase de execução e recebimento, terá vencimento na data da rescisão. Também é tutelada a integridade das comissões do representante: são vedadas na representação comercial alterações que impliquem, direta ou indiretamente, a diminuição da média dos resultados auferidos pelo representante nos últimos seis meses de vigência.

A rescisão do contrato foi prevista pela lei, procurando ela resguardar os direitos de ambas as partes, estabelecendo motivos justos para a rescisão e, quando não houvesse justa causa, seriam observadas as cláusulas contratuais. Ficaram reservados, para a empresa representada, cinco motivos para a rescisão do contrato de representação comercial:

1 – desídia do representante no cumprimento das obrigações decorrentes do contrato;

2 – a prática de atos que importem em descrédito comercial da empresa representada;

3 – a falta de cumprimento de quaisquer obrigações inerentes ao contrato de representação comercial;

4 – a condenação definitiva por crime considerado infamante;

5 – força maior.

Por sua vez, a lei reservou cinco motivos justos para que o representante possa pedir rescisão do contrato por justa causa:

1 – redução de esfera de atividade do representante em desacordo com as cláusulas do contrato;

2 – a quebra direta ou indireta da exclusividade, se prevista no contrato;

3 – a fixação de preços em relação à zona do representante, com exclusivo escopo de impossibilitar-lhe ação regular;

4 – o não pagamento de sua retribuição na época devida;

5 – força maior.

8.4. Os corretores

Categoria profissional a que o Código Comercial dera importância foi a dos corretores, mas nosso Código Civil lhe deu mais atenção, regulamentando o contrato de corretagem, nos artigos 722 a 729, e leis esparsas regulamentaram diversas categorias de corretores. A respeito do contrato de corretagem, tivemos oportunidade de cuidar dele em nossa obra "Direito Contratual Civil-Mercantil". Estamos, porém, nos ocupando de uma das partes de contrato, o corretor, ou das várias categorias de corretores, como agentes auxiliares da empresa. Uma dessas categorias, a dos corretores de imóveis, está bem regulada, mas, como as transações imobiliárias são consideradas civis e não mercantis, preferimos não incluí-la em nossas considerações. Iremos então considerar apenas os corretores considerados mercantis, devidamente regulamentados por leis específicas, que são os seguintes:

- corretor de mercadorias (Lei 4.726, de 13.7.65);
- corretor de navios (Decreto 54.956, de 6.11.64);
- corretor de seguros (Lei 4.594, de 29.12.64);
- corretor de valor mobiliários (Lei 4.728, de 14.7.65).

O corretor é um intermediário de negócios mercantis. Não age em nome próprio; aliás, não pode agir para si mesmo. Realiza a aproximação entre as partes interessadas em operações de natureza mercantil; é um mediador. Ele se interpõe entre as partes, uma delas a empresa e a outra o cliente desta, procurando aproximá-las para que realizem transações, recebendo, em remuneração, uma porcentagem sobre o valor da transação.

Segundo algumas referências, o termo "corretor" originou-se do verbo "correre"(correr), por ser considerado alguém que corre atrás da clientela, que procura ou agencia negócios para outro empreendedor. Mais ou menos, é um colaborador autônomo, independente da empresa que o contratar, por um contrato de corretagem. Somos de parecer que essa questão, como o mandato-mercantil deveria ser objeto de estudo do Direito Empresarial. O corretor não mais deve ser considerado agente auxiliar da empresa, pois ele próprio é uma empresa.

Surge por isso uma "vexata quaestio": é o corretor empresa ou pessoa física? Sua atividade é mercantil ou civil? É realmente ponto discutível.

Como nosso código não faz referência a esse agente auxiliar, como fazia o antigo Código Comercial, embora o Código Civil regulamente o contrato de corretagem, iremos interpretar esse agente auxiliar da atividade empresarial pelo contrato que o ampara, que é um contrato típico ou nominado, vale dizer, ao qual a lei traça as características básicas.

Pelo conceito estabelecido no art.722 do Código Civil, o corretor é uma pessoa, não ligada a outra em virtude de mandato, de prestação de serviços ou por qualquer relação de dependência, obriga-se a obter para a segunda um ou mais negócios, conforme as instruções recebidas. Não diz se é uma pessoa física ou jurídica, razão por que interpretamos que possa ser qualquer das duas.

Existem corretores oficiais e liberais. O corretor é oficial quando depender de nomeação pública ou quando tiver o privilégio de só ele poder exercer essa função. É o caso do corretor de fundos públicos, de mercadorias, de navios, de operações de câmbio, de seguros e de valores. Os corretores liberais são livres; não necessitam de nomeação pública e nem possuem privilégio de exclusividade, ainda que sejam regulamentados por lei. É o caso dos corretores de imóveis, disciplinados pela Lei 6.530/78, regulamentada pelo Decreto 81.871/78; eles devem estar filiados a seu órgão de classe, como o CRECI e o COFECI, mas é livre seu ingresso nesses órgãos. Como exemplo de corretores livres podem ser citados os de espetáculos públicos, de obras de arte e de publicidade. Também são corretores os que se ocupam da transação de atletas profissionais e de artistas, embora eles sejam chamados de "empresários", designação esta juridicamente inadequada.

O corretor é obrigado a executar a mediação com a diligência e prudência que o negócio requer, prestando ao cliente, espontaneamente todas as informações sobre o andamento dos negócios. Deve, ainda, sob pena de responder por perdas e danos, prestar ao cliente todos os esclarecimentos que estiverem ao seu alcance, acerca da segurança ou risco do negócio, das alterações de valores e do mais que possa influir nos resultados da incumbência (art.724).

Corretor de mercadorias

A profissão de corretor de mercadorias foi regulamentada pelo Decreto 20.881, de 30.1.31. Antes, porém, o Decreto 1.102, de 21/11/1903, que criou e regulamentou as empresas de armazéns gerais, já fizera referência aos corretores de mercadorias, apontando-se como encarregado da venda de mercadorias depositadas em armazéns gerais.

O corretor de mercadorias opera principalmente nas Bolsas de Mercadorias, arrematando em nome de seus clientes. As bolsas de mercadorias vinham tendo sua importância em decadência, abatendo a projeção dos corretores. Em nossos dias, essa profissão está se realçando em vista da criação do mercado de futuros ou mercado a termo, em que as mercadorias recebem o nome de "commodities". As "commodities" comumente admitidas ao pregão da Bolsa de São Paulo têm sido: algodão, café, boi gordo, soja em grão, óleo de soja, farelo, milho em grão, ouro e outras.

Corretor de navios

O corretor de navios, como o corretor de mercadorias, é corretor oficial, isto é, exerce funções tuteladas pela lei, sendo investido nessas funções por ato do Poder Público. O corretor de navios poderá traduzir os manifestos e documentos que os mestres de embarcações estrangeiras tiverem de apresentar para o despacho nas alfândegas; essas traduções terão fé pública, como se fossem feitos por intérpretes oficiais, salvo às partes interessadas o direito de impugnar a sua falta de exatidão. O art. 63 prevê penalidades para o corretor de navios, caso suas traduções causem prejuízos às partes, por erro ou falsidade delas.

A regulamentação da função de corretor de navios deu-se com o Decreto 19.009/29 e, posteriormente, com melhor regulamentação, graças ao Decreto 54.956/64. Não obstante chamar-se a profissão de "corretor de navios", as principais funções não se resumem à compra e venda de navios ou demais embarcações. A lei aponta muitas atribuições que lhe cabem, com exclusividade: a realização de corretagem relativas ao engajamento de cargas; fretamento, arrendamento, compra e venda de navios e a promoção de providências concernentes a entrada, ao desembarque, ao desembaraço e à saída de embarcações. Incumbe-lhe ainda tomar as medidas para a realização das operações de carregamento, descarga, transbordo, baldeações e demais movimentos de carga; a promoção de todas as diligências para o pagamento dos tributos decorrentes das operações em que interferir e promover; o agenciamento de seguros de navios, respeitados os direitos das sociedades corretoras de seguros.

Ponto de indagação a respeito do corretor de navios é a sua nacionalidade. Pelo que se depreende do Decreto 54.956/64, deverá ser brasileiro nato. O Decreto 19.009/29, que regulamentou a profissão, exigia que o corretor de navios fosse brasileiro, incluindo o naturalizado, mas o Decreto 54.956/664 é mais radical. Entretanto, somos de parecer de que deve prevalecer o que dispõe a Magna Carta, proibindo distinções entre brasileiros. Quanto a estrangeiros, ainda que residentes no Brasil, julgamos inconveniente conceder-lhes essa faculdade, pois se trata de atividade que afeta a segurança nacional, envolvendo contatos e conciliações de interesses estrangeiros com o Brasil.

Por ser corretor oficial, nomeado pela autoridade pública, atuando junto ao comércio exterior, o corretor de navios deverá estar matriculado no Ministério da Fazenda e submeter-se à inspeção da Inspetoria das Alfândegas. Este órgão, pertencente àquele ministério, superintende as operações dos corretores, velando pela boa ordem dessas operações e fiel execução das leis e instruções a que estão sujeitos, decidir dúvidas e contestações suscitadas nos serviços dos corretores, censurá-los, impor-lhes multas e suspendê-los até três meses, propondo ao Ministro da Fazenda penas mais graves. A Inspetoria das Alfândegas manda coligir dados estatísticos relativos às operações realizadas por intermédio dos corretores de navios, e propor ao Ministro da Fazenda as medidas concernentes à boa execução dos serviços a cargo dos mesmos corretores. Assim dispõe o art. 20 do Decreto 19.009/27, conservado pelo Decreto 54.956/64.

Corretor de seguros

A atividade securitária é de muita importância na vida empresarial moderna e suas normas e princípios vêm-se desenvolvendo tanto que estão se estruturando como um novo ramo do Direito Empresarial: o Direito Securitário. Como essa atividade repousa essencialmente no contrato de seguro, está mais atrelada ao Direito Contratual. É contrato de natureza mercantil, regulamentado no Código Civil, nos artigos 757 a 802.

O corretor de seguro estende hoje suas atividades às mais variadas formas de vida, havendo mesmo, entre os corretores de seguros, diversas categorias. Sua atuação está prevista em vários diplomas legais, começando pelo Decreto 56.900/65, que dispõe sobre a corretagem de seguros e pela Lei 4.594/64 que regulamentou a profissão de corretor de seguros e o Decreto 56.903/65, que a completou. Uma definição do profissional nos é dada pelo art. 1º da Lei 4.594/64:

"O corretor de seguros, seja pessoa física ou jurídica, é o intermediário legalmente autorizado a angariar e a promover contratos de seguros, admitidos pela legislação vigente, entre as sociedades de seguros e as pessoas físicas ou jurídicas, de direito público ou privado".

Para ser corretor de seguros, há necessidade de se requerer inscrição no DNSPC – Departamento Nacional de Seguros Privados e Capitalização, e concessão do título de habilitação. Para esse pedido, o interessado poderá ser brasileiro ou estrangeiro, desde que residindo permanentemente no Brasil; deverá estar quite com o serviço militar, não ter sido condenado pelos costumeiros crimes que impedem o ingresso de qualquer cidadão na atividade empresarial ou no serviço público; não ser falido. Precisa ainda ter habilitação técnico-profissional referente aos ramos requeridos, tendo concluído curso técnico-profissional de seguros, oficial ou reconhecido.

É possível também exercer a corretagem de seguros uma empresa, desde que organizada nos termos da lei brasileira e cujos empresários que a compõem preencham as condições exigidas para o corretor individual. Não há exigência de que essa empresa seja inscrita na Junta Comercial, podendo ser, pois, sociedade civil (S/C).

A função do corretor de seguros, como diz o art.1º da Lei 4.594/64, é atuar como intermediário entre as empresas seguradoras e a clientela delas, seu público consumidor; é uma extensão destas últimas, como se fosse seu departamento de vendas de contratos de seguros. O contrato de seguros só poderá ser estabelecido por intermédio do corretor de seguros, que auferirá comissão por seu trabalho promocional. Se a empresa seguradora celebrar contratos de seguros com seus clientes, sem a intermediação do corretor de seguros, a comissão que a este caberia, deverá ser recolhida ao Instituto de Resseguros do Brasil.

Essas comissões são registradas em livros especiais e destinam-se a formar um saldo, para que o Instituto de Resseguros do Brasil possa atender a diversas finalidades. Uma das principais finalidades do Instituto de Resseguros do Brasil é a de promover cursos técnicos para a formação de corretores de seguros, dando certificado de habilitação para que possa ser requerida a inscrição do contrato de seguro junto ao DNSPC, que examina os processos de habilitação e registro dos corretores, verificando se estão convenientemente instruídos e se satisfazem às exigências das instruções em vigor.

O corretor de seguros ou empresário pertencentes à empresa corretora de seguros não poderão estar ligados a empresas seguradoras, como sócios, diretores, empregados: terão que ser independentes delas. Só ao corretor de seguro de vida ou capitalização, devidamente inscrito, e que houver assinado a proposta de seguro ou a requisição do título deverá ser paga a corretagem ou comissão previamente estabelecida.

Corretor de valores mobiliários

Quando se fala em corretor de valores, não mais se refere a uma pessoa isolada, mas a uma instituição financeira especializada, integrante do SFN – Sistema Financeiro Nacional. A regulamentação desse tipo de corretagem é muito complexa devida à importância e delicadeza dessa atividade.

Fundamenta-se na Lei da Reforma Bancária (Lei 4.595, de 31/12/64), Com a Lei do Mercado de Capitais (Lei 4.728, de 14/07/65) e Lei 6.385, de 7.12.76, que criou a Comissão de Valores Mobiliários. Complementam a legislação pertinente à atividade dos corretores de valores mobiliários numerosas normas baixadas pelo Banco Central do Brasil, Comissão de Valores Mobiliários, Conselho Monetário Nacional ou da Bolsa de Valores Mobiliários.

As sociedades corretoras de títulos e valores mobiliários promovem a aproximação entre vendedores e compradores desses valores. Devem elas ser membros da Bolsa, onde operam com exclusividade. Fica feito o registro desse tipo de corretor, de forma sucinta, deixando o estudo mais aprofundado a cargo do Direito do Mercado de Capitais.

8.5. O despachante aduaneiro

Trata-se de profissão regulamentada pelo Decreto 646/92, mas já constava de leis anteriores, por ser profissão bem antiga. É bem variada a gama de atividades do despachante aduaneiro, sendo as principais descritas logo no art. 1º do Decreto 646/92, compreendendo a preparação, entrada e acompanhamento da tramitação de documentos que tenham por objeto o despacho aduaneiro, nos termos da legislação respectiva; assistência à verificação da mercadoria na conferência aduaneira e à retirada de amostras para exames técnicos e periciais; recebimento de mercadorias ou de bens desembaraçados; solicitação, assistência ou desistência de vistoria aduaneira; ciência e recebimento de intimações, de notificações, de autos de infração, de despacho, de decisões e dos demais atos e termos processuais relacionados com o procedimento fiscal; subscrição de termos de responsabilidade.

Vê-se, pela descrição acima, que o ambiente de trabalho do despachante aduaneiro é o da aduana, também chamada de alfândega, o local ou o serviço junto a portos e aeroportos, onde sejam embarcadas ou desembarcadas mercadorias, haja pagamento de taxas e impostos alfandegários. Aduana e alfândega são palavras de origem árabe e designam também o órgão público que exerce o controle de movimentação internacional de mercadorias.

A clientela do despachante aduaneiro é constituída por importadores, exportadores ou viajantes com transações em países estrangeiros ou mesmo na Zona Franca de Manaus, empresas de transportes. Essas empresas remuneram diretamente o despachante aduaneiro.

Deve o despachante aduaneiro ser inscrito no Registro de Despachantes Aduaneiros do Departamento da Receita Federal. Sofre algumas restrições, como não poder realizar em nome próprio operações de comércio exterior e não pode ocupar cargos públicos.

Ele exerce trabalho difícil e importante ante o emaranhado de normas existentes sobre o comércio exterior, razão pela qual precisa ser credenciado pela Secretaria da Receita Federal, em navios estrangeiros e nas repartições públicas nacionais, ligadas à área. Necessita conhecer com muita segurança o complexo de normas legais, a numerosa documentação, os trâmites observados no despacho e liberação das mercadorias, os locais de trabalho, as vistorias aduaneiras, a verificação constante das bagagens e mercadorias, do armazenamento delas e tantas outras funções.

8.6. Outras assessorias afins

De longa data nosso direito reconheceu a participação nas atividades empresariais de outros tipos de assessores externos que enriquecem a "terceirização". Outras leis complementares disciplinaram outras atividades de assessores dos quais falaremos resumidamente de alguns deles.

Trapicheiros e administradores de depósito

São dois profissionais do mundo empresarial agregados às empresas de armazéns gerais. O trapiche é o armazém de depósito situado junto ao cais do porto, destinado a guardar mercadorias para exportação ou mercadorias importadas que ficavam à disposição do importador.

O armazém de depósito é um depósito localizado em qualquer lugar, não obrigatoriamente junto ao porto. Destinava-se a receber mercadorias para os donos delas, quando estes não tivessem local para armazenamento. As mercadorias ficavam, portanto, à disposição de seus proprietários.

A "empresa de armazéns gerais" já é uma agente auxiliar das atividades empresariais, mas também seus administradores e demais dirigentes como os gerentes, também se enquadram nessa posição. Serão eles registrados na Junta Comercial, junto com a empresa, para o exercício dessa função.

O Decreto 1101, de 21/11/1903, com mais de um século, instituiu regras para o estabelecimento de empresas de armazéns gerais, determinando os direitos e obrigações dessas empresas e dos administradores de depósito. É a regulamentação atual desse tipo de assessoria empresarial.

Leiloeiros

Os leiloeiros têm sua profissão regulamentada pelo Decreto 21.981, de 19/10/1932 que, em 50 artigos, dá ampla regulamentação à profissão de leiloeiro. Foi criado ainda um tipo especial de leiloeiro pelo Decreto 4.021, de 20/12/61, o "leiloeiro rural", cuja atuação se processa na área agropecuária.

O leiloeiro é agente auxiliar da atividade empresarial e equiparado ao empresário, tanto que se torna obrigatório seu registro no Registro Público de Empresas Mercantis e Atividades Afins, como acontece com o empresário individual, registro esse previsto no art. 1º do Decreto 21.981/32. O art. 3º diz que não pode ser leiloeiro quem não puder ser empresário, ou se tiver sido falido e não reabilitado será preciso que a falência não tenha sido culposa ou fraudulenta.

A função de leiloeiro tem ponto de conexão com a de vendedor. Ele vende coisas, mas é vendedor especial, pois vende mercadorias por meio de público pregão, também chamado de "hasta pública". É venda especial, distinta da venda comum por não haver contrato de compra e venda. Exerce ofício público, sendo encarregado da venda de bens por determinação judicial.

A competência e as funções de leiloeiro são descritas nos arts. 10 a 22 do decreto. Encarrega-se de realizar a venda de bens móveis e imóveis, em público leilão, de mercadorias, utensílios e outros efeitos. A pessoa que encarrega o leiloeiro da venda de seus bens é chamada de comitente.

O leiloeiro tem que fazer o leilão ser precedido de publicidade em edital publicado em jornais de grande circulação. No edital constará a descrição dos bens vendidos, o preço mínimo e demais condições de venda. O preço não pode ser fixo e o comprador não é escolhido pelo comitente nem pelo leiloeiro, mas será aquele que oferecer melhor lanço, ou seja, quem oferecer preço maior.

O leiloeiro será remunerado com uma comissão cobrada sobre o valor dos bens vendidos em leilão, ou seja, o valor da arrematação. O comprador de bens vendidos em leilão será, então, chamado arrematante. O arrematante obriga-se a pagar a comissão sobre o valor dos bens que arrematar. A comissão do leiloeiro não será obrigatoriamente 5% ou 3%, mas dependerá de prévia estipulação com o comitente. Na falta dessa estipulação, será de 3% sobre os bens imóveis e 5% sobre os bens móveis.

O art. 31 impõe ao leiloeiro a obrigação de manter diversos livros, em número de seis, distribuídos dentro da seguinte classificação:

– livros de escrituração: Diário de Entrada, Diário de Saída e Contas-Correntes;
– livros de fiscalização: Protocolo, Diário de Leilões e Livro-Talão.

Esses livros deverão ser registrados na Junta Comercial e serem exibidos em juízo quando exigidos pela autoridade competente.

Informantes comerciais

Também foram incluídos entre os agentes auxiliares das atividades empresariais os informantes comerciais, ou mais, precisamente, as empresas de informações comerciais. O reconhecimento legal das empresas que se dedicam a esse ramo de atividade deu-se pela Lei 3.099, de 24/02/57, regulamentada pelo Decreto 50.532, de 03/05/61.

A Lei 3.099, de 24/02/57, determina as condições para o funcionamento de estabelecimento de informações reservadas ou confidenciais, empresariais ou particulares. Obriga-se esse tipo de "estabelecimento" a registrar-se no Registro Público de Empresas Mercantis e Atividades Afins, constituindo-se numa empresa. Destarte, o trabalho de informações constitui atividade mercantil. Deve ainda registrar-se na Secretaria de Segurança Pública. Deve haver para esse registro a influência norte-americana, dos famosos "detetives" ou investigadores particulares. São profissionais há muitos anos atuando nos EUA, cuja fama se vulgarizou graças aos filmes. Essa atividade era ilícita no Brasil até o advento da Lei 3.099.

Realmente, é função muito delicada; dá a impressão de bisbilhotar a vida alheia, provocando reações desfavoráveis dos informados. Se não for executada com muito cuidado, constituirá afronta à intimidade e confidência dos atos de pessoas físicas e jurídicas, enquadrando-se nas disposições penais. Poderá ainda invadir o campo privativo das autoridades policiais e até mesmo perturbar a ação oficial.

Procurou então a lei preservar a própria atividade de informações, exigindo dela não só a inscrição no Registro Público de Empresas Mercantis e Atividades Afins, como no registro policial. Qualquer modificação no contrato social deve ser inscrita no registro policial, como ainda a demissão de prepostos.

O art. 3º do Decreto 50.532, de 03/05/1961 veda às empresas de informações a prática de quaisquer atos ou serviços estranhos às suas finalidades, os que são privativos das autoridades policiais e os que atentem contra a inviolabilidade ou recato dos lares, a vida privada ou a boa fama das pessoas.

Só poderão essas empresas prestar informações por escrito, em papel timbrado e indicando o nome de seu responsável. Se essas informações forem solicitadas pelas autoridades policiais, deverão ser entregues a elas. A inobservância dessa exigência e das demais disposições da Lei 3.099/57 e do Decreto 50.532/61 poderá implicar a suspensão do funcionamento da empresa, determinada pelo Ministro da Justiça.

Normalmente, as grandes empresas já têm um setor organizado para colhimento de informações comerciais, mas podem também se socorrer desses agentes autônomos.

Tradutor público e intérprete comercial

O tradutor público, também chamado tradutor público juramentado, ocupa-se de fazer traduções de documentos, como atas de assembléias, procurações, certidões e outros semelhantes. São documentos que vêm do exterior para o Brasil em idioma estrangeiro e devem ser traduzidos para o nosso idioma, ou então, elaborados aqui e precisam ser traduzidos para o idioma do país a que serão enviados.

Nenhum órgão público ou repartição pública pode receber documento em idioma estrangeiro, a não ser que esteja traduzido por tradutor público. Trata-se de tradutor oficial, ou seja, deve prestar concurso público e exercer sua função graças à nomeação por autoridade pública. Característica importante de sua função é a de ser ele dotado de fé pública, vale dizer, sua tradução é tida como verdadeira, a menos que se prove cabalmente em contrário.

Se o documento for transferido para outro país, a tradução deve ser autenticada pelo consulado desse país e sua assinatura reconhecida. Por isso o tradutor público juramentado deve estar registrado e sua assinatura também no consulado dos países que adotarem o idioma a ser traduzido. Ele tem um selo especial que é reconhecido internacionalmente.

Para ser tradutor público e intérprete comercial, o interessado deverá ser habilitado em concurso público de provas, realizado pela Junta Comercial e, sendo aprovado, deverá ser registrado naquele órgão e por ele nomeado. Será feito o registro também no Tribunal de Justiça, pois o tradutor público e o intérprete comercial podem atuar em juízo. O concurso constará de prova escrita e oral. Ele pode habilitar-se em um ou mais idiomas, mas com só uma matrícula, malgrado deva submeter-se a concurso para cada idioma.

A profissão é regulamentada pelo Decreto 3.069, de 21/10/43 e pela Instrução Normativa 84/96 do DNRC – Departamento Nacional do Registro do Comércio. São exigidos vários requisitos para inscrever-se: só cidadão brasileiro pode inscrever-se. Não diz a lei se precisa ser nato, o que nos leva a crer que possa ser naturalizado. Deve ser maior de 21 anos e não pode ser falido, a menos que tenha sido reabilitado. Não pode ter sido condenado por crime cuja pena importe em demissão de cargo público ou inabilidade para o exercer e nem ter sido anteriormente destituído do ofício de tradutor público e intérprete comercial. É preciso ser residente por mais de um ano na unidade federativa em que pretende exercer o ofício e estar quite com o serviço militar. Deve apresentar a documentação costumeira.

O intérprete comercial é também tradutor, mas realiza seu serviço oralmente. Se alguém tiver que depor em juízo e não falar português, por exemplo, o juiz deverá convocar o intérprete oficial, ou seja, legalmente habilitado e registrado e só ele poderá cumprir essa missão. Outro exemplo: quem quiser fazer escritura pública, e não dominar o idioma nacional, deverá comparecer no cartório com intérprete oficial. Essa função, como a do tradutor público, é personalíssima e, como tal, indelegável.

8.7. Instituições auxiliares da empresa: Bolsas

Bolsa é a reunião de empresas e de empresários para concentrar a oferta e procura de negócios, dentro de áreas específicas. É, também, designada como local em que as pessoas interessadas na intermediação de negócios se reúnem; mas, na verdade, refere-se nesse sentido estrito ao prédio em que a bolsa estiver instalada. A bolsa pode ser regulamentada por lei ou ser associação convencional ou mesmo grupo informal. Urge, portanto, que as principais bolsas sejam examinadas individualmente.

Em grande parte dos países europeus, como Itália, França e Portugal as bolsas são chamadas de "Praça de Comércio", nome que lhe dava nosso antigo Código Comercial. Elas são agentes auxiliares das atividades empresariais, como os que acabamos de estudar, só que, ao invés de pessoas, são instituições. Como principais, podemos citar a Bolsa de Mercadorias, a Bolsa de Cereais, a Bolsa de Valores Mobiliários e a Bolsa de Mercadorias & Futuros. Conhecem-se ainda outras sem muita vinculação com a atividade empresarial, como a Bolsa de Imóveis.

Para elaborarmos idéia da importância das bolsas na vida econômica de um país, poderíamos dar como exemplo a "Praça de Comércio do Porto", isto é, a bolsa de mercadorias do Porto. Em nosso período colonial, quase todo o movimento das mercadorias exportadas ou importadas pelo Brasil se fazia por intermédio da bolsa do Porto. Com a invasão e domínio de Portugal pelas tropas napoleônicas e a vinda da família real para o Brasil, instalando aqui a sede da monarquia portuguesa, as transações não puderam mais ser feitas por meio da bolsa do Porto.

Tão logo chegou ao Brasil, D. João VI, por recomendação do Visconde de Cairú, promulgou o famoso decreto da "abertura dos portos do Brasil", graças ao qual os brasileiros puderam entabular negociações com todos os países do mundo diretamente, sem intermediários.

Quando os franceses foram expulsos de Portugal, os portugueses forçaram D.João VI a voltar, ficando seu filho, D. Pedro, como regente. A bolsa do Porto exigiu o retorno do regime antigo, isto é, todo o movimento de exportação e importação de mercadorias do Brasil voltasse a se operar por ela. Contra essa perda de independência é que não se conformaram os que aqui viviam e exigiam o livre entendimento com os demais países. Esse inconformismo foi a causa principal da independência do Brasil, vale dizer, a bolsa de mercadorias do Porto foi fator decisivo de nossa desvinculação de Portugal.

Bolsa de Valores Mobiliários

A Bolsa de Valores Mobiliários resultou do crescente incremento das transações de títulos e valores mobiliários, principalmente ações de empresas mercantis. Esse incremento foi tão acentuado nos últimos anos, que exigiu, para regulamentar a questão, a formação de campo novo do Direito Empresarial, ou seja, o Direito do Mercado de Capitais e sua legislação específica.

Ela foi prevista pela lei que dispõe sobre o mercado de valores mobiliários, a Lei 6.385, de 07/12/76, que "dispõe sobre o mercado de valores mobiliários e cria a Comissão de Valores Mobiliários", também prevendo a atuação da Bolsa de Valores Mobiliários. Todavia, a constituição, organização e funcionamento das bolsas de valores foram disciplinadas pela Resolução 922, de 15/05/85 do Banco Central do Brasil.

Uma bolsa de valores, de que é sugestivo exemplo a BOVESPA – Bolsa de Valores Mobiliários de São Paulo, – para que possa constituir e operar necessita de registro e autorização, que é dado pela CVM – Comissão de Valor Mobiliários – e sujeitar-se à supervisão e controle dessa autarquia vinculada ao Ministério da Fazenda. Não tem finalidade lucrativa nem natureza mercantil, sendo, portanto, "associação", tal como prevista em nosso Código Civil. Apesar de associação civil, é formada exclusivamente por empresas de natureza mercantil, as Corretoras de Títulos e Valores Mobiliários. Seu objeto é auxiliar a distribuição dos valores mobiliários, principalmente as ações de empresas.

Tomaremos como exemplo a Bovespa. Trata-se de uma instituição com natureza de associação civil, tendo como associadas as Corretoras, que adquirem dela um título patrimonial. Sua finalidade é manter uma estrutura organizada, um sistema de trabalho e local adequado para a realização de operações de compra e venda de títulos e valores mobiliários, em mercado livre ou aberto. É, destarte, uma prestadora de serviços. As vendas são normalmente realizadas em leilões, no recinto da BOVESPA, e grande parte dos títulos comercializados são anunciados nos jornais e em comunicado às corretoras associadas.

Afora sua atividade primordial, a Bovespa realiza cursos sobre mercado de capitais, faz intermediação em operações de Câmbio, dá assistência técnica a seus associados e estabelece normas.

Bolsa de Mercadorias & Futuros

Embora se chame bolsa mercantil, é também associação civil, mas para propiciar negócios mercantis. A BM&F foi organizada em 1985 nos moldes da Bovespa, mas com objetivos e plano de ação diferentes. Procura proporcionar operações de compra e venda de algumas mercadorias, principalmente agrícolas e pecuárias, chamadas de "commodities". Essas mercadorias são principalmente grãos, como soja, milho, café; incluem-se também boi em pé, suínos e frangos Ultimamente, evoluiu muito a venda de ouro. A BM&F também negocia ações e títulos.

A característica primordial da atuação da BM&F é a realização de negócios a serem aperfeiçoados no futuro. Assim, muitos compram mercadorias sem ter dinheiro, para pagar futuramente, enquanto outros vendem mercadorias sem tê-las, para produzir futuramente. Por exemplo, neste início do século XXI, muitos produtores de laranja estão vendendo suas safras a bom preço, com boa aceitação. O pagamento pode ser feito em prestação ou na entrega do suco. Com sua safra já vendida, o produtor fica motivado a produzir mais, uma vez que está seguro de que sua safra não ficará encalhada. Esta situação observou-se porque o inverno nos EUA prolonga-se e prejudica a colheita de laranjas na Flórida, devendo, por isso, faltar o suco no país.

Como se vê, nas operações de "futuros", há muita especulação, que é da essência desse tipo de operação. Trata-se, porém, de especulação calculada e cientificamente prevista e administrada. Para tanto, procura manter a BM&F intenso e extenso programa de informações sobre as tendências futuras, a safra e o abate planejado e os possíveis preços das "commodities".

As principais características do mercado de futuros resultam da análise da definição da natureza dos contratos nele operados. O contrato de "futuros" é um compromisso legalmente exigível de entregar ou receber uma determinada quantidade ou qualidade de uma "commoditie" a um preço combinado no recinto de negociações da Bolsa, no momento em que o contrato for executado. O vendedor assume a obrigação de entregar a mercadoria em algum momento durante um específico mês de entrega futuro. A entrega feita para saldar um contrato de futuros com uma "commoditie" de qualidade superior ou inferior pode ser aceita como um prêmio ou um desconto sobre o preço acertado.

O "contrato de futuros" é considerado criação brasileira hodierna e, às vezes, apontado como ilegal, por vincular-se à especulação e subordinar-se a uma "álea", à sorte. Contudo, seus fundamentos já tinham sido estabelecidos no direito romano e ele está previsto em nosso Código Civil. Na antiga Roma, era permitida a venda de coisas ainda por existir, a "venditio sine re". Gaio expôs um contrato verbal unilateral, consistente numa obrigação de dar ou fazer, estabelecido entre o "réus promittendi", um futuro devedor e o "réus stipulandi", um futuro credor. Esse contrato conhecido como "stipulatio" estabelecia uma obrigação futura.

Nosso Código Civil, nos arts. 458 a 461, estabelece normas sobre os "contratos aleatórios", que, como o próprio nome indica, baseiam-se na "álea", na sorte, nas circunstâncias futuras, no risco. Aliás, o art.1118 tutela o contrato de futuros ao estabelecer "se o contrato for aleatório, por dizer respeito a coisas futuras".

A BM&F é a intermediária nesse tipo de contrato. Engaja-se na aceitação ou repasses de ordens para compra ou a venda de "commodities" para entrega a futuro em bolsa autorizada, segundo as regras desta instituição. É mais complexa e sofisticada sua função: junto com a aceitação ou o repasse das ordens, recebe somas em dinheiro, títulos de crédito, bens reais, ou abre crédito para margear, garantir ou assegurar todos os negócios ou contratos que resultam, ou possam resultar daquelas ordens.

O Estatuto da BM&F foi baseado no da BOVESPA, porém, é flagrante a diferença de objetivos de ambas as instituições: a BM&F objetiva mais a negociação de "commodities" e não de valores mobiliários, e suas operações se realizam no tempo e não no espaço.

Bolsa de mercadorias

Bem antiga, criada em 1917 por empresários paulistas, a BMSP – Bolsa de Mercadorias de São Paulo, a primeira do Brasil nesse gênero, tem as características das outras duas, mas com algumas peculiaridades. É uma "praça de comércio", ou seja, um local em que se reúnem produtores de mercadorias (geralmente grãos), a fim de estabelecer negócios de compra e venda da produção agrícola. A maior parte dessas mercadorias são as chamadas "commodities" na BM&F. Contudo, a função primordial da Bolsa de Mercadorias é colocar à venda mercadorias já existentes, e negociar à vista, isto é, realiza vendas físicas de mercadorias.

A Bolsa de Mercadorias não promove simplesmente a aproximação entre vendedores e compradores. Mantém órgãos técnicos, que analisam as mercadorias, classificando-as, de tal maneira que o comprador pode examinar amostras com as especificações da "res" e seus padrões de qualidade.

Os conflitos referentes aos contratos de bolsa entre os membros da Bolsa de Mercadorias são resolvidos por tribunal arbitral organizado pela própria Bolsa. Os membros da entidade deverão adquirir título de valor uniforme, assumindo, então, a posição de sócios. Aliás, em todas as bolsas, as divergências entre os membros são resolvidos por tribunal arbitral da própria bolsa.

Ultimamente, porém, a Bolsa de Mercadorias vem apresentando maior flexibilidade e dinamismo. Já adota o mercado a termo de mercadorias e o contrato de futuros. Aliás, modernamente, a Bolsa promove vendas de quatro tipos de contratos: à vista, a termo, de opções e de futuros. Ampliou a gama de produtos com que trabalha, incluindo carne, boi em pé, frango, ouro e títulos de crédito.

Bolsa de cereais

É semelhante à anterior, mas, como o nome indica, opera só com cereais, sendo seu âmbito mais estrito. Não comercializa ouro, boi, frango ou suco de laranja. Por operar com número mais reduzido e mais especificado de produtos, tais como milho, arroz, soja, café e feijão, a Bolsa de Cereais realiza serviços mais técnicos e precisos. Por enquanto, permanece em sua forma tradicional de operar, colocando à venda por meio de oferta de leilão as mercadorias já existentes e analisadas em seus laboratórios.

9. NOME EMPRESARIAL

9.1. Conceito
9.2. Firma
9.3. Firma individual
9.4. Firma social
9.5. Denominação
9.6. Proteção ao nome empresarial
9.7. Princípios informadores do nome empresarial
9.8. Comentários sobre as disposições do Código Civil
9.9. Título de estabelecimento
9.10. Expressão ou sinal de propaganda

9.1. Conceito

Em certos aspectos, a pessoa jurídica tem alguma semelhança com a pessoa física: tem nome, nacionalidade e domicílio; registra-se perante órgão de registro público com as características diferenciadoras.

Assim, toda empresa, seja o empresário, a sociedade empresária ou a sociedade simples, ao registrar-se perante o órgão público competente, registra também o nome para o exercício da empresa, vale dizer, o nome sob o qual exercerá sua atividade e se obrigará nos atos a ela pertinentes. É o principal elemento de identificação da empresa: assim será ela conhecida e identificada.

O nome empresarial é um bem de natureza intelectual, objeto de estudo do Direito da Propriedade Industrial. Foi cuidado, entretanto, não pela Lei de Patentes, mas pela Lei do Registro Público de Empresas Mercantis e Atividades Afins. De forma mais precisa e pormenorizada, foi tratada pela Instrução Normativa 53/96, do DNRC – Departamento Nacional de Registro do Comércio. Essa legislação antecedeu o que o novo Código Civil veio depois a dispor sobre o nome empresarial. Essa questão foi cuidada nos arts.1156 a 1169 do Código Civil, cujas disposições amoldam-se ao moderno Direito Empresarial.

O nome empresarial é elemento de identificação da empresa, mas identificação direta. É, portanto, o principal deles. Há, entretanto, outros elementos de identificação da empresa a serem vistos posteriormente, mas são elementos indiretos.

São diversos os empregos do nome empresarial, de acordo com o tipo de empresa que o adota, razão por que existem três tipos de nome empresarial:

- FIRMA INDIVIDUAL (ou RAZÃO INDIVIDUAL);
- FIRMA SOCIAL (ou RAZÃO SOCIAL);
- DENOMINAÇÃO (ou DENOMINAÇÃO SOCIAL).

9.2. Firma

É conveniente esclarecer, para por termo à confusão reinante, que a palavra "firma" não é sinônima de "empresa", como freqüentemente é utilizada. Firma é a assinatura; o nome com que a empresa assina seus documentos e usa nas suas operações.

O uso da firma, ou seja, a assinatura com o nome da empresa ocorre em dois casos: a "firma individual", também chamada "razão individual" e "a firma social", também chamada de "razão social". A firma individual é a firma utilizada pelo empresário, e a firma social é usada pela sociedade empresária e pela sociedade simples.

9.3. Firma individual

É a firma adotada pelo empresário mercantil individual, ou seja, uma pessoa natural, um indivíduo que se registra na Junta Comercial. Por exemplo, João Batista de Andrade Pontes registra-se na Junta Comercial como empresa individual. Sua firma, com que assinará, será igual ao seu nome próprio, ou poderá também abreviar para J. B. Andrade Pontes, para distinguir a pessoa física da jurídica, isto é, da firma.

Em nossa opinião, a despeito da idéia contrária de vários juristas, na razão individual situa-se uma pessoa jurídica e não física, apesar de ser um só indivíduo.

Assim, se João Batista de Andrade Pontes compra mercadorias por atacado para revendê-las a varejo, no exercício de sua atividade empresarial, está praticando ato empresarial; estará agindo como empresário; é a pessoa jurídica. Como pessoa jurídica, ele está registrado na Junta Comercial. A duplicata originada dessa compra será sacada contra sua firma, contra a pessoa jurídica, vale dizer, contra a empresa.

Quando o nome for muito comum, é conveniente adicionar o ramo de atividade do empresário individual ou qualquer designação mais precisa de sua pessoa. Por exemplo: João da Silva-tecidos, João da Silva-automóveis.

Importa ressaltar que o empresário mercantil individual só poderá adotar como firma o seu próprio nome, aditado, se quiser, ou quando já existir o nome empresarial idêntico, de designação mais precisa de sua pessoa ou de sua atividade, distinguindo-o dos demais. É a manifestação do princípio da veracidade.

Convém ainda dizer que o nome da empresa mercantil individual não pode ser objeto de alienação, vale dizer, não pode ser objeto de transação: ser vendido, alugado, dado, etc. É um bem inalienável, embora possa haver várias pessoas com o mesmo nome; pessoas físicas, mas não jurídicas.

Entretanto, o parágrafo único do art. 1164 abre uma brecha: o adquirente do estabelecimento, por ato entre vivos, pode, se o contrato permitir, usar o nome do alienante, precedido do seu próprio, com a qualificação do seu antecessor. Assim, por exemplo: falece João Batista de Andrade Pontes, deixando como sucessor seu filho, Adriano Pontes. O nome da empresa terá que ser mudado para "Adriano Pontes", podendo, contudo, adicionar: "sucessor de João Batista de Andrade Pontes". Esse direito é natural. Todavia, esse dispositivo legal vai além desse direito de sucessão: concede esse direito a quem adquirir a empresa individual por ato "entre vivos". Por exemplo, esse estabelecimento se for adquirido por Rubens Prestes, deverá ter o novo nome: Rubens Prestes, mas poderá ser adicionado no nome: "sucessor de João Batista de Andrade Pontes". Necessário, entretanto, que o contrato de transferência do estabelecimento contenha cláusula autorizando essa inclusão.

Havendo modificação do nome do titular da firma individual, averbada no competente Registro Civil das Pessoas Naturais, deverá ser arquivada alteração para ter nome do indivíduo componente da empresa, e também, modificado o nome empresarial, uma vez que o nome da empresa individual deve ser o nome do componente.

9.4. Firma social

A razão social é outro caso do emprego de firma, mas é adotado por empresa coletiva, ou seja, por uma sociedade. É o nome empresarial com que a empresa assina documentos por qualquer que for dos seus sócios; é com esse nome que a empresa exerce sua atividade. É utilizado por vários modelos de empresas, conforme for o tipo societário delas:

SOCIEDADE EM NOME COLETIVO

É obrigatório para esse tipo de sociedade o uso da firma. Ela não pode ter denominação. Trata-se de sociedade em que há sócios de responsabilidade ilimitada e solidária. Na sociedade em que houver sócios de responsabilidade ilimitada operará sob firma, na qual somente os nomes daqueles poderão figurar, bastando para formá-la aditar ao nome de um deles a expressão "e companhia" ou sua abreviatura. Ficam solidária e ilimitadamente responsáveis pelas obrigações contraídas sob a firma social aqueles que, por seus nomes, figurarem na firma dessa sociedade.

A sociedade em nome coletivo está regulamentada pelos arts.1039 a 1044 do novo Código Civil. O nome dessa empresa não pode ser imaginário ou de fantasia; sempre terá o nome dos sócios ou de um dos sócios. Serão eles unidos pelo "e comercial", um S virado ao contrário: &.

Vamos examinar alguns exemplos. Quando houver apenas dois sócios, o nome deles deverá constar no nome empresarial unidos pelo &; digamos que uma sociedade em nome coletivo seja constituída por dois sócios: João Machado e Mário Marino: deverá essa empresa chamar-se de várias formas:

João Machado & Marino – João Machado e Mário Marino – João Machado & Cia. – Mário Marino & Machado – Marino & Cia. (ou Marino e companhia) – Machado & Marino.

Se a firma ou razão social for idêntica à de outra empresa já registrada, deverá ser modificada ou acrescida de designação que a distinga.

Como será a firma dessa empresa? O João Machado, ao apor sua assinatura num documento não será sua assinatura pessoal, mas assinará Machado & Marino. O Mário Marino fará a mesma coisa: assinará Machado & Marino. E como se saberá quem assinou? Pelos caracteres gráficos da assinatura, mas pouco importa saber quem assinou, porquanto a assinatura de um deles implica a responsabilidade do outro, isto é, a assinatura de um deles acarretará a responsabilidade da empresa e de seus dois sócios.

SOCIEDADE LIMITADA

Não é só a sociedade em nome coletivo que adota firma, embora nesta adoção seja obrigatória para ela e, para outras, facultativa. A sociedade limitada, a mais comum entre nós, regulamentada pelo Código Civil nos arts.1052 a 1087, pode adotar firma, mas é bem raro isso acontecer. A sociedade limitada adota a denominação, de forma preponderante.

Se ela adotar firma, os critérios serão os mesmos: o nome empresarial deverá ser formado pelo nome de um ou mais sócios, desde que pessoas físicas, de modo indicativo da relação social. Neste nome deverá constar a palavra final "limitada", ou abreviada (Ltda.). Exemplos: Machado & Cia. Ltda., João Machado & Mário Marino Ltda.

SOCIEDADE EM COMANDITA POR AÇÕES

Esse tipo de sociedade pode adotar ou firma ou denominação. Se adotar firma, seguira os critérios já expostos. Se for denominação, seguirá os critérios a seguir descritos. No nome empresarial deverá constar o termo "comandita por ações".

9.5. Denominação

O terceiro tipo de nome de empresa é a denominação. Trata-se da adoção de nome próprio para a empresa coletiva. Não é firma, pois não pode constituir assinatura. Esse tipo de sociedade assinará seus compromissos colocando sua denominação, usando um carimbo ou datilografando o seu. É o que acontece com as S/A. São exemplos de denominação:

Cia. Nacional de Estamparia

Química Industrial Fidalga S/A

S/A Tecidos Pereira Sobrinho.

As sociedades limitadas podem adotar razão social, mas é muito rara essa adoção; adotam quase sempre a denominação. É obrigatório constar na denominação a expressão "Limitada", por extenso ou de forma abreviada (Ltda.). Exemplos:

Industrial Sampaio Ltda.

Indústria de Roupas Til Limitada.

Embora o nome empresarial (ou nome de empresa) seja um bem empresarial, de caráter intelectual, a tutela jurídica dele não se faz pela Lei de Patentes, mas pela Lei do Registro Público das Empresas Mercantis e Atividades Afins. O nome da empresa não precisa ser registrado no INPI – Instituto Nacional da Propriedade Industrial, mas na Junta Comercial, cujo registro lhe garante exclusividade do uso no nome registrado. A sociedade anônima, por exemplo, só pode operar sob denominação designativa de seu objeto social, integrada pelas expressões "sociedade anônima" ou "companhia", por extenso ou abreviadamente. Pode constar da denominação o nome do fundador, acionista, ou pessoa que haja concorrido para o bom êxito da formação da empresa.

A denominação social é formada com palavras de uso comum ou vulgar na língua nacional ou estrangeira ou com expressões de fantasia, facultando-se a indicação do objeto da sociedade mercantil. A inclusão de nome próprio de pessoas em denominação social será tratada como expressão de fantasia e pressupõe, até prova em contrário, específica autorização de seu titular ou de seus herdeiros. Exemplos:

Metalúrgica Paulo Domingues S/A;

S/A Industrias Reunidas Joaquim Duarte.

Outro tipo de empresa que só pode adotar denominação á sociedade cooperativa, cujo nome indicará o objeto social, e conterá as expressões "cooperativa".

9.6. Proteção ao nome empresarial

O nome empresarial é um bem intelectual e faz parte do patrimônio da empresa. É, por isso, um bem tutelado pelo direito. E essa tutela se faz pelo registro da empresa na Junta Comercial, quando se registra também o nome. A inscrição da empresa, quer do empresário, quer da sociedade empresária e respectivas averbações no registro próprio competente, asseguram o uso exclusivo do nome empresarial nos limites do respectivo Estado. Este uso estender-se-á a todo o território nacional, se registrado de forma especial. Essa exclusividade é também garantida à sociedade simples (ou sociedade civil), quando ela se registrar no Cartório de Registro Civil de Pessoas Jurídicas.

A proteção ao nome empresarial decorre, automaticamente, do arquivamento do ato constitutivo da empresa, individual ou coletiva (empresário ou sociedade empresária), bem como de específica alteração nesse sentido, e circunscreve-se à unidade federativa de jurisdição da Junta Comercial que o tiver procedido.

Essa proteção na jurisdição de outra Junta Comercial decorre, automaticamente, de abertura de filial nela registrada ou do arquivamento de pedido específico, instruído com certidão da Junta Comercial da unidade federativa, em que se localiza a sede da empresa interessada. Conforme foi dito alhures, a filial não poderá ser registrada em outro Estado se nele estiver registrada empresa com nome idêntico ou semelhante.

Arquivado o pedido de proteção ao nome de empresa, deverá ser expedida comunicação do fato à Junta Comercial da unidade federativa em que estiver localizada a empresa. Tais disposições foram introduzidas pela Instrução Normativa 53, de 06/03/96, do DNRC – Departamento Nacional do Registro do Comércio.

Estando registrada a empresa, fica registrado automaticamente seu nome; ninguém poderá usurpá-lo. Vários mecanismos são oferecidos ao titular do nome empresarial, em caso de uso dele por terceiros. Cabe ao prejudicado, a qualquer tempo, ação para anular a inscrição do nome empresarial feita com violação da lei ou do contrato social da empresa detentora dos direitos de uso exclusivo do nome.

Há algumas restrições aos nomes empresariais registráveis. Não são registráveis os nomes empresariais que incluam ou reproduzam, em sua composição, siglas ou denominações de órgãos públicos da administração indireta ou direta e de organismos internacionais. É o caso de BANCO CENTRAL, SABESP, CADE, FEBEM, ONU, MERCOSUL, CRUZ VERMELHA.

Não poderá o nome empresarial conter palavras ou expressões que sejam atentatórias contra a moral e os bons costumes, contra a ordem pública. Ou então, que ofendam sentimentos humanos e religiosos, como "Motel Nossa Senhora Aparecida", "Indústria de Preservativos Virgem Maria".

Há casos discutíveis de registro, mas que, sendo registrados, não são exclusivos, para fins de proteção: palavras ou expressões que denotem denominações genéricas de atividades, gênero, espécie, natureza, lugar ou procedência, termos técnicos, científicos, literários, artísticos do vernáculo nacional ou estrangeiro, assim como outros de uso comum ou vulgar. Também os nomes civis, como Carlos Gomes, D. Pedro I, João Bandeira, José Farias, etc. (veja-se o exemplo de Casas José Silva). Se fosse dada exclusividade para uso de nomes próprios, seria o tolhimento da liberdade para os homônimos, que não poderiam registrar-se como empresário individual.

Cabe ao prejudicado, a qualquer tempo, ação para anular a inscrição do nome empresarial feita com violação da lei ou do contrato.

9.7. Princípios informadores do nome empresarial

O nome empresarial atenderá aos princípios da veracidade e da novidade e identificará, quando a lei assim o exigir, o tipo jurídico da empresa, mormente o modelo societário. São os princípios da VERACIDADE e da NOVIDADE.

PRINCÍPIO DA VERACIDADE

Segundo o princípio da veracidade, a sociedade mercantil não pode camuflar em seu nome atividade enganosa. O nome empresarial não poderá conter palavras ou expressões que denotem atividade não prevista no objeto social da empresa. Por exemplo: a empresa "Caravela Indústria de Tecidos Ltda". Não poderá ter esse nome, se no seu contrato social não constar "confecções" como seu objeto social, mas apenas "tecidos".

Por esse princípio, o nome empresarial revelará o tipo de empresa, estruturada segundo as normas do Direito Societário. A empresa pode ser de duas espécies: individual e coletiva. Esta divisão já fora prevista desde 1943 pelo art. 2º da CLT, cuja transcrição torna-se muito útil, tendo em vista o longo alcance doutrinário perante o Direito Empresarial. Ao definir o empregador, diz esse artigo:

"Considera-se empregador a empresa individual ou coletiva, que, assumindo os riscos da atividade econômica, admite, assalaria e dirige a prestação pessoal de serviços".

Por outro lado, o Direito Societário, o ramo do Direito Empresarial que examina a estrutura jurídica das empresas, prescreve vários modelos societários, que poderão ser adotados por uma empresa coletiva no Brasil: sociedade limitada, sociedade simples, sociedade anônima, sociedade em comandita simples, sociedade em comandita por ações. Dentro do princípio de veracidade, o nome empresarial, tanto com firma como com denominação, indicará a estrutura jurídica da empresa e conseqüente responsabilidade dos sócios.

No âmbito do princípio da veracidade, o nome de sócio que vier a falecer, for excluído ou se retirar, não pode ser conservado na firma social. Destarte, se na empresa "Souza, Faria e Fernandes", houver o falecimento do Faria, seu nome terá que sair do nome empresarial, pois daria falsa impressão.

PRINCÍPIO DA NOVIDADE

Falemos agora sobre o princípio da NOVIDADE. Por esse princípio, o nome empresarial deve ser novo, isto é, sem registro na Junta Comercial. Se for sociedade simples, não poderá ter registro no Cartório de Registro Civil de Pessoas Jurídicas. Não poderão coexistir, na mesma unidade federativa, dois nomes empresariais idênticos ou semelhantes. Idênticos se os nomes forem homógrafos, vale dizer, com a mesma grafia. Semelhantes são os nomes com a mesma grafia, mas com pronúncia diferente: são homófonos e não homógrafos. É o exemplo de "cowboy" e "calbói".

Não pode haver nomes idênticos ou semelhantes na mesma "unidade federativa", vale dizer, no mesmo Estado. A inscrição do empresário, ou dos atos constitutivos das pessoas jurídicas, ou as respectivas averbações, no registro próprio, asseguram o uso exclusivo do nome nos limites do respectivo Estado (art. 1166). O uso previsto no artigo retro citado estender-se-á a todo o território nacional, se for registrado na forma da lei especial. Não fica vedado a uma empresa do Rio Grande do Norte o mesmo nome de empresa do Rio Grande do Sul. Se, porém, uma delas mudar-se para o Estado da outra, terá que mudar seu nome.

9.8. Comentários sobre as disposições do Código Civil

A regulamentação jurídica do nome empresarial era antes muito falha e muito omissa, mas agora a situação reverteu-se graças ao novo Código Civil e algumas instruções normativas baixadas pelo DNRC – Departamento Nacional do Registro do Comércio, mormente a Instrução Normativa 53/96. É uma das inovações do novo código e provocará, em vista da novidade que esta regulamentação apresenta, muitos pontos de interesse e discussões. Por esta razão, apesar das análises doutrinárias que estamos fazendo, procuraremos analisar artigo por artigo o que nos ensina o novo Código Civil nos artigos 1155 a 1168, levando em conta o velho brocardo romano: "quod abundat non nocet".

Art.1155

"Considera-se nome empresarial a firma ou a denominação adotada, de conformidade com este Capítulo, para o exercício de empresa. Equipara-se ao nome empresarial, para os efeitos da proteção da lei a denominação das sociedades simples, associações e fundações".

Fala este artigo em "exercício de empresa" e não "exercício da empresa", por que adota o termo empresa no sentido de atividade. Aponta dois tipos de nome: a firma e a denominação, mas, doutrinariamente, podemos distinguir a firma individual da firma social. Note-se que o código fala só em denominação, para a sociedade simples, o que nos faz deduzir que ela não poderá adotar firma.

Art.1156

"O empresário opera sob firma constituída por seu nome completo ou abreviado, aditando-lhe, se quiser, designação mais precisa da sua pessoa ou do gênero de atividade".

Trata-se do empresário mercantil individual, o indivíduo que se registra na Junta Comercial isoladamente. Sua atividade só pode ser mercantil, ou seja, não poderá ele registrar-se no Cartório de Registro Civil de Pessoas Jurídicas. Não pode ele adotar denominação. Corresponde ao nome próprio. Por exemplo: Marco Túlio Cícero registra-se na Junta Comercial como empresa; o nome dessa empresa só pode ser Marco Túlio Cícero. Veja o que o ocorre: Marco Túlio Cícero é o nome do cidadão e o nome da empresa. A assinatura de ambos é a mesma. Como poderá haver homonímia, a empresa poderá adotar designação mais precisa da pessoa ou da atividade: Marco Túlio Cícero – empório geral.

Art.1157

"A sociedade em que houver sócios de responsabilidade ilimitada operará sob firma, na qual somente os nomes daqueles poderão figurar, bastando para formá-la aditar ao nome de um deles a expressão "e companhia" ou sua abreviatura.

Parágrafo único – Ficam solidária e ilimitadamente responsáveis pelas obrigações contraídas sob a firma social aqueles que por seus nomes, figurarem na firma da sociedade de que trata este artigo".

Fala-se neste artigo da sociedade empresária e não mais do empresário. Refere-se este artigo a uma espécie de sociedade empresária: a sociedade com sócios de responsabilidade ilimitada e solidária. São sociedades passíveis de possuir sócios de responsabilidade ilimitada: sociedade em nome coletivo – sociedade em comandita simples – sociedade em comandita por ações.

A sociedade em nome coletivo sempre adota firma; as outras eventualmente; esta firma é chamada de social, para distinguir-se da firma individual. Vejamos como se forma a firma desse modelo societário: Fernandes, Lima & Cia.

Art.1158

"Pode a sociedade limitada adotar firma ou denominação, integradas pela palavra final 'limitada' ou a sua abreviatura.

1º – a firma será composta com o nome de um ou mais sócios, desde que pessoas físicas, de modo indicativo da relação social.

2º – a designação deve designar o objeto da sociedade, sendo permitido nela figurar o nome de um ou mais sócios.

3º – A omissão da palavra "limitada" determina a responsabilidade solidária e ilimitada dos administradores que assim empregarem a firma ou a denominação da sociedade".

Este artigo trata de outro modelo societário: a sociedade limitada, regulamentada no Código Civil, nos arts.1058 a 1087. Ela pode adotar denominação ou firma. Não se conhece alguma que tenha adotado firma.

A formação do nome empresarial dessa sociedade segue o critério adotado para a sociedade em nome coletivo, mas deverá trazer no final a expressão "limitada", ou abreviada (Ltda.). Se for omitida essa palavra, então a responsabilidade dos sócios não será limitada, mas ilimitada e solidária.

Todavia, a quase totalidade das sociedades com esse modelo societário não adota firma, mas denominação. Também chamada "denominação social", a denominação é nome formado com palavras de uso comum ou vulgar da língua nacional ou estrangeira e/ou com expressões de fantasia, podendo ter inclusive nome de pessoas. Exemplos:

– Metalúgica Célio Moreira Ltda. – Distribuidora de Peças Pacaembu Ltda.

A assinatura da sociedade se faz apondo o nome empresarial, assinando embaixo o representante legal.

Diz, porém, o parágrafo segundo que a denominação deve designar o objeto da sociedade, o que raramente acontece. Doravante, o nome de uma sociedade deve indicar seu ramo de atividade, seu objeto social. Esse dispositivo é novidade trazida pelo novo código.

Art. 1159

"A sociedade cooperativa funciona sob denominação integrada pelo vocábulo "cooperativa".

A sociedade cooperativa é regulamentada pela Lei 5.764/71. Só pode ter denominação, não podendo ter firma, como acontece também com a S/A. Em seu nome deve constar sempre a palavra "cooperativa".

Art. 1160

"A sociedade anônima opera sob denominação designativa do objeto social, integrada pelas expressões 'sociedade anônima' ou 'companhia', por extenso ou abreviadamente.

Parágrafo único – Pode constar da denominação o nome do fundador, acionista, ou pessoa que haja concorrido para o bom êxito da formação da empresa".

A sociedade anônima é regulamentada pela Lei 6.404/76, conhecida como "Lei das S/A". Nela já constava essa exigência, de tal forma que o novo Código Civil não chegou a derrogar a Lei das S/A. O nome da S/A só pode ser denominação, nunca firma. A palavra "companhia" deve vir no começo e não no fim, como acontece com a sociedade em nome coletivo. É possível também trazer o nome de pessoa ligada a ela. Exemplos:

Cia. Brasileira de Cartuchos S/A – Cia. Paulista de Aniagem – Cia. Têxtil Jafet – Têxtil Jafet S/A – Estamparia Veiga Sociedade Anônima.

Inovação trazida pelo código foi a obrigatoriedade da designação do objeto social, exigência não observada anteriormente. Por exemplo: a empresa FORD DO BRASIL S/A, se fosse constituído nos termos do novo código, deveria fazer constar em seu nome, o ramo de atividade, como "indústria automobilística", "veículos e motores", "automóveis e caminhões". A palavra "companhia deve vir no começo e não no fim, como acontece com a sociedade em nome coletivo.

Art. 1161

"A sociedade em comandita por ações pode, em lugar de firma, adotar denominação designativa do objeto social, aditada da expressão "comandita por ações".

A sociedade em comandita por ações pode utilizar denominação ou firma, seguindo em ambos os casos a regra geral de formação do nome empresarial. Deverá, porém, constar de seu nome o ramo de atividade e a indicação de seu tipo societário: "comandita por ações". Esse modelo societário não teve qualquer acolhimento no Brasil e não se sabe de algum exemplo, mas está regulamentada pela lei e é uma opção a quem quiser dele fazer uso.

Art. 1162

"A sociedade em conta de participação não pode ter firma ou denominação".

A sociedade em conta de participação não pode ter nome, o que implica a impossibilidade de ser registrada na Junta Comercial. Aliás, a sociedade em conta de participação nem sequer tem personalidade jurídica. Quem se registra e exerce atividade empresarial é o sócio ostensivo, como diz o artigo 991.

Art. 1163

"O nome de empresário deve distinguir-se de qualquer outro já inscrito no mesmo registro.

Parágrafo único – Se o empresário tiver nome idêntico ao de outros já inscritos, deverá acrescentar designação que o distinga".

Quando o código fala "empresário", refere-se ao empresário mercantil individual, aquele que se registra na Junta Comercial para exercer atividade empresarial em nome próprio. Como se trata de nome pessoal, poderá haver homonímia. Os "empresários", porém, não poderão ser homônimos e a Junta Comercial recusar o registro de nova empresa com nome igual. Nesse caso, deverá ser incluída alguma designação que o distinga. Por exemplo: JOÃO SANTOS poderá abreviar o primeiro nome: J. SANTOS. A fórmula mais recomendada é adicionar o ramo de negócio: secos e molhados, peças automobilísticas, doces e biscoitos, confecções sob medida.

Art. 1164

"O nome empresarial não pode ser objeto de alienação.

Parágrafo único – O adquirente de estabelecimento, por ato entre vivos, pode, se o contrato o permitir, usar o nome do alienante, precedido do seu próprio, com a qualificação de sucessor".

Apesar de ser empresa, pessoa jurídica, o empresário está registrado com seu patronímico. O nome pessoal, o nome de família, é um bem inalienável, indisponível, intransferível. Se o titular de seus direitos e obrigações falecer, deve falecer com ele a empresa. Se ele não mais puder ou não quiser operar a empresa, deve fechá-la.

Art. 1165

"O nome de sócio que vier a falecer, for excluído ou se retirar, não pode ser conservado na firma social".

Refere-se este artigo apenas à firma não à denominação. A firma é formada pelo nome completo de um dos sócios e o nome dos demais sócios, completo ou só o sobrenome. Porém, os nomes só poderão ser os dos sócios, ou seja, não pode constar na firma o nome de quem não seja sócio, portanto, não mais poderá figurar na firma.

Art. 1166

"A inscrição do empresário, ou dos atos constitutivos das pessoas jurídicas, ou as respectivas averbações, no registro próprio, asseguram o uso exclusivo do nome nos limites do respectivo Estado.

Parágrafo único – O uso previsto neste artigo estender-se-á a todo o território nacional, se registrado na forma da lei especial".

Esta é uma medida de tutela de interesses protegidos pelo Direito da Propriedade Industrial. A proteção garante a exclusividade de uso do nome na circunscrição territorial da Junta Comercial. Esta, por sua vez, não poderá registrar outra empresa com nome idêntico, nem que possa causar confusão pela semelhança.

Assim, a empresa registrada na JUCESP – Junta Comercial de São Paulo terá seu nome reservado nessa jurisdição. Contudo, se a empresa tiver repercussão nacional e deseja preservar seu nome em todo o Brasil, deverá requerer registro especial, segundo as instruções baixadas pelo DNRC – Departamento Nacional de Registro do Comércio.

Art. 1167

"Cabe ao prejudicado, a qualquer tempo, ação para anular a inscrição do nome empresarial feita com violação da lei ou do contrato".

Abre muito este artigo o leque de pessoas que possam requerer a anulação do registro da empresa, se este for feito de forma irregular. Poderá ser qualquer pessoa prejudicada.

Art.1168

"A inscrição do nome empresarial será cancelada, a requerimento de qualquer interessado, quando cessar o exercício da atividade para que foi adotado, ou quando ultimar-se a liquidação da sociedade que o inscreveu".

Também abre o leque de pessoas a quem caberá a faculdade de requerer o cancelamento do registro a qualquer pessoa interessada, se essa empresa entrar em inatividade. Se a empresa inativa mantiver-se registrada na Junta Comercial, bloqueia um registro, reserva um nome e adquire direitos de forma indevida.

9.9. Título de estabelecimento

Impõe-se a distinção entre o nome empresarial (também chamado nome de empresário ou nome de empresa) e o título de estabelecimento, como se distingue na pessoa natural o nome e o apelido. Temos, como exemplo, Edson Arantes do Nascimento e Pelé.

O nome de empresa é a designação com que a empresa se registra no órgão público competente e em outros órgãos, com que assina seus documentos, com que se apresenta perante a comunidade e com que exerce suas atividades. O título de estabelecimento é designação com que o estabelecimento se torna conhecido perante a coletividade. É o estabelecimento que se apresenta, não a empresa. Vamos citar dois exemplos que se tornaram bem conhecidos:

Mappin – Casa Anglo Brasileira S/A.

Casas Pernambucanas - Estabelecimentos Arthur Lundgren de Tecidos S/A.

O título de estabelecimento tem flagrante valor mercadológico e econômico, constituindo componente do Fundo de Comércio (também chamado Estabelecimento) e também se integra no Aviamento e valoriza o ponto. Vejamos a seguinte situação: nos seus áureos tempos, a loja MAPPIN tinha colossal movimento e estava instalada no ponto central de São Paulo. Se uma loja qualquer se instala ao lado do MAPPIN, usando seu título de estabelecimento, fatalmente atrairia a clientela dele, graças a um fator não constitutivo do patrimônio intelectual de quem estiver usando esse título.

Outro aspecto que revela o grande valor mercadológico do título do estabelecimento: o MAPPIN deixou o local em que exerceu suas atividades por 80 anos e, em seu lugar, passou a funcionar outro estabelecimento com outro título, usufruindo a fama deixada pelo antecessor. Pode-se dizer até que o nome empresarial identifica a empresa e o título do estabelecimento o local em que a empresa se situa.

Para ilustrar mais essa consideração, podemos examinar outra hipótese parecida com a do MAPPIN, um exemplo bem conhecido. Há, no Estado de São Paulo, numerosas lojas com a designação de CASAS PERNAMBUCANAS. Todavia, poucos sabem que as Casas Pernambucanas são uma empresa com nome bem diferente. O movimento comercial dessa empresa está diretamente ligado ao título do estabelecimento e indiretamente ao nome de empresa; é o primeiro, porém, que tem valor mercadológico e econômico e serve de chamariz para a clientela. É por ele que o ponto de venda se torna conhecido.

Maior realce atingiu o título do estabelecimento nos últimos anos graças ao seu uso pelos bancos. Assim, o Banco Brasileiro de Descontos S/A adotou BRADESCO; A União de Bancos Brasileiros adotou UNIBANCO. Seguiram-se quase todos os demais, como SUDAMERIS.

A tutela legal do título de estabelecimento nunca foi muito precisa no tocante a ele, apesar do enorme valor patrimonial que ele possa ter para a empresa. A Lei de Patentes (Lei 9.279/96), não expôs a questão de forma explícita. Esta Lei, entretanto, lei básica do Direito da Propriedade Industrial, cataloga como crime o uso indevido do título de estabelecimento por outra pessoa que não seja a titular do direito de uso dele. Assim é que o Caítulo IV dá como título: "Dos crimes cometidos por meio de marca, título de estabelecimento e expressão ou sinal de propaganda". O primeiro artigo desse capítulo, o de número 191, assim especifica:

"Reproduzir ou imitar, de modo que possa induzir em erro ou confusão, armas, brasões ou distintivos oficiais nacionais, estrangeiros e internacionais, sem a necessária autorização, no todo ou em parte, em marca, título de estabelecimento, nome comercial, insígnia ou sinal de propaganda, ou usar essas reproduções ou imitações com fins econômicos".

Mais adiante, no art.195, ao falar dos crimes de concorrência desleal, afirma que comete crime de concorrência desleal, quem usa, indevidamente nome empresarial, título de estabelecimento ou insígnia alheios ou vende, expõe ou ofereça à venda ou tem em estoque produto com essas referências.

É, portanto, o título de estabelecimento, sinal distintivo da empresa, tutelado pela lei, mas de forma insegura. A Junta Comercial não o registra, mas apenas registra o nome empresarial. O novo Código Civil regulamenta o estabelecimento, mas não o título de estabelecimento. Embora a Lei de Patentes não fale sobre seu registro, o INPI – Instituto Nacional da Propriedade Industrial faz seu registro, o que constitui meio de proteção

9.10. Expressão ou sinal de propaganda

É mais uma forma de identificação da empresa. A expressão ou sinal de propaganda é chamariz para a marca, para a empresa ou para um ou mais produtos. Não deixa de ser elemento de identificação da empresa, porém identificação indireta. É uma palavra ou grupo de palavras, desenho ou símbolo, que penetre na mente dos consumidores, fazendo-os lembrar-se da empresa ou da marca pertencente a essa empresa. Por exemplo, é bem conhecida a música adotada por certa fornecedora de gás engarrafado, a "Pour Elise", que é tocada nos caminhões transportadores dos botijões. Ao ouvir essa música, o consumidor traz à sua mente a empresa fornecedora daquele produto, ou, então, o próprio produto.

Inúmeros são os exemplos de expressão ou sinal de propaganda, pois são divulgados insistentemente pelos órgãos de comunicação. Pode ser também uma música, denominada geralmente de "jingle". As músicas que ressaltam a Varig são bem conhecidas. Muitas dessas expressões ficaram famosas.

Pode ser desenho, logotipo, figura de bichos, emblema. É, nesses casos, também chamada de "insígnia". Em outros casos, há a conjugação de dois visuais: palavra e desenho; é o caso do emblema com a palavra Coca Cola. É mundialmente conhecido o coelhinho da Playboy e criou grande polêmica o jacarezinho verdade das camisas Lacoste.

O antigo e revogado Código da Propriedade Industrial dedicava louvável proteção a esse bem intelectual, mas a Lei de Patentes é bem sofrível em relação a ele. Ele dava boa definição, que pode ser levada doutrinariamente em consideração:

"Entende-se por expressão ou sinal de propaganda toda legenda, anúncio, reclame, palavra, combinação de palavras, desenho, gravuras, originais e característicos que se destinem a emprego como meio de recomendar quaisquer atividades lícitas, realçar qualidade de produtos, mercadorias ou serviços, ou a atrair a atenção dos consumidores ou usuários".

Da mesma maneira que as marcas, há certas restrições para a adoção de algumas expressões de propaganda. Não são permitidas palavras ou combinações de palavras ou frases exclusivamente descritivas das qualidades dos artigos ou atividades. Exemplos: Whisky Old Eight, "feito com puro malte escocês", DDDRIN, "completo sistema de combate aos insetos".

Pelo princípio da novidade, não é possível reservar direitos para frases já conhecidas, ou que não apresentem características de novidade. Também é o caso de símbolos e expressões públicos, como "Non ducor, duco", "Pro Brasília fiant eximinia", "Ordem e Progresso".

Como acontece com outros direitos de propriedade intelectual, não podem conferir direitos de exclusividade de uso, sinais de propaganda que contenham alusões ou ofensas pessoais, atentem contra idéias, religião ou sentimentos. Da mesma forma, frases que provoquem confusão. Será o exemplo: "Caninha Tatuzinho, a preferida da Marta Suplicy".

Segundo se vê nas "Paginas Amarelas", na propaganda dos jornais, em folhetos, na televisão e outros órgãos de comunicação, pode-se notar muitas expressões de propaganda, algumas das quais se tornaram famosas, ainda que não mais usadas:

Toma xarope São João e tussa se for capaz;

O mundo gira e a Lusitana roda;

As camisas da Casa Kosmos não enrugam, as camisas da Casa Kosmos duram anos;

Lojas Marabrás – preço melhor ninguém faz;

Brastemp – seja autêntico!;

Banco Itaú – feito para você;
Bradesco – completo;
Antártica – preferência nacional;
Coca Cola é isso aí;
Varig – a pioneira;
A Kaiser é uma grande cerveja;
Casas Bahia – dedicação total a você;
Sai dessa, toma uma Skol.

10. ELEMENTOS DO EXERCÍCIO DA EMPRESA

10.1. Direito da Propriedade Industrial
10.2. Estabelecimento (ou Fundo de Comércio)
10.3. Caráter instrumental do estabelecimento
10.4. Natureza jurídica do estabelecimento
10.5. Elementos do estabelecimento: invenção, modelo de utilidade, desenho industrial, marcas
10.6. A teoria do estabelecimento no novo Código Civil

10.1. Direito da Propriedade Industrial

O Direito da Propriedade Industrial é um dos dez ramos do Direito Empresarial já enumerados, e, nos últimos anos, a importância desse direito tem se realçado, principalmente em vista de sua aplicação no campo internacional. No plano internacional, o Direito da Propriedade Industrial é regulamentado pela Convenção da União de Paris, de 1883, renovada pela Convenção de Estocolmo de 1967. A Convenção de Estocolmo sobre a Propriedade Intelectual transformou-se em lei brasileira ao ser promulgada pelo Dec. 75.572/75. A aplicação das normas estabelecidas por essas convenções é acompanhada por um órgão internacional, sediado em Paris, a WIPO – World Intellectual Property Organization.

Integra-se também no direito brasileiro uma importante convenção internacional, realizada na cidade de Marraqueche (Marrocos), que transformou uma organização internacional muito poderosa, chamada GATT – General Agreement on Tariffs and Trade, na OMC – Organização Mundial do Comércio. Essa convenção internacional foi transformada imediatamente em lei nacional, graças ao Decreto Legislativo nº 30 e foi promulgada pelo Decreto 1.335.

Essa convenção estabeleceu vários acordos nela integrados, entre os quais um denominando TRIPS. O TRIPS é um verdadeiro código de normas sobre o Direito da Propriedade Industrial a ser observado no campo internacional. Essas normas, porém, entraram no direito interno dos países membros da OMC sob tremenda pressão internacional, mormente dos EUA, resultando na nossa nova Lei de Patentes.

Sob o aspecto legislativo, o Direito da Propriedade Industrial no Brasil consta da lei básica, a Lei 9.279/96, chamada de Lei de Patentes. Convive ela com várias outras leis, mormente normas emanadas do INPI, órgão federal encarregado de controlar a questão, efetuar registros e conceder as patentes.

O Direito da Propriedade Industrial contempla a propriedade industrial, ou seja, os valores incorpóreos, as criações intelectuais da empresa, muito deles de valor ponderável, outros de valor imponderável, embora se possa medir os efeitos. Poderemos compreender melhor esse ramo do Direito Empresarial, apontando os temas primordiais por ele cuidados:

- Elementos de identificação da empresa: nome empresarial (denominação, firma individual, firma social), título do estabelecimento expressão ou sinal de propaganda.
- Elementos do exercício da empresa: estabelecimento (fundo de comércio), invenção, modelo de utilidade, desenho industrial).
- Atributos do estabelecimento: aviamento (tecnologia de organização, "know-how", "engeneering", organização empresarial), ponto e clientela.
- Concorrência desleal e abuso do poder econômico pela empresa.
- Crimes contra a propriedade industrial.
- Relacionamento da empresa com sua clientela e conquista do mercado.
- (mercadologia).

10.2. Estabelecimento (ou Fundo de Comércio)

A moderna empresa não é apenas a sociedade mercantil ou o empresário individual que se estrutura e se organiza de acordo com a lei, registrando-se devidamente na Junta Comercial. Ao lado do aspecto burocrático da organização de uma empresa, esta assume um aspecto jurídico, econômico e político no mercado de produção e consumo de bens ou serviços.

A empresa tem um local em que exerce suas operações e é conhecida; tem um nome que a identifica, um sistema de organização funcional, um determinado tipo de direção. Sob o ponto de vista do mercado, tem uma clientela costumeira.

Mesmo sendo uma microempresa, como um bar, uma sorveteria, uma oficina de consertos, uma farmácia, terá um complexo de bens corpóreos, mas principalmente incorpóreos, que lhe asseguram a sobrevivência Há no movimento operacional de uma empresa a formação de uma estrutura, na qual se integram elementos de natureza material e não material, a que o Direito Empresarial chama de "estabelecimento" ou fundo de comércio. O estabelecimento é o conjunto de direitos e bens mobiliários, tais como o nome empresarial, o cliente, o local em que a empresa se encontra, a confiança dos fornecedores e os bens catalogados no patrimônio intelectual da empresa, como marcas, patentes, expressão ou sinal de propaganda, desenho industrial, nome dos produtos e ainda outros.

É o fruto do trabalho continuado da empresa, que pouco a pouco conseguiu formar seu renome e o do seu estabelecimento, formando um valor econômico suscetível de ser transmitido a terceiros. O estabelecimento é o aparelhamento da empresa para o exercício de suas atividades operacionais.

A expressão "fundo de comércio" foi introduzida em nossa legislação pela chamada Lei de Luvas, o Decreto 24.150/34, transplantada do direito francês, ao regulamentar a renovação do contrato de locação empresarial. O termo "estabelecimento" foi adicionado à nossa legislação pelo novo Código Civil, no capítulo referente à empresa, ficando assim com a nossa preferência. Entretanto, o Decreto 25.150/34 já tinha sido revogado pela Lei do Inquilinato, ainda em vigor em 1998, que conservou a expressão "fundo de comércio".

A teoria do estabelecimento ingressa finalmente em nosso direito, graças ao novo Código Civil, nos arts. 1142 a 1149. Faremos então análise de cada um desses artigos no final deste capítulo.

10.3. Caráter instrumental do estabelecimento

Encontramos um conceito de estabelecimento no art. 2.555 do Código Civil italiano, no qual iremos nos basear, com o nome de "azienda" adotado também por alguns brasileiros, como o saudoso comercialista, Prof. Oscar Barreto Filho:

Azienda é il complesso dei beni organizzatti dall'imprenditore per l'esercizio dell'impresa.	Estabelecimento é o complexo dos bens organizados pela empresa para o exercício de suas atividades.

Essa mesma definição foi adotada pelo art. 1142 de nosso novo Código Civil. Conceito mais ou menos idêntico foi adotado pelo Código Comercial francês, o chamado Código Napoleão, embora adotando o nome de fundo de comércio:

> "O fundo de comércio pode ser definido como um conjunto de elementos corpóreos (materiais, ferramentas, mercadorias) e de elementos incorpóreos (direitos de alugar, nome, insígnia) pertencente a um co-

merciante ou industrial; esses elementos são reunidos com vistas à conquista de uma clientela; há nisso uma entidade jurídica distinta dos elementos que compõem o fundo de comércio".

O estabelecimento resulta de uma pluralidade de bens heterogêneos, móveis, materiais e imateriais. Todos esses bens são destinados a um escopo produtivo e encontram nesse objetivo sua agregação econômica. O art. 2.555 do Código Civil italiano, bem como o Código Comercial francês, apontam o estabelecimento como um conjunto, um complexo de bens, mas são eles combinados entre si, conservando sua individualidade. Todavia, é a destinação desses bens que o faz adquirir uma unidade. A congregação desses bens, sua unidade, é emitentemente funcional; decorre do fato de serem eles unificados pela sua destinação econômica, como instrumento da atividade da empresa.

É, pois, o estabelecimento, um instrumento da empresa; tem uma função jurídica decorrente da empresa; sem empresa não há estabelecimento, da qual constitui um instrumento. A atividade da empresa realiza-se mediante a combinação de bens em função de um escopo produtivo; como o elemento teleológico assume relevância para a noção jurídica da empresa, o elemento funcional assume idêntica relevância para o estabelecimento.

O aspecto mais sutil do estabelecimento é a dificuldade de se fixar a relação entre o complexo de bens, o patrimônio unitário, e os elementos individuais, ou seja, precisar até que ponto a unidade da função absorve a pluralidade de elementos constituintes do estabelecimento. A teoria jurídica do estabelecimento assenta-se no sobrevalor que ele assume. Entretanto, os bens individualizados têm, cada um, o seu valor, e estão lançados no balanço da empresa, como os móveis, produtos destinados à venda e outros bens materiais. Como se poderia lançar no balanço de uma empresa o valor do estabelecimento, se este tem já o valor de cada bem que o constitui, individualmente lançados?

Questão bem importante do estabelecimento é a de que ele pode ser transferido, a título gratuito ou oneroso; não só pode ser cedido, como também pode ser alugado. O aluguel do estabelecimento está previsto em nossa Lei do Inquilinato. A transferência do estabelecimento a título gratuito ou oneroso encontra referências na CLT – Consolidação das Leis do Trabalho e no CTN – Código Tributário Nacional. Assim, pelo art. 133 do CTN, quem adquirir o estabelecimento de uma empresa responsabiliza-se pelo pagamento dos débitos fiscais, devidos até a data de transferência. Se a empresa que alienar seu estabelecimento encerrar-se, o adquirente assume integral obrigação das responsabilidades fiscais; se a empresa alienante continuar suas atividades, assumirá subsidiariamente essa responsabilidade, junto com o adquirente.

O mesmo acontece com os empregados de uma empresa, se esta vende seu estabelecimento, segundo o art. 448 da CLT. Ao transferir o estabelecimento, a empresa alienante também transfere as relações trabalhistas, pois o pessoal de uma empresa faz parte de seu estabelecimento. É bom ressaltar que a empresa alienante não transfere individualmente os bens que constituem o estabelecimento, vale dizer, os elementos individuais que o compõem. Se assim fosse, o estabelecimento teria sido dissolvido. Estamos falando, pois, da transferência do estabelecimento como uma unidade funcional, um complexo de bens, a pluralidade. Há, pois, uma sucessão na transferência do estabelecimento, pois o sucessor fica também com as responsabilidades inerentes ao estabelecimento. Se não ocorresse dessa forma, poderia haver fraude: transfere-se o estabelecimento e ficariam no ar as responsabilidades. O mesmo critério é adotado no direito francês e pelo Código Civil italiano, como se vê no art. 2.558:

> "Se não for pactuado de forma diferente, o adquirente do estabelecimento sub-roga-se nos contratos estipulados para o exercício do próprio estabelecimento, que não tenham caráter pessoal. O terceiro contraente pode todavia rescindir o contrato, no prazo de três meses da notícia da transferência, se subsistir justa causa, salvo neste caso, a responsabilidade do alienante".

Vimos, pois, que o estabelecimento como uma unidade funcional poderá ser alienado, como poderão ser alienados, em separado, os bens individuais que o formam. Além de poder ser transferido ou alugado, pode ainda ser estabelecido o usufruto sobre o estabelecimento. Por exemplo: o proprietário de um imóvel que mantinha uma padaria poderá alugar esse imóvel juntamente com o estabelecimento, vale dizer, com o conjunto de bens que guarneciam a padaria, como geladeiras, fogões, maquinaria, balcões e outros instrumentos de trabalho, podendo até ser adicionado o título do estabelecimento e, conseqüentemente, a freguesia. É possível até ser alugado um estabelecimento ativo, em funcionamento, inclusive com os empregados. É prática comum no Brasil, a que se deu o nome de arrendamento. Juridicamente, aluguel e arrendamento são sinônimos perfeitos, mas, convencionalmente, aluguel ficou para o imóvel em si, e arrendamento para o estabelecimento.

Vamos relembrar que o estabelecimento é referido pela nossa lei como fundo de comércio, que são expressões sinônimas. Essa expressão foi consagrada pelo direito francês, influenciando o Brasil: "fonds de commerce";

aliás, a tradução mais correta seria "fundos de comércio". É interessante saber algo sobre o que dispõe o direito francês sobre o "fonds de commerce", pois dele recebemos esta instituição jurídica. Essas normas estão já consagradas em nossa legislação.

O direito francês estabeleceu ampla e vibrante regulamentação sobre o estabelecimento, erigindo-o à posição de um dos mais importantes institutos do Direito Empresarial. A lei básica é o Decreto Presidencial 4.41, de 1909, mas completado por várias outras leis. O Código Comercial de vários outros países basearam-se muito no Código Comercial francês para disciplinar esse assunto, mas nenhum conseguiu aprimorar mais que o código napoleônico. Realmente, no tocante à teoria do estabelecimento e à sua legislação, é insuperável o direito francês, como insuperável é o direito italiano no tocante ao aviamento.

Merece especial referência a evolução do moderno direito francês, ao referir-se agora ao "fundo de comércio e indústria". É o que se nota nos modernos manuais de Direito Empresarial da França. Esses manuais estão também abandonando as expressões "comerciante" e "atos de comércio", conforme vão aumentando suas referências à "empresa". A expressão anteriormente usada dava a impressão de que o "fundo de comércio" só se aplica ao comércio, enquanto que se aplica hoje a qualquer tipo de empresa.

Vamos ainda tocar num novo ponto. Ao dizer que o estabelecimento é o complexo de bens organizados pelo empresário para o exercício do empreendimento, isto é, da atividade empresarial, o art. 2.555 do Código Civil italiano cria outra dúvida. Será um novo bem e, se assim for, será um bem corpóreo ou incorpóreo? Se for constituído de bens corpóreos, poderão eles congregarem-se e transformarem-se num bem incorpóreo? Ao falar em conjunto de bens organizados, quererá dizer que o estabelecimento seja uma organização? Na realidade, o estabelecimento não chega a se constituir em novo bem, distinto dos bens que o compõem, apesar de que o Código Comercial francês o considera um "bem móvel incorpóreo". Também não é organização; esta vai ser encontrada no aviamento, que é um atributo da empresa, isto é, o valor econômico da formação do estabelecimento.

10.4. Natureza jurídica do estabelecimento

Muitas teorias se formaram sobre a natureza jurídica do estabelecimento, mas a maioria dos juristas o considera uma "universitas facti" (universalidade de fato). Uma minoria o considera uma "universitas juris" (universalidade de direito). O direito francês, consoante foi referido, considera-o um "bem móvel incorpóreo".

Universalidade é o conjunto de bens materiais ou imateriais, quando se as consideram agregadas em um todo. Na universalidade, as coisas reunidas conservam a sua individualidade, mas formam um conjunto de tal forma que os bens possam ser modificados sem que o todo se desfaça. Nessa universalidade (universitas rerum), tanto ela como seus elementos constitutivos podem ser objeto de relações jurídicas independentes. Uma universalidade de coisas pode ser de dois tipos: de direito (universitas juris) e de fato (universitas facti).

Universalidade de direito é o conjunto de bens formando um todo, agregados em virtude de prescrição da lei. É o caso da massa falida, da herança, do patrimônio (ativo e passivo).

A universalidade de fato é o conjunto de bens agregados, formando um todo, decorrente de convenção, de usos e práticas mercantis ou da vontade unilateral do dono desses bens. Por exemplo: uma biblioteca é um conjunto de livros formando um todo; cada livro poderá ser trocado, dado ou vendido sem que o todo se desfaça, a menos que sobre apenas um.

O estabelecimento não é constituído por expressa disposição da lei, mas pela vontade do empresário, não sendo, portanto, uma universalidade de direito, um conjunto de bens corpóreos e principalmente incorpóreos, cuja combinação se opera em virtude da lei, mas a combinação é feita pelo empresário, pelos dirigentes de uma empresa, para constituir um instrumento de ação dessa empresa. Esse instrumento visa dar à empresa as condições para conquistar e manter uma clientela. É claramente uma universalidade de fato, é o empresário que resolve constituí-lo e extinguí-lo ou aliená-lo.

A natureza jurídica do estabelecimento apresenta algumas diferenças da de outras "universitas facti". O estabelecimento é patrimônio da empresa e pode ser alienado independentemente dela: não é sujeito de direito, mas objeto de direito.

A dúvida que persiste é a de constituir o estabelecimento uma parte delimitada do patrimônio da empresa ou se constitui de todo o patrimônio. Não nos parece de alta relevância essa discussão. O que entendemos é que o estabelecimento é um "bem" e um bem de natureza intelectual, um bem incorpóreo, ainda que seja formado de bens corpóreos. Forma ele um valor a que o direito norte-americano deu o nome de "goodwill". Alguns vão mais além, com a designação de "goodwill of a trade" (valorização de uma empresa).

Não é necessário que os bens integrantes do estabelecimento sejam propriedade da empresa detentora dele, mas que sejam utilizados por ela nas atividades empresariais. É o caso do imóvel em que a empresa estiver instalada, conforme veremos logo adiante.

O direito francês regulamentou, em 1909, o estabelecimento (fonds de commerce) com tanta precisão, que até apontou quais são os elementos que o compõem, numa relação de dez elementos, relação essa não enumerativa, mas exemplificativa, ou seja, será possível a inclusão de outros elementos assemelhados ou da mesma natureza aos relacionados. Vejamos quais são esses dez elementos relacionados pelo art. 8 da lei reguladora do estabelecimento, integrada no Código Comercial francês:

1. título do estabelecimento e nome empresarial – 2. direito de aluguel do estabelecimento – 3. clientela – 4. freguesia – 5. mobiliário de uso empresarial – 6. material ou instrumentos destinados à exploração do estabelecimento – 7. patentes de invenção – 8. licenças e marcas de fábrica e de comércio – 9. desenhos e modelos industriais – 10. direitos de propriedade industrial, literária ou artística.

Nota-se que não há referência ao ponto, mas está ele incluído no item 2, que fala no direito de aluguel do estabelecimento. Se o estabelecimento for alugado, pode ser também alugado o local em que ele estiver instalado. Pode-se notar ainda que o direito francês adota dois termos para designar a massa dos adquirentes de produtos e serviços: "clientele" e "achalandage", referindo-se o primeiro termo à clientela costumeira e o segundo (freguesia) à eventual. Para o direito brasileiro e para o italiano sãos clientes ou fregueses, não se adotando distinção.

10.5. Elementos do estabelecimento: invenção, modelo de utilidade, desenho industrial, marcas

Entre os elementos mais sugestivos do estabelecimento, é melhor dedicar a eles alguma atenção, por terem sido previstas na Lei de Patentes, a Lei 9.279, de 14/05/96, que passou a vigorar um ano depois. Por ser lei bem recente e o Brasil estar ainda se adaptando a ela, torna-se necessário que ela seja esclarecida. Esses elementos são: invenção, modelo de utilidade, desenho industrial e marcas. Importantíssimo elemento, não regulamentado especificamente é a tecnologia. Como, entretanto, esta não foi tratada pela Lei de Patentes, podemos mais considerá-la como fator do aviamento.

Invenção

A invenção foi tratada pela Lei de Patentes, do art. 6º ao 93. A invenção e o modelo de utilidade são focalizados em conjunto, o que nos parece lógico, uma vez que o modelo de utilidade é também uma invenção, mas invenção específica: a de um equipamento para uso empresarial, ou como fala a lei, de aplicação industrial. Deve, porém, apresentar três requisitos essenciais: novidade – atividade inventiva – aplicação industrial.

Há muita diferença entre a invenção e descoberta. Inventar é criar algo de novo, antes inexistente, ainda que formado de coisas existentes. Descobrir é tornar público o que já existia; o descobridor não cria sua descoberta, mas a revela. Cabral não inventou o Brasil, mas descobriu-o. Falta à descoberta um dos elementos essenciais da invenção: a atividade inventiva. Por essa razão, a descoberta não é patenteável.

Ao referir-se à "aplicação industrial", a lei não quer referir-se às empresas industriais. Por exemplo: o computador foi inventado, portanto é uma invenção, mais propriamente um modelo de utilidade. É contudo uma invenção aplicada a qualquer empresa. Outro exemplo: uma lanchonete exerce atividade nitidamente comercial-varejista, não industrial. Entretanto, tem ela em seu estabelecimento uma série de máquinas operacionais (modelo de utilidade), como a de fazer sorvetes, de fazer sanduíches ou suco de frutas. O forno de microondas de um restaurante ou padaria é também invenção de aplicação industrial. Todavia, a máquina de fazer sorvetes tem um sentido industrial: ela fabrica sorvete, embora para empresa não industrial. O forno de uma padaria fabrica pães: é máquina industrial de pães. Portanto, essas invenções amoldam-se no que diz o art. 15 da Lei de Patentes:

> "A invenção e o modelo de utilidade são considerados suscetíveis de aplicação industrial quando possam ser utilizados ou produzidos em qualquer tipo de indústria".

A patente é um título emitido pelo Poder Público, concedendo a titularidade de direitos ao inventor, para a exploração de seu invento com exclusividade. Para assegurar esse título, deverá o inventor, ou alguém por ele, requerer a concessão da patente ao INPI. Esse requerimento, por pessoa física ou jurídica, deve trazer relatório descritivo do invento, desenhos (se for o caso), as reivindicações, um resumo; enfim, todos os esclarecimentos do invento. Tendo sido protocolado o pedido de patente, já fica garantido liminarmente o direito do requerido, até que o processo de registro seja julgado e a patente terá então vigência retroativa à data do depósito. A patente de invenção vigorará pelo prazo de vinte anos, contados da data do depósito.

Nem toda invenção é patenteável, ainda que apresentando os três requisitos obrigatórios. Descobertas, teorias científicas e métodos matemáticos; concepções puramente abstratas; esquemas, planos, princípios ou métodos de atividades empresariais, contábeis, financeiros, educativos, publicitários, de sorteio e de fiscalização; programas de computador em si, apresentação de informações, regras de jogo, nada disso é considerado invenção.

Não se consideram invenção: as obras literárias, arquitetônicas, artísticas e científicas ou qualquer criação estética, como pintura ou escultura. São criações intelectuais, mas protegidas por leis específicas, fora do Direito da Propriedade Industrial.

Também não se incluem no âmbito da invenção, técnicas e métodos operatórios ou cirúrgicos, bem como métodos terapêuticos ou de diagnóstico, para aplicação no corpo humano ou animal. Considera-se invenção, isto sim, algum equipamento ou instrumento cirúrgico, utilizáveis para esses métodos.

Um dos aspectos mais polêmicos que a nova Lei de Patentes resolveu foi a patenteabilidade dos remédios. O direito anterior não concedia essa patente, alegando que é um tipo de invenção que deveria atingir o bem da humanidade, na cura de doenças, e não na exploração mercantil. Seria como submeter a vida humana ao jogo do mercado consumidor. Entretanto, saiu essa patente das proibições, sendo os remédios hoje um bem da propriedade industrial garantido pela patente.

Outro aspecto também polêmico, mas que ainda não adquiriu foro de relevância foi o de seres vivos, em princípio, não patenteáveis. São, porém, patenteáveis os microorganismos "transgênicos"; são organismos que expressem, mediante intervenção humana direta em sua composição genética, uma característica normalmente não alcançável pela espécie em condições naturais.

Conhecemos no Brasil um exemplo de ser vivo "inventado" e não criado pela natureza. Um frigorífico conseguiu, em seu laboratório, criar um animal antes inexistente, resultante das características genéticas de frango com peru, a que deu o nome de "chester". Sob o ponto de vista mercadológico, não foi muito grande a repercussão desse invento, mas nos EUA desenvolvem-se muitas pesquisas para a invenção de plantas e animais. É o motivo pelo qual foi exercida enorme pressão para que fosse incluída a patente desse tipo de invenção.

É natural que tenham ocorrido essas patenteabilidades. O inventor aplica esforço, tempo e dinheiro em sua invenção, o que vai configurar sua "atividade inventiva". Muitas empresas realizam investimentos na invenção de novos produtos, de novas máquinas (modelo de utilidade). Urge que sejam elas recompensadas e que o esforço delas não seja aproveitado por terceiros que nada fizeram. Não haveria motivação para a criatividade.

Eis aqui o principal objetivo do Direito da Propriedade Industrial. Ao autor da invenção será assegurado o direito de obter patente para lhe garantir a propriedade de seu invento. Como proprietário, terá ele o "jus utendi, fruendi et abutendi" de seu invento. Poderá utilizar-se dele de várias formas; poderá desfrutar dele como, por exemplo, alugá-lo, ou poderá aliená-lo a título gratuito ou oneroso.

Invenção pelo empregado da empresa

Se uma empresa mantém o setor de pesquisas remunerando as pessoas que se dedicam a experiências, está exercendo atividade inventiva. As invenções resultantes de suas pesquisas lhe pertencem; são do empregador que investe nas invenções e remuneram os inventores. Pertencem totalmente ao empregador quando decorrem de contrato de trabalho cuja execução ocorra no Brasil. O contrato de trabalho tem por objeto a pesquisa ou a atividade inventiva, ou resulte esta da natureza dos serviços para os quais foi o empregado contratado. A remuneração do empregado limita-se ao salário ajustado. É possível, porém, que, no contrato de trabalho, empregador e empregado disponham de maneira diferente, como, por exemplo, prever uma comissão ou participação do empregado.

Se o empregado deixar a empresa, não poderá requerer, no prazo de um ano, patente de seu invento em nome próprio.

Poderá o empregado, por outro lado, requerer a patente, em seu nome, da invenção desenvolvida por ele, desde que desvinculada de seu contrato de trabalho e não decorrente da utilização de recursos, meios, dados, materiais, instalações ou equipamentos do empregador.

Modelo de utilidade

É considerado pelo Direito da Propriedade Industrial toda forma nova obtida ou introduzida em objetos conhecidos, desde que se prestem a um trabalho ou uso prático. A expressão objeto compreende ferramentas, instrumentos de trabalho e utensílios.

A expressão "modelo de utilidade" pode parecer confusa, mas é bem simples o seu sentido: é qualquer equipamento aplicado na atividade produtiva; outros a chamam também de ferramental. O sentido dessa palavra é de origem francesa: "outil" = ferramenta, instrumento, utensílio, e "outillage" = aparelhamento, apetrechos, conjunto de ferramentas. É o exemplo das máquinas operatrizes, como tornos, frezas, mandrilhadeiras, soldas, serras, plainas, martelos mecânicos e outras. Nem sempre é uma invenção, pois, como se diz, é, às vezes, uma forma nova introduzida em objetos conhecidos. Se os objetos já são conhecidos, é porque já foram inventados, ou como costuma dizer a Lei de Patentes, já estão "em estado de técnica". O que pode ser inventada é a inovação introduzida na ferramenta. Por exemplo: num tear é inventado um processo de limpeza automática dele; é uma nova disposição introduzida em um objeto conhecido.

Característica importante do modelo de utilidade é que ele se presta a uma atividade produtiva, a uso prático, geralmente à produção de outros produtos. É o caso do novo tear, que vai produzir tecidos mais perfeitos e econômicos. A segunda é a de prestar-se à aplicação empresarial, ou seja, produção em larga escala, exploração econômica e aperfeiçoamento tecnológico. A terceira característica é a mesma das demais: a novidade.

Transcrevemos abaixo o conceito que é dado ao modelo de utilidade pelo art. 9 da Lei de Patentes:

> "É patenteável como modelo de utilidade o objeto de uso prático, ou parte deste, suscetível de aplicação industrial, que apresente nova forma ou disposição, envolvendo ato inventivo, que resulte em melhoria funcional no seu uso ou em sua fabricação".

Desenho industrial

O antigo Código da propriedade industrial previu dois tipos de bens intelectuais da empresa: modelo industrial e desenho industrial. Contudo, a Lei de Patentes incluiu os dois num só bem: o desenho industrial. Para melhor compreensão, procuraremos distinguir os dois, como sendo dois tipos de desenho industrial.

De acordo com o art. 95 da Lei de Patentes, considera-se desenho industrial a forma plástica ornamental de um objeto ou o conjunto ornamental de linhas e cores que possa ser aplicado a um produto, proporcionando resultado visual novo e original na sua configuração externa e que possa servir de tipo de fabricação industrial. O desenho industrial é considerado original quando dele resulte uma configuração visual distintiva, em relação a outros objetos anteriores. O resultado visual original poderá ser decorrente da combinação de elementos conhecidos.

Para compreendermos bem o desenho industrial, podemos analisar um tecido que não muda sua qualidade e seu tipo por longo tempo. Entretanto, esse mesmo tecido apresenta-se nas lojas com vários desenhos, distinguindo-se uns dos outros. É também o caso de um vestido, tendo o mesmo tecido, o mesmo modelo e o mesmo preço; todavia, esse mesmo modelo tem uma combinação de linhas, traços e cores, que distinguem um vestido dos outros. Há também o exemplo de vários tipos de ladrilhos: podem eles ser fabricados com a mesma massa e ter o mesmo tamanho e formato, mas um tem flores, outros animais, outros cores variadas: cada um tem o seu desenho.

É, pois, o desenho industrial toda disposição ou conjunto novo de linhas ou cores que, com fim industrial ou comercial, possa ser aplicado na ornamentação de um produto, por qualquer meio natural, mecânico ou químico, singelo e combinado.

Modalidade especial de desenho industrial é o modelo industrial. O modelo industrial é a forma plástica que possa servir de fabricação de um produto industrial e ainda se caracterize por nova configuração ornamental. É um produto inicial, fruto de um trabalho de pesquisa, projetado para servir de modelo básico, a partir do qual será reproduzido em série. Assim, por exemplo, a FIAT lançou um automóvel modelo UNO. Antes de iniciar a fabricação em série desse modelo, a FIAT produziu um, o primeiro; planejou, desenhou e testou esse primeiro veículo, até chegar ao modelo ideal: o protótipo. Na linguagem corrente, o modelo industrial é chamado vulgarmente de protótipo.

Considera-se ainda modelo industrial o que, mesmo composto de elementos conhecidos, realize combinações originais, dando aos respectivos objetos aspecto geral com características próprias. Por exemplo, o carro SANTANA já tem modelo, mas, a cada ano, esse mesmo modelo conhecido traz linhas novas ou certas combinações de cores.

Há muita diferença entre o modelo industrial e o modelo de utilidade; este último refere-se a equipamentos de fabricação de produtos, enquanto o modelo industrial refere-se ao próprio produto. As características do modelo industrial podem ser notadas no próprio conceito acima exposto. Caracteriza-se por nova configuração ornamental, ou seja, é algo novo, uma novidade; além de novo, é uma configuração plástica, a forma exterior dos corpos, figura, formato e feitio. É o primeiro tipo, exemplar, original; os produtos que a ele se seguem são a reprodução do primeiro exemplar. O caráter ornamental do modelo de utilidade decorre do aspecto estético, com suas formas capazes de atrair e agradar ao gosto da clientela. Ao mesmo tempo que imprime um novo aspecto aos produtos, distinguindo-se dos similares, procura suplantá-los na estética.

Ligando o desenho industrial aos demais bens já vistos e às marcas, que veremos em seguida, é conveniente frisar que o desenho industrial, como também as marcas, não são patenteáveis, mas apenas registráveis no INPI. A patente é exclusiva para a invenção e o modelo de utilidade. O registro da invenção e do modelo de utilidade faz gerar a patente, enquanto o registro do desenho industrial e das marcas gera um certificado de registro.

O registro do desenho industrial vigorará pelo prazo de dez anos, contados da data do depósito, prorrogável por três períodos sucessivos de cinco anos cada. Assim sendo, o direito referente ao registro do desenho industrial decai após 25 anos, em vista da expiração do prazo de vigência que a lei concede. Comenta-se que esse prazo é estranhamente excessivo, pois o desenho industrial tem mercadologicamente curta duração, conforme se vê no desenho dos automóveis.

Marcas

A marca é elemento de identificação de um produto e indiretamente da empresa. É o nome ou o traço distintivo de um produto ou serviço, de tal maneira que estes fiquem bem identificados. Por exemplo, há diversas marcas de televisores: Sanyo, Sony, National, CCE, Philco, Philips, Sharp. Há também várias marcas de automóveis: Santana, Verona, Monza, Ômega, Uno, Tempra, Vectra, Fiesta.

Essas marcas só podem ser exploradas pela empresa detentora dos direitos de uso delas, devidamente registrados no INPI. Assim, o liquidificador ARNO só poderá ser fabricado e comercializado pela empresa que patenteou essa marca no INPI; quem fabricar e vender produto semelhante, com essa marca, estará incorrendo em concorrência desleal e uso indevido de marca alheia, sujeito, portanto, às penas da lei.

As marcas só devem distinguir produtos, mercadorias e serviços, de outros idênticos ou semelhantes, na classe correspondente à sua atividade. A mesma marca pode ser utilizada em produtos de classes diferentes. A marca "neve" poderá, por exemplo, ser utilizada para sorvetes, malhas, algodão, biscoitos, cortinas e outros produtos, desde que sejam de classe diferente.

Além de ser aplicada a marca registrada em seu produto, poderá também ser aposta em envelopes, papéis, impressos e documentos relativos à atividade da empresa titular dos direitos sobre essa marca. Os usos comuns são no próprio produto diretamente, ou em rótulos, etiquetas, recipientes, invólucros. Em latas e garrafas, a marca pode ser aposta na própria.

Do depósito – 155 a 157

Do exame – 158 a 160

Da expedição do certificado de registro – 161 a 164

Da nulidade do registro – 165 a 175

Nossa lei reconhece vários tipos de marcas:

MARCA DE PRODUTO – É a utilizada para distinguir um produto de outro idêntico, semelhante ou afim, de origem diversa. É quase sempre usada pelo fabricante do produto. Por exemplo, em termos de automóveis, temos Santana, Vectra e outras marcas. Como extrato de tomate, temos ETTI, ELEFANTE. Sob o ponto de vista mercadológico, é muito difícil um produto sobreviver sem marca. Se uma dona de casa vai às compras em um supermercado, vai com intenção de adquirir produtos com determinada marca; se o produto de sua marca não for encontrado, escolhe outra marca de sua segunda opção. Raramente vai à procura de um produto sem considerar a marca.

MARCA DE SERVIÇO – É semelhante à do produto, mas em vez de mercadoria é de prestação de serviço, como é o caso da DDDRIN.

MARCA DE COMÉRCIO – Era prevista na antiga lei, mas a atual Lei de Patentes (Lei 9.279/96) não a previu. É a usada por distribuidores ou intermediários da venda de produtos, que não são fabricados pelo distribuidor, mas por terceiros. Consta que os Supermercados Carrefour vende muitos produtos com sua marca; tais produtos são fabricados por terceiros, que, às vezes, vendem esses mesmos produtos com marca própria. Prática semelhante adota a rede de lojas C&A.

GENÉRICA – Identifica uma linha de produtos com várias marcas. É exemplo a marca CHEVROLET, na qual se englobam as marcas específicas, como Monza. É apenas um gênero, uma modalidade e não um tipo de marca, tanto que os produtos deverão ter sua marca específica. Identifica a origem de uma série de produtos ou artigos, que, por sua vez, são individualmente caracterizados por marcas específicas.

MARCA DE CERTIFICAÇÃO – É usada para atestar a conformidade de um produto ou serviço com determinadas normas ou especificações técnicas, notadamente quanto à qualidade, natureza, material utilizado e metodologia empregada. É o caso do "leite longa vida". O registro da marca de certificação só poderá ser requerido por pessoas sem interesse comercial ou industrial direto no produto ou serviço atestado. Essa nova modalidade de marca foi introduzida em nosso direito pela nova Lei de Patentes e seu uso ainda é iniciante.

MARCA COLETIVA – Identifica produtos ou serviços provindos de membros de uma determinada entidade. O registro só poderá ser requerido por pessoa jurídica representativa da coletividade, a qual poderá exercer atividade distinta de seus membros. Era famosa a marca coletiva CAC, da extinta Cooperativa Agrícola de Cotia.

Sinais não registráveis

São suscetíveis de registro como marcas os sinais distintivos visualmente perceptíveis, não compreendidos nas proibições legais. Podem ser registrados como marcas os nomes, palavras, denominações, monogramas, emblemas, símbolos, figuras e quaisquer sinais distintivos que não apresentem colidência com registros já existentes.

Contudo, não são registráveis como marcas certos sinais, por motivos vários. É a hipótese de brasão, armas, bandeira, emblema, distintivo e monumento oficiais, públicos ou correlatos, sejam nacionais, estrangeiros ou internacionais, bem como a respectiva designação, figura ou imitação. Por exemplo: a esfera armilar nacional, o brasão do Estado de São Paulo e da Prefeitura de São Paulo, a figura ou estátua do Duque de Caixas; também os lemas oficiais, como Ordem e Progresso, Non Ducor Duco, Pro Brasilia Fiant Eximia. Há algumas exceções, conforme sejam apresentadas, como o Cognac Napoleon.

Não servem como marcas: letras, algarismos e data isoladamente, salvo quando revestidos de suficiente forma distintiva, como, por exemplo, "sabonete 7 de setembro", "azeitona 8". Há exceções, se constituírem forma distintiva original. Por exemplo: "Caninha 51". Uma rede de lojas vende produtos com a marca "C & A" e outra "Roupas AB".

É vedado o registro, como marca, de expressão, figura, desenho ou qualquer outro sinal contrário à moral e aos bons costumes ou que ofenda a honra ou imagem de pessoas ou atente contra a liberdade de consciência, crença, culto religioso ou idéia e sentimento de respeito e veneração. Hipótese: "Caninha Paulo Maluf", "Biquini Teresa Collor", "Preservativo Virgem Maria", "Motel Nossa Senhora da Aparecida".

Também não se pode registrar como marca, designação ou sigla de entidade ou órgão público, quando não requerido pela própria entidade ou órgão público. É o caso de SABESP ou TELESP. Inclui-se a reprodução ou imitação de elemento característico ou diferenciador de título de estabelecimento ou nome de empresa de terceiros, suscetível de causar confusão ou associação com estes sinais distintivos. É o caso de FIAT, RHODIA, ou colocar MAPPIN em um rádio.

Não se presta para marca, sinal de caráter genérico, necessário, comum, vulgar ou simplesmente descritivo, quando tiver relação com o produto ou serviço a distinguir, ou aquele empregado comumente para designar uma característica do produto ou serviço, quanto à natureza, nacionalidade, peso, valor, qualidade e época de produção ou de prestação do serviço, salvo quando revestidos de suficiente forma distintiva. Por exemplo: "água mineral Pompéia" só valerá o nome Pompéia, pois água mineral designa a natureza ou característica do produto.

A expressão ou sinal de propaganda não pode fazer parte da marca, como "o som definitivo". Nem cores e sua denominação, salvo se dispostas ou combinadas de modo peculiar e distintivo. Se não fosse assim restritiva a norma, cada empresa se apropriava de uma cor e a maioria ficaria vedada de utilização da cor.

Da mesma forma que a expressão ou sinal de propaganda, também a indicação geográfica, sua imitação ou suscetível de causar confusão, ou sinal que possa falsamente induzir indicação geográfica. Exemplo: "Água Rosas de Serra Negra"; se essa marca fosse registrada, a expressão "Serra Negra" ficaria bloqueada. De igual forma, sinal que induza à falsa identificação quanto à origem, procedência, natureza, qualidade ou utilidade do produto ou serviço a que a marca se destina e também a reprodução ou imitação de cunho oficial, regularmente adotada para garantia de padrão de qualquer gênero ou natureza.

Não se registra como marca, nome, prêmio ou símbolo de evento esportivo, artístico, cultural, social, político, econômico ou técnico, oficial ou oficialmente reconhecido, bem como a imitação suscetível de criar confusão, salvo quando autorizados pela autoridade competente ou entidade promotora do evento. Exemplos são os cincos círculos que formam o signo das olimpíadas, ou então, a efígie de Mercúrio, que simboliza o comércio.

Não é explorável como marca, nome civil ou sua assinatura, nome de família ou patronímico e imagem de terceiros, salvo com consentimento do titular, herdeiros ou sucessores, ou o pseudônimo ou apelido notoriamente conhecidos, nome artístico singular ou coletivo, salvo com o consentimento do titular, herdeiros ou sucessores. É o caso de "Salsicha Lula", "Salame Paulo Maluf", "Pó de Arroz Ronaldinho". O pseudônimo notoriamente conhecido, normalmente é registrado no INPI, como é o caso de "Pelé".

Obra literária, artística ou científica, assim como os títulos que estejam protegidos pelo direito autoral e sejam suscetíveis de causar confusão ou associação, salvo com conhecimento do autor ou titular. É um respeito ao direito autoral, devendo o Direito da Propriedade Industrial garantir os direitos referentes a bens intelectuais protegidos pelo Direito do Autor, como o nome das obras literárias, música ou direitos de personalidade como os patronímicos. Por exemplo: "pepinos Paulo Maluf", "conserva de abacaxi Lula", ou então, "ervilhas Dom Casmurro". Há naturalmente algumas exceções, analisadas individualmente pelo Instituto Nacional da Propriedade Industrial.

O aspecto mais importante da questão é a adoção de marca facilmente confundível com outra já registrada, mesmo porque deverá constituir crime contra a propriedade industrial. Não é permissível a reprodução ou imitação, no todo ou em parte, ainda que com acréscimo, de marca alheia registrada, para distinguir ou certificar produto ou serviço idêntico, semelhante ou afim, suscetível de causar confusão ou associação com marca alheia. Ou então, sinal que imite ou reproduza, no todo ou em parte, marca que o requerente evidentemente não poderia desconhecer em razão de sua atividade, cujo titular seja sediado ou domiciliado em território nacional ou em país com o qual o Brasil mantenha acordo ou que assegure reciprocidade de tratamento, se a marca se destinar a distinguir produto ou serviço idêntico, semelhante ou afim, suscetível de causar confusão ou associação com aquela marca alheia.

Note-se que o INPI não deverá conceder registro a marca igual à outra, mas também semelhante, vale dizer, parecida, a tal ponto que leve o comprador a confundir uma com outra. Por exemplo: o INPI negou registro a uma calça rancheira com marca "calbói", porque havia outra com a marca "cowboy". Negou também a marca "chiclete Ada", pois havia o "chiclete Adams". Houve outros casos como KIBON/QUEBOM, SI O NO/SIONO, MARTINI/CONTINI, MARTEX/MARMITEX. Também não poderá ser registrada marca com algum acréscimo; assim, não poderá ser "ervilhas Jovem Jurema", pois se confundirá com "ervilhas Jurema". As marcas muito evidentes e conceituadas internacionalmente, ainda que não registradas no Brasil, estarão protegidas contra o registro de outras. Por exemplo, a "grife" Ives Saint Laurent não poderá ser reproduzida no Brasil, ainda que não estivesse registrada no INPI.

Marca de alto renome

São marcas registradas no Brasil, que tenham alcançado reconhecimento extremamente alto, perante o mercado consumidor, como é o caso de BRASTEMP, FIAT, MC DONALDS. À marca registrada no Brasil, considerada de alto renome, será assegurada proteção especial, em todos os ramos de atividade. É o que diz o art.125 da atual Lei de Patentes, enquanto que o antigo Código da Propriedade Industrial exigia registro especial para essa modalidade de marca. Por exemplo, a marca Marlboro é marca de alto renome para cigarros e amparada por larga propaganda. Poderia uma terceira empresa lançar piteiras ou cigarreiras com a marca Marlboro, aproveitando-se indevidamente do renome da marca de cigarros. Poderia também lançar artigo bem diferente, como "loção de barba Marlboro", auferindo igual vantagem. Por causa disso, a marca de alto renome terá proteção para todos os produtos e serviços, mesmo para os que não sejam, semelhantes ou afins, sem precisar de registro especial.

Se a marca de alto renome fosse usada indiscriminadamente, sofreria um processo de desgaste, de degeneração, a que o direito norte-americano deu o nome de "DILUTION" (DILUIÇÃO). A doutrina da diluição iniciou-se nos EUA e na Inglaterra, implantando-se depois em vários países e recentemente no Brasil, com a nova Lei de Patentes. Alguns fatos auxiliaram o sucesso da doutrina. Nos EUA, a empresa fotográfica KODAK conseguiu na justiça a proibição de bicicletas com essa marca. Na Alemanha, havia cosméticos com a marca ODOL e seu dentifrício era famoso, inclusive no Brasil; conseguiu essa empresa a proibição do uso da marca ODOL para produtos metalúrgicos.

Outras forma de diluição de marca é a vulgarização de tal forma acelerada, que ela se transforma no nome do produto. É o que aconteceu no Brasil com a marca "catupiri", aplicada a um tipo especial de queijo, chamado vulgarmente de requeijão. O nome "catupiri" de tal modo se vulgarizou, que veio a identificar não a marca, mas todo tipo de queijo cremoso. A diluição vai depreciando o valor da marca, valor esse que o direito norte-americano chamou de "goodwill", termo que se espalhou pelo mundo. Igual fenômeno ocorreu com a marca "gilete", que passou a identificar toda lâmina de barbear. "Aspirina" era marca de um analgésico, mas hoje é a identificação de qualquer analgésico.

Marca notoriamente conhecida

É um tanto sutil a diferença entre a "marca de alto renome" e a "notoriamente conhecida". Alto renome dá a idéia de elevado conceito; seria marca muito prestigiada. Notório é sabido de todos, do domínio público, bem divulgado, com larga publicidade. Nem sempre o que é notório é conceituado, tanto que se encontra na linguagem penal a expressão "criminoso notório". Ao nosso modo de ver, a expressão "notoriamente conhecida" é redundante, pois o sentido dos dois termos é semelhante: marca notória é o mesmo que marca conhecida.

A marca notoriamente conhecida em seu ramo de atividade, nos termos do art. 6 da Convenção da União de Paris para Proteção da Propriedade Industrial, goza de proteção especial, independentemente de estar previamente depositada ou registrada no Brasil. Essa proteção aplica-se também às marcas de serviço. O INPI poderá indeferir, de ofício, pedido de registro de marca que reproduza ou imite, no todo ou em parte, marca notoriamente conhecida. Procura a Lei de Patentes tutelar os direitos sobre a marca notoriamente conhecida, da mesma forma como faz com a marca de alto renome, evitando sua imitação ou reprodução, bem como a diluição de seu valor (goodwill).

VIGÊNCIA – O registro da marca vigorará pelo prazo de 10 (dez) anos, contados da data da concessão do registro, prorrogável por períodos iguais e sucessivos. O pedido de prorrogação deve ser formulado durante o último ano de vigência do registro, instruído com o comprovante do pagamento da respectiva retribuição. Vamos repetir: a proteção legal à marca dura dez anos, podendo ser prorrogada, conforme queira o titular dos direitos. Não requerendo a prorrogação, extingue-se o registro.

Extinção do direito de propriedade industrial

Os direitos de propriedade industrial, conforme foi visto, não são eternos; têm duração variável conforme o tipo e cessam de várias maneiras.

A patente (no caso de invenção ou modelo de utilidade) extingue-se pela expiração do prazo de vigência, que é de vinte anos para a invenção e quinze para o modelo de utilidade. É possível também contar o prazo de vigência a partir da concessão da patente e não de depósito. Nesse caso, o prazo não será inferior a dez anos para a patente de invenção e a sete anos para a de modelo de utilidade. Como se sabe, a patente é improrrogável. Decorrido o prazo, a patente cai no domínio público.

Assim acontecerá também com o registro do desenho industrial e da marca. Decorrido o prazo de vigência, cessa o direito de exclusividade. Só que o prazo é diferente: é de dez anos, podendo ser prorrogado por mais cinco anos, três vezes, o que totalizará 25 anos.

A extinção do registro da marca também se opera com o vencimento do prazo de dez anos, desde que não seja pedida a prorrogação, uma vez que poderá esta ser requerida sem limite de vezes.

Outra maneira de se extinguir o direito de exclusividade da invenção, do modelo de utilidade, do desenho industrial e da marca é pela renúncia do titular desse direito. O titular do direito de propriedade industrial, como proprietário, poderá exercer o "jus utendi, fruendi et abutendi". Assim, poderá cedê-lo a outrem, a título gratuito ou oneroso, licenciá-lo ou renunciar a ele. Ressalve-se, porém, que a renúncia não poderá acarretar prejuízos a terceiros.

A caducidade é a terceira forma de extinção do direito de propriedade industrial e ocorre quando o direito não for exercido. É a aplicação do princípio "dormentibus non sucurrit jus". O direito de propriedade industrial é um instrumento de ação: quem o obtiver terá que exercê-lo; se registra marca para seu produto, terá que colocá-lo no mercado consumidor. Se obtiver patente de invenção, deverá explorar empresarialmente essa invenção, ou perderá o direito a ela; já que ele não utilizou sua invenção, outros poderão usá-la.

Extinguir-se-á também o direito de propriedade industrial se o depositante do pedido de desenho industrial, ou o titular da patente não pagarem a retribuição a que estão sujeitos. Deve ser feito pagamento ao INPI, de uma taxa chamada de retribuição. A inadimplência poderá acarretar o cancelamento.

10.6. A teoria do estabelecimento no novo Código Civil

Do estabelecimento

Disposições gerais

Art. 1.142

Considera-se estabelecimento todo complexo de bens organizado para o exercício da empresa, por empresário ou sociedade empresária.

A regulamentação do estabelecimento foi introduzida no direito brasileiro pelo novo Código Civil, baseada nos arts. 2.555 a 2.562 do Código Civil italiano, embora tenha sido originada do Código Comercial francês. A expressão "fundo de comércio" permanece em nossa legislação, como na Lei do Inquilinato. Nada obsta porém a utilização desse termo, já tradicional.

Esse artigo traz um conceito de estabelecimento antes de estabelecer as disposições sobre ele. O estabelecimento é um conjunto de bens móveis e imóveis, concretos e intelectuais. Esse conjunto de bens forma um novo bem, "in commercium": é o estabelecimento. Integram-se nesse bem, o ponto, o nome e renome da empresa, a tecnologia por ela aplicada e muitos outros. A lei cuida principalmente da alienabilidade do estabelecimento.

A expressão "estabelecimento" é sinônima a dos franceses "fond de commerce e industrie" e a dos italianos "azienda". A teoria do estabelecimento foi criada em 1909 no direito francês, ingressando no Código Comercial, a princípio com o nome de "fonds de commerce". O instituto não era totalmente desconhecido do direito brasileiro. Foi previsto pela "Lei de Luvas", em 1934, o Decreto 20.150, mas este decreto cuidou apenas do "ponto", um dos elementos do fundo de comércio. Revogado aquele decreto pela Lei do Inquilinato, suas disposições continuaram na Lei do Inquilinato, ao regulamentar a ação renovatória, conservando porém a expressão fundo de comércio.

Um dos louváveis aspectos do novo Código Civil é o de haver regulamentado esse instituto com o nome de estabelecimento, nos arts. 1.142 a 1.149. O primeiro artigo deste título, traz a definição do que seja, calcado no art. 2.555 do Código Civil italiano:

> "Azienda è il complesso dei beni organizzati dall'imprenditore per l'esercizio dell'impresa".

Idêntico conceito é adotado pelo direito francês, extraído do Código Comercial napoleônico:

> "O fundo de comércio pode ser definido como um conjunto de elementos corpóreos (materiais, ferramentas, mercadorias) e de elementos incorpóreos (direito de alugar, nome, insígnia) pertencente a um comerciante ou a um industrial; esses elementos são reunidos com vistas à conquista ou retenção de uma clientela, há nisso uma entidade jurídica distinta dos elementos que compõem o fundo de comércio".

O fundo de comércio resulta de uma pluralidade de bens heterogêneos, móveis ou imóveis, materiais e imateriais. Todos esses bens são destinados a um escopo produtivo e encontram nesse objetivo sua agregação econômica. O art. 2.555 do Código Civil italiano, bem como o Código Comercial francês apontam o fundo de comércio como um conjunto, um complexo de bens, mas são eles combinados entre si, conservando sua individualidade. Todavia, é a destinação econômica desses bens que os faz adquirir uma unidade. A congregação desses bens, sua unidade, é eminentemente funcional; decorre do fato de serem eles unificados pela sua destinação a uma função econômica, como instrumento da atividade empresarial.

É, pois, o estabelecimento um instrumento da empresa; tem uma função jurídica decorrente da empresa; sem empresa não há estabelecimento, da qual constitui um instrumento. A atividade da empresa realiza-se mediante a combinação de bens em função da produtividade; como o elemento teleológico assume relevância para a noção jurídica de empresa, o elemento funcional assume idêntica relevância para o estabelecimento.

O aspecto mais sutil do estabelecimento é a dificuldade de se fixar a relação entre o complexo de bens, o patrimônio unitário, e os elementos individuais, ou seja, precisar até que ponto a unidade da função absorve a pluralidade dos elementos que constituem o estabelecimento. A teoria jurídica do estabelecimento assenta-se no sobrevalor que ele assume. Entretanto, os bens individualizados têm, cada um, o seu valor, e estão lançados no balanço da empresa, como os imóveis, produtos destinados à venda e outros bens materiais. Como se poderia lançar no balanço o valor do estabelecimento, se este tem um sobrevalor decorrente desses bens já individualmente lançados?

Ao dizer que o estabelecimento é o complexo de bens organizados pelo empresário para o exercício da empresa, isto é, da atividade empresarial, este artigo cria outra dúvida. Será um novo bem e, se assim for, será um bem corpóreo ou incorpóreo? Se for constituído só de bens corpóreos, poderão eles congregarem-se e transformarem-se num bem incorpóreo? Ao falar em conjunto de bens organizados, quererá dizer que o estabelecimento seja uma organização? Na realidade, o estabelecimento não chega a se constituir em novo bem, distinto dos bens que o compõem, apesar de que o Código Comercial francês o considera um "bem móvel incorpóreo". Também não é organização e nem tecnologia; estas vão ser encontradas no aviamento, que é um atributo da empresa, vale dizer, o valor econômico da formação do estabelecimento.

Art. 1.143

Pode o estabelecimento ser objeto unitário de direitos e de negócios jurídicos translativos ou constitutivos, que sejam compatíveis com a sua natureza.

Este artigo esclarece o anterior, deixando claro que nem apenas coisas dele fazem parte, mas direitos, contratos e outros valores que possam ser transacionados. Nosso código deixou de se referir ao aviamento, que é um modo de ser do estabelecimento, a feliz combinação dos componentes do estabelecimento, dando a este a capacidade de produzir lucros da empresa.

Aspecto importante do estabelecimento, exposto neste artigo é o de que ele pode ser transferido a título gratuito ou oneroso. O aluguel do estabelecimento está previsto em nossa Lei do Inquilinato. Relembramos que nossa Lei do Inquilinato utiliza a designação de fundo de comércio para o estabelecimento.

Art. 1.144

O contrato, que tenha por objeto a alienação, o usufruto ou o arrendamento do estabelecimento, só produzirá efeitos quanto a terceiros, depois de averbado à margem da inscrição do empresário, ou da sociedade empresária, no Registro das Empresas, e de publicado na imprensa oficial

O estabelecimento é um bem "in commercium", isto é, pode ser transferido para outrem, ou alugado, graças a um contrato. O contrato referente ao estabelecimento, seja de alienação, aluguel ou usufruto, deve ser por escrito e averbado na Junta Comercial, no registro da empresa que o detinha. A averbação, como se sabe, é um registro em cima de outro registro. Uma empresa está registrada na Junta Comercial e será nesse registro que será averbado o contrato sobre a transferência do estabelecimento ou seu usufruto e arrendamento.

O estabelecimento pode ser objeto de várias formas de transferência:

DEFINITIVA – com a venda a terceiro (cessão), também chamada alienação;

TEMPORÁRIA – com o arrendamento (também chamado aluguel ou locação) e usufruto.

Afora a exigência da averbação, esse registro deve ser publicado no Diário Oficial, para ser dada publicidade, a fim de que todos possam tomar conhecimento dele. Só assim esse contrato produzirá efeitos quanto a terceiros. Quanto às partes contratantes, o contrato terá eficácia, mas só entre elas e não "erga omnes".

A consideração de estabelecimento é privativo do empresário individual, que o Código Civil chama simplesmente de empresário, e da sociedade empresária, como o Código chama a empresa mercantil. Não é, pois, peculiar à sociedade simples (ou sociedade civil). Cremos, porém, que, por analogia, o critério possa ser estendido à sociedade simples.

O arrendamento do estabelecimento já estava previsto na Lei do Inquilinato.

Art. 1.145

Se ao alienante não restarem bens suficientes para solver o seu passivo, a eficácia da alienação do estabelecimento depende do pagamento de todos os credores, ou do consentimento destes, de modo expresso ou tático, em trinta dias a partir de sua notificação.

Essa disposição jurídica já constava do Código Tributário Nacional, no art. 133 e no art. 448 da Consolidação das Leis do Trabalho. O arrendamento do estabelecimento (ou fundo de comércio) foi regulamentado pelos arts. 51 e 52 da Lei do Inquilinato (Lei 8.245/91), formando uma seção denominada "Da locação não residencial". As leis do inquilinato anteriores à atual não cogitaram dessa matéria, o que revela ser uma inovação, uma disposição legal do mundo moderno. Procura a lei preservar o interesse público quanto a fraudes, deixando claro que a transferência do estabelecimento não isenta nem o vendedor nem o comprador do pagamento das dívidas da empresa, pois esta se integra no estabelecimento. A cessão do estabelecimento é dada como não realizada se não houver o adimplemento dos débitos.

Assim, pelo art. 133 do CTN, quem adquirir o estabelecimento de uma empresa responsabiliza-se pelos débitos fiscais, devidos até a data do ato. Se a empresa que alienar seu estabelecimento encerra-se, o adquirente assume integral obrigação das responsabilidades fiscais; se a empresa alienante continuar suas atividades, assumirá subsidiariamente essa responsabilidade, junto com o adquirente.

O mesmo acontece com os empregados de uma empresa, se esta vende seu estabelecimento, segundo o art. 448 da CLT. Ao transferir o estabelecimento, a empresa transfere também as relações trabalhistas, pois o pessoal de uma empresa faz parte de seu estabelecimento (ou fundo de comércio). É bom ressaltar que a empresa alienante não transfere individualmente os bens que constituem o estabelecimento, vale dizer, os elementos individuais que o compõem. Se assim fosse, o estabelecimento teria sido dissolvido. Estamos falando, pois, da transferência do estabelecimento como uma unidade funcional, um complexo de bens, a pluralidade.

Há, pois, uma sucessão na transferência do estabelecimento, pois o sucessor fica também com as responsabilidade inerentes ao estabelecimento. Se não operasse dessa forma, poderia haver fraude: transfere-se o estabelecimento e ficariam no ar as responsabilidades. O mesmo critério é adotado no direito francês e pelo Código Civil italiano, como se vê no art. 2.558:

> "Se não for pactuado de forma diferente, o adquirente do estabelecimento subroga-se nos contratos estipulados para o exercício do próprio estabelecimento que não tenham caráter pessoal. O terceiro contraente pode, todavia, resilir o contrato, no prazo de três meses da notícia da transferência, se subsistir justa causa, salvo, neste caso, a responsabilidade do alienante".

Vimos, pois, que o estabelecimento, como uma unidade funcional, poderá ser alienado, como poderão ser alienados, em separado, os bens individuais que o formam. Não só pode o estabelecimento ser transferido, a título gratuito ou oneroso, mas também alugado, submetendo-se, mais ou menos, às mesmas normas. Pode ainda ser estabelecido o usufruto sobre o estabelecimento. Por exemplo: o proprietário de um imóvel que mantinha uma padaria poderá alugar o imóvel juntamente com o estabelecimento, vale dizer, com o conjunto de bens que guarneciam a padaria, como geladeiras, fogões, maquinaria, balcões e outros instrumentos de trabalho, podendo ser adicionado o título do estabelecimento e, conseqüentemente, a freguesia. É possível até ser alugado um estabelecimento ativo, em funcionamento inclusive com os empregados.

Juridicamente, aluguel e arrendamento são sinônimos perfeitos, mas convencionalmente, aluguel ficou para o imóvel em si, e arrendamento para o estabelecimento.

Art. 1.146

"O adquirente do estabelecimento responde pelo pagamento dos débitos anteriores à transferência, desde que regularmente contabilizados, continuando, porém, o devedor primitivo solidariamente obrigado pelo prazo de um ano, a partir, quanto aos créditos vencidos, da publicação, e, quanto aos outros, da data do vencimento".

Este artigo especifica melhor o anterior, dando o alcance da responsabilidade de cada um dos envolvidos na cessão:

ADQUIRENTE – Ao adquirir o estabelecimento, responsabiliza-se ele pelas dívidas da empresa, devidamente contabilizadas. As que não constarem no balanço, presume-se que não sejam de seu conhecimento, a menos que se prove em contrário. Ficam essas dívidas sob a responsabilidade do alienante.

ALIENANTE – Ao vender o estabelecimento, fica ele solidariamente responsável pelo pagamento das dívidas da empresa pelo prazo de um ano. A contagem desse tempo começa, porém, sob critérios diferentes, a saber:

- se os débitos estavam vencidos no momento da transferência do estabelecimento: começa o prazo a partir da data da transferência;
- se os débitos estavam para vencer-se: o prazo de um ano começará a correr da data do vencimento desses débitos.

Embora fique a empresa detentora do estabelecimento responsável até sua transferência, o adquirente também assume a responsabilidade pelos débitos da empresa. Se assim não fosse, ensejaria fraude contra credores.

Art. 1.147

"Não havendo autorização expressa, o alienante do estabelecimento não pode fazer concorrência ao adquirente, nos cincos anos subseqüentes à transferência.

Parágrafo único – No caso de arrendamento ou usufruto do estabelecimento, a proibição prevista neste artigo persistirá durante o prazo do contrato".

Esta foi uma questão muito discutida em nosso país e agora devidamente ficou clara: é a proibição do alienante do estabelecimento em fazer concorrência ao adquirente. Ao vender o estabelecimento, o alienante não poderá se dedicar ao mesmo ramo de atividade que exercia anteriormente, a não ser após cinco anos. Houve uma demanda das mais famosas, no início deste século, referente à Cia. Paulista de Aniagem, que o Conde Armando Penteado vendeu e em seguida montou outra empresa com o mesmo ramo. O que realçou ainda mais a questão foi a presença de duas figuras expressivas como advogados das partes. Do lado do alienante, atuou Carvalho de Mendonça, o maior comercialista brasileiro e do lado do adquirente, Rui Barbosa.

O exercício de atividade concorrente fica também proibido quando não se trata de cessão, vale dizer, a transferência definitiva do estabelecimento, mas da transferência temporária graças ao arrendamento e ao usufruto, embora não no prazo de cinco anos, mas durante o contrato.

Art. 1.148

Salvo disposição em contrário, a transferência importa a sub-rogação do adquirente nos contratos estipulados para exploração do estabelecimento, se não tiverem caráter pessoal. Os terceiros poderão, porém, rescindir o contrato dentro em três meses a contar da publicação da transferência, se ocorrer justa causa, ressalvada, neste caso, a responsabilidade do alienante.

O adquirente entra na posse do estabelecimento, que passou a ser propriedade sua. Subroga-se nos direitos referentes ao estabelecimento, não sendo motivo para a rescisão dos contratos celebrados anteriormente pelo alienante. Entre eles, o contrato de locação do imóvel em que estiver localizado o estabelecimento, assunto esse tratado pela Lei de Luvas, tendo como questão primordial a ação renovatória.

Os terceiros, partes dos contratos, poderão, contudo, pedir a rescisão se tiverem motivos justos, como, por exemplo, o adquirente não ter idoneidade financeira igual ou superior à do alienante. Neste caso, o alienante permanecerá com responsabilidade sobre os compromissos assumidos.

Os contratos referentes à exploração do estabelecimento para os efeitos deste artigo, integram o estabelecimento e transferem-se com este. Como, entretanto, a alienação afeta o interesse de terceiros, estes poderão defendê-lo atacando essa transferência, com a rescisão de seus contratos.

Art. 1.149

A cessão dos créditos referentes ao estabelecimento transferido produzirá efeito em relação aos respectivos devedores, desde o momento da publicação da transferência, mas o devedor ficará exonerado se de boa-fé pagar ao cedente.

Ao ser transferido o estabelecimento, o adquirente torna-se titular dos direitos creditórios e os devedores deverão pagar a ele e não mais ao alienante, o antigo titular. Esta obrigação dos devedores vigora a partir da publicidade, dada no Diário Oficial, da averbação da venda do estabelecimento na Junta Comercial. Todavia, se o devedor pagar de boa-fé ao alienante, chamado neste artigo de cedente, terá a eficácia desse pagamento. Neste caso, o alienante terá incidido em crime de estelionato, recebendo um valor que já houvera transferido e que havia recebido.

Os créditos também farão parte do estabelecimento e se transferem com ele. Segue, porém, a regulamentação que lhe dá o Código Civil. O devedor não precisará dar seu acordo à transferência do estabelecimento, pois há modificação apenas quanto à pessoa do credor. O devedor tem que pagar e não lhe é altamente relevante saber a quem deve pagar. É uma das razões pelas quais deva o contrato de transferência ser registrado em cartório, a fim de possibilitar o conhecimento de terceiros.

O devedor poderá, entretanto, ser levado a pagar ao cedente, por desconhecer a transferência, agindo então de boa-fé. Estará, em casos assim, isento de responsabilidade.

11. DOUTRINA JURÍDICA DO AVIAMENTO

11.1. Conceito de aviamento
11.2. O ponto: conceito e elementos
11.3. Ação renovatória
11.4. A clientela
11.5. Concorrência desleal
11.6. Proibição de concorrência

11.1. Conceito de aviamento

O aviamento é a capacidade da empresa em produzir lucros. É o complexo de fatores corpóreos e incorpóreos, de fatores pessoais e mercadológicos que, reunidos, dão à empresa a aptidão de funcionar de forma produtiva. É difícil formar um conceito bem preciso de aviamento, pois os fatores que o integram são muito variados e complexos.

Podemos dizer que se integram no aviamento, entre outros fatores, um quadro de pessoal bem treinado e eficiente, produtos de boa qualidade e preço acessível e bem escolhidos para a aceitação do público consumidor, localização de fácil acesso e próxima à do seu público (ponto), crédito e conceito perante sua coletividade, uma atividade sincronizada que evidencie boa organização, dirigentes capacitados e bem referidos a ponto de inspirar confiança, tradição de bons serviços, clientela firme e constante.

Todos esses fatores, juntamente com outros que sejam peculiares ao ramo de atividade da empresa, integram-se no valor econômico do estabelecimento; faz parte do patrimônio deste. Assim, se uma empresa for transferida para outras pessoas, transferem-se também o aviamento e os elementos deste, não sendo possível separá-los.

A doutrina jurídica do aviamento não é criação recente, mas vem sendo elaborada desde o início do século. O extraordinário comercialista Cesare Vivante, no seu monumental TRATATTO DE DIRITTO COMMERCIALE, já o havia previsto, definindo-o como "a expectativa de lucros futuros" de uma empresa, isto é, o atributo de uma empresa, o bom predicado que a capacita ao exercício de suas atividades, a trabalhar com eficiência. É conveniente transcrever o magnífico conceito apontado pelo insigne mestre peninsular:

L'avviamento è l'aspettativa di lucri futuri, fondata specialmente sull'assortimento delle merci, sul nome, sull'insegna, sulla posizione locale che serve di ricchiamo ai vecchi e ai nuovi clienti, sull'abilità dei comessi, sulle pratiche tradizionale di corretezza, di fido, di piccoli servizi.	O aviamento é a expectativa de lucros futuros, fundada especialmente sobre a variedade das mercadorias, sobre o nome, a expressão ou sinal de propaganda, a localização do estabelecimento que serve de atração aos velhos e novos clientes, a tradicional correção do comportamento, ao crédito e pequenos serviços.

Concluímos ser o aviamento um atributo da empresa, um predicado inerente a ela, ou mais precisamente, ao seu estabelecimento.

Há, pois, muita correlação entre aviamento e estabelecimento; contudo, o estabelecimento tem um sentido estático, como um conjunto de bens, enquanto o aviamento é um atributo, vale dizer, a capacidade funcional dele.

Sendo um atributo, uma qualidade, é de natureza incorpórea, imaterial; encontra por isso dificuldade de mensuração. Em alguns casos, porém, pode auferir o valor do aviamento. Um deles é com a venda de uma empresa: uma empresa, ao ser vendida, apura seu patrimônio no balanço e constata, por exemplo, o valor de R$ 10.000,00; entretanto, ela é vendida por R$ 30.000,00. Como se explica que uma empresa com patrimônio ativo de R$ 10.000,00 é vendida por R$ 30.000,00? A diferença é o valor do aviamento.

Examinemos outro modelo: o sócio de uma empresa quer retirar-se, vendendo sua quota. O balanço da empresa aponta o patrimônio de R$ 45.000,00. O capital é dividido entre três sócios, correspondente a cada um a cota de R$ 15.000,00. Todavia, o sócio retirante vende sua parte por R$ 30.000,00, ou seja, o dobro do valor apurado no balanço. Por qual motivo teria o novo sócio pago o dobro do valor da cota? Se pagou mais por essa cota, é porque o novo sócio entrará numa empresa com capacidade de lhe proporcionar lucros bem superiores ao investimento. Essa diferença é o valor do aviamento, devidamente comprovado.

No valor da venda foi incluída, como novo valor, a expectativa de lucros futuros, da qual falou Vivante. A mensuração do aviamento pode ocorrer tanto quanto a do estabelecimento. O Código Comercial francês e o Código Civil italiano prevêem inclusive seu registro no balanço, caso houver retirada de sócio ou se a empresa for vendida, contabilizando-se o valor da venda. É o que assegura, por exemplo, art. 2427 do Código Civil italiano:

Valore dell'avviamento	Valor do aviamento
L'avviamento può esse iscrito nell'attivo del bilancio soltanto quanto è stata pagata una somma a tale titolo nell'acquisto dell'azienda alla quale si riferisce, e per un importo non superior al prezzo pagatto.	O valor do aviamento pode ser inscrito no ativo do balanço apenas quando for paga uma soma a tal título na aquisição do estabelecimento a que se refere, e por um valor não superior ao preço pago.

Com o mesmo sentido de aviamento fala-se muitas vezes a "tecnologia". O direito tradicional pouca referência faz à tecnologia, por não ter sido ela considerada um elemento importante na vida empresarial. Não é de hoje, entretanto, que ela se faz sentir como importante fator do estabelecimento. A Revolução Industrial, movimento renovador da produção industrial ocorrida na Inglaterra desde o século XIX, de certa forma, assentou-se sobre a tecnologia. Contudo, embora o sucesso das empresas européias e, posteriormente, dos EUA estivesse ligado ao desenvolvimento tecnológico, só nos últimos anos passou ela a constituir-se num relevante instituto jurídico. Realçam-se modernamente no mundo jurídico os contratos de transferência de tecnologia.

Não há uma definição precisa do que seja tecnologia, mas se pode fazer uma noção estável sobre o que enfocam o direito das coisas, a economia e outros pontos de vista, que, no mundo moderno, vêm-se constituindo num bem cada vez mais valioso e se internacionalizando constantemente.

Entende-se como tecnologia todo o complexo de idéias criadas pelo saber humano, pelo gênio e criatividade do ser humano. Pode ser um processo de fabricação ou produção de bens de maneira econômica, a criação de um nome ou de um produto que tenha a possibilidade de aceitação pública de forma mais segura, a fórmula de um produto químico ou farmacêutico, um modo de trabalho que economize tempo ou mão-de-obra, uma cooperação técnica entre duas empresas, maneiras de manipular matérias-primas ou combinar ligas metálicas.

Juridicamente, a tecnologia é um bem; um bem imaterial, não-corpóreo, de natureza intelectual. O nosso Direito das Coisas enquadra-o no seu âmbito de tutela, por considerar o bem intelectual como coisa, embora seja um bem incorpóreo. O enfoque do Direito das Coisas é feito, contudo, pelo ângulo do direito da propriedade. A tecnologia constitui um bem suscetível de apropriação pelo homem, ou seja, é propriedade de quem a criou ou a fez criar. O titular dos direitos de propriedade sobre esse bem poderá fazer valer esses direitos "jus utendi, fruendi et abutendi".

Modernamente, a tecnologia é um dos fatores integrantes do estabelecimento. Sem tecnologia aperfeiçoada, nenhuma empresa conseguirá resistir à concorrência de empresas tecnologicamente mais desenvolvidas. Não só as empresas como ainda os países. Não constitui coincidência o fato de serem os países ricos os que desenvolveram alta tecnologia, chamada tecnologia de ponta, e os países que não conseguiram elaborar tecnologia aperfeiçoada serem relegados ao terceiro mundo.

Exemplo sugestivo é o Japão, país paupérrimo, sem os principais recursos imprescindíveis à industrialização: não tem quedas d'água e por isso não pode ter energia hidrelétrica; não tem ferro, carbono, cobre, manganês, ouro, prata, petróleo e nem extensas terras cultiváveis. Todavia, industrializou-se e desfruta hoje de situação econômica invejável. Na verdade, o "milagre" japonês não existe, mas uma causa concreta e visível. Conseguiram as empresas japonesas elaborar a mais avançada tecnologia que o mundo conheceu; criaram métodos de trabalho produtivos, sistemas de economia de matéria-prima e mão-de-obra, inventaram ferramental (modelo de utilidade) de alta eficiência, como os robôs. Graças à bem elaborada tecnologia, as empresas nipônicas conseguiram produzir artigos de boa qualidade, em grande quantidade e a preço mais baixo do que conseguem as empresas de outros países. O mesmo ocorreu com as empresas dos EUA, da Alemanha, da França, da Itália e outros.

O que acontece com um país acontece com uma empresa. Nenhuma empresa conseguirá sobreviver se não aprimorar sua tecnologia, ou seja, o seu aviamento. Pequenas siderúrgicas japonesas produzem mais e melhor e são mais lucrativas do que as nossas grandes, mas obsoletas siderúrgicas, como as de Volta Redonda, a Cosipa e outras.

Integram-se na tecnologia os elementos do estabelecimento regulamentados pela nossa Lei de Patentes, a Lei 9.279/96, como o modelo de utilidade, a invenção e o desenho industrial. Aliás, a tecnologia é mesmo uma invenção. Em nosso tempo, a tecnologia consta de muitos fatores, como a informática e os robôs. Foi neles, principalmente, que se baseou a moderna tecnologia do Japão e dos países do Primeiro Mundo.

Aviamento = tecnologia = organização

Pelo exposto, poderemos considerar a tecnologia como sinônimo de aviamento. É a tecnologia adotada na combinação dos vários elementos do estabelecimento. Já vimos que o estabelecimento ou fundo de comércio e indústria é um conjunto de bens corpóreos e incorpóreos, mas não é um conjunto indigesto de bens. É um conjunto de bens com íntima e lógica conexão.

Esses bens precisam de ser bem combinados, encadeados, para que possam dar a eles o maior valor. Como diz o Código Comercial francês: "Esses elementos são reunidos com vistas à conquista e à retenção de uma clientela. Tem esse conjunto de bens uma finalidade específica".

Se o estabelecimento tem um caráter instrumental, se pretende conquistar e reter uma clientela, tem de combinar muito bem seus elementos, para obter maior eficácia: é a combinação com tecnologia. Assim sendo, toda empresa tem uma tecnologia de trabalho, mas essa pode ser mais aperfeiçoada ou menos aperfeiçoada. A combinação dos elementos do fundo de comércio e indústria tem um valor econômico variável de acordo com a tecnologia aplicada nessa combinação. É, portanto, a tecnologia um atributo da empresa ou do estabelecimento, uma qualidade, uma forma de ser do estabelecimento.

Surgiu nesses últimos anos um novo sinônimo de aviamento e tecnologia: organização de empresas. É um termo já incorporado no vocabulário jurídico. Empresa bem organizada é empresa com bom aviamento; é empresa com aplicação de eficaz tecnologia no seu trabalho. Não é, entretanto, termo antes desconhecido. Quando o art. 2555 do Código Civil italiano disse que o estabelecimento é o conjunto de bens organizados pelo empresário para o exercício da empresa, aplicou esse termo; os bens integrantes do fundo de comércio e indústria devem ser "organizados" para formar o conjunto. Já havíamos encontrado essa expressão no art. 2082 do Código Civil italiano, ao conceituar a empresa como sendo "quem exerce profissionalmente atividade econômica organizada para a produção e venda de mercadorias e serviços"; concluímos que a organização é elemento essencial da empresa. Toda empresa tem determinada organização (ou aviamento ou tecnologia), por mais defeituosa que seja. Para sua sobrevivência, todavia, não basta ter organização. Na era em que se busca maior produtividade, capacidade concorrencial, conquista e retenção do mercado consumidor, é preciso que a organização de uma empresa seja a mais perfeita possível. A empresa precisa ser cientificamente organizada, sob pena de sucumbir ante a concorrência. Não é, pois, a organização científica um requisito essencial da empresa moderna apenas sob o ponto de vista jurídico, mas também econômico.

Em suma, voltamos a considerar aviamento, tecnologia e organização empresarial como sinônimos, constituindo nova e relevante questão do Direito Empresarial. Vêm-se disseminando em todo Brasil um curso superior denominado "Administração de Empresas". Se examinarmos os programas de ensino desse curso, notaremos que grande parte deste estudo é reservado à organização empresarial ou tecnologia empresarial, sinônimos de aviamento. Malgrado seja o termo "tecnologia" mais aplicado à produção industrial, não se restringe apenas a esse lado da atividade empresarial. Há uma tecnologia administrativa, um sistema cientificamente elaborado de administração; pode ser um programa de computador, uma técnica de comunicações ou propaganda, uma estratégia mercadológica, ou uma tecnologia geral de se administrar ou dirigir uma empresa.

11.2. O ponto: conceito e elementos

Os principais elementos do aviamento são, normalmente, o ponto e a clientela. O ponto é o local estratégico em que o estabelecimento estiver instalado. Um dos principais fatores do sucesso do antigo magazine MAPPIN era o seu ponto, onde passava diariamente um volumoso público. Outro exemplo marcante são as pequenas lojas nas proximidades da Estação da Luz e da Estação da Sorocabana, em São Paulo, como em outras estações ou locais de grande afluxo de pessoas. O valor econômico do ponto pode ser aferido com a sobretaxa costumeiramente paga à margem do aluguel, chamada de "luvas" ou "chaves". A diferença entre o aluguel do imóvel e o valor total pela locação revela o valor do ponto.

A proteção ao ponto provocou o surgimento de uma legislação locatícia paralela à Lei do Inquilinato. Existiam então duas legislações para regulamentar a locação: a Lei do Inquilinato regulamentava a locação residencial e a Lei de Luvas regulamentava o aluguel de imóveis para fins empresariais, o Decreto 24.150/34. Não surgiu confusão entre as duas leis e a tutela ao ponto encontrou guarida nessa legislação.

Todavia, ambas foram revogadas por nova Lei do Inquilinato, a Lei 8.245/91, que fundiu numa só lei ambos os institutos. A nova Lei do Inquilinato trouxe duas seções, no capítulo II:

A seção I – Da Locação Residencial – regula a locação de imóveis para fins comerciais. É questão tratada pelo Direito Civil.

A seção II – Da Locação Não-Residencial, nos arts. 49 a 57, incorpora as normas da antiga Lei de Luvas, cuidando da locação de imóveis para fins empresariais.

O espírito da lei continuou o mesmo: respeitar e valorizar o trabalho de uma empresa que, exercendo com proficiência suas atividades, cria vultosa clientela, com afluxo de pessoas ao local em que estiver estrategicamente instalada. As atividades da empresa-inquilina criou um sobrevalor que se adiciona ao valor do imóvel locado. Nessas condições, o trabalho e os esforços da empresa-inquilina valorizam o imóvel do locador.

Não seria justo que o proprietário do imóvel se enriquecesse graças ao trabalho da empresa-inquilina. Seria, não diremos um enriquecimento ilícito, mas um enriquecimento sem causa. Sem qualquer esforço, o proprietário do imóvel aumentou seu patrimônio à custa do trabalho alheio. Seria, segundo nossas esquerdas, o triunfo do capital improdutivo sobre o trabalho produtivo. Não estaria sendo aplicada a máxima de Ulpiano: "suum quique tribuere" (atribuir a cada um o que é seu).

O ponto é o local apropriado para a empresa exercer suas atividades. Não tem ele muito valor mercadológico para uma indústria. O público consumidor dos produtos de uma indústria compra dela pela confiança que ela inspira e pela boa qualidade e preço acessível dos produtos. Para as empresas dedicadas ao comércio varejista, entretanto, o ponto é fator importantíssimo no aviamento delas. Ramo de atividade em que o ponto se realça é o das empresas franqueadas, ou seja, as que operam no sistema de "franchising" (franquia). Exemplos frisantes são as lanchonetes como a McDonald's e outros. As lojas de perfumarias, como a L'acqua di Fiori, a Boticário e muitas outras.

Tomemos, por exemplo, as lanchonetes McDonald's. É exemplo vivo do que pode conseguir o bom aviamento, inclusive com o ponto. Essas lanchonetes conseguem atingir com sucesso seu objetivo empresarial: a conquista da clientela, com obtenção de lucros. Como conseguiu esse "desideratum"? Foi graças à feliz combinação dos diversos fatores da estruturação de suas operações: a escolha cuidadosa do local em que se situa (ponto), o treinamento de seu pessoal, capacitando-o no exercício de suas funções profissionais, a elaboração de eficaz método de trabalho, com "know-how" próprio, evoluído e exclusivo, a criação de produtos atrativos para a clientela, a publicidade bem dirigida, instalações confortáveis e de bom visual. É, enfim, um complexo de fatores que tornaram a empresa eficaz nas suas operações.

Vejamos o exemplo a seguir: um microempresário instala uma sorveteria num pequeno imóvel. Capricha na qualidade de seus sorvetes, orienta bem seu pessoal no atendimento da clientela, elabora efetivo método de trabalho; enfim, adota e desenvolve os mesmos fatores da McDonald's. Após dez anos de trabalho eficaz, conquista enorme rentabilidade e movimento. Com essas conquistas, contribuiu para a valorização do imóvel alugado, trazendo benefícios ao proprietário deste.

Contudo, o senhorio, ao ver o sucesso do inquilino, toma-lhe o imóvel e nele instala sorveteria, arrebatando assim a freguesia construída pelo inquilino em anos de profícua gestão. Em termos de Direito da Propriedade Industrial seria autêntica usurpação, o uso da clientela alheia para mercadoria própria, ou, em termos de crimes contra a propriedade industrial, um verdadeiro roubo de clientela, que é propriedade alheia. Urge, pois, que o direito coíba esse verdadeiro crime e impeça tão grande injustiça. Para tanto, a Lei do Inquilinato assegura os direitos da empresa-inquilina uma justa reparação, graças à ação renovatória.

11.3. Ação renovatória

A ação renovatória é o "remedium juris" concedido a uma empresa que tenha valorizado, com seu trabalho, o imóvel ocupado para suas atividades, embora pertencesse a outra pessoa. É ação de rito especial, próprio dela, destinada a correr de maneira simples e rápida. Tramita no período de férias forenses, realizando-se audiências nesse período, no qual não haverá interrupção ou suspensão de prazos. Como só acontece com ações tendo imóveis por objeto, o foro competente para conhecer e julgar a ação renovatória é o do local em que o imóvel estiver situado, salvo se as partes do contrato de locação tenham convencionado a adoção de outro foro.

A petição inicial observa as normas gerais do processo, devendo a empresa-inquilina requerer a citação do réu-senhorio e fazendo a oferta do aluguel a ser pago. As comunicações processuais poderão ser feitas também por fax ou telex. O valor da causa será correspondente a doze aluguéis.

Há certos requisitos de direito substantivo para essa ação. Implica na existência de contrato de locação de imóvel destinado à atividade empresarial do inquilino, por escrito e com prazo determinado. O prazo mínimo do contrato é de cinco anos. No imóvel, necessário será que o inquilino esteja operando com a mesma atividade por período mínimo de três anos. Considera a lei que esse prazo será o mínimo necessário para que possa ser formada e consolidada a freguesia, com o afluxo constante de pessoas ao ponto.

Não considera a lei que possa ser formada uma clientela segura, se o inquilino num ano mantém uma casa de presentes, noutro uma loja de roupas, noutro de peças automobilísticas e noutro uma sorveteria. Imprescindível, pois, que nos últimos três anos, anteriores à propositura da ação renovatória, o inquilino tenha se dedicado a atividade contínua.

A "facultas agendi" não é privativa da pessoa que figure, como inquilino, no contrato. Esse direito poderá ser exercido também pelos cessionários ou sucessores do locatário. No caso de sublocação total do imóvel, o direito à renovação só poderá ser exercido pelo locatário. Estende-se ainda esse direito à sociedade empresarial de que o locatário faça parte. Destarte, se um imóvel for alugado a uma pessoa física, constando no contrato de locação que o imóvel possa ser utilizado por sociedade de que o locatário participe, esta sociedade poderá também requerer a ação renovatória. Se o locatário vier a falecer, permanece o direito à ação para a sociedade, que o exercerá, movida pelos sócios supérstites. O prazo para a propositura da ação é limitado, deverá ela ser proposta no prazo mínimo de seis meses e máximo de um ano, anteriores ao vencimento do contrato. Digamos, então, que o contrato de locação seja celebrado no dia 01/01/2000, com vencimento em 31/12/2005: a ação renovatória deverá ser empreendida no período de 01/01/2004 a 30/06/2004.

O locador, por sua vez, tem motivos legais para opor-se à renovação. Não estará obrigado a renovar o contrato, se estiver constrangido pelo Poder Público, normalmente a Prefeitura, para fazer reformas no imóvel. Essas reformas deverão aumentar o valor do imóvel de forma sensível, para justificar a recusa da renovação pelo proprietário.

Outro motivo para a recusa é a necessidade do imóvel para uso próprio, ou melhor, para ser transferida empresa de que o locador detiver a maioria do capital. Essa empresa (a Lei fala em fundo de comércio) deverá existir há mais de um ano anteriormente ao ajuizamento da ação. Procura-se assim evitar a fraude de se constituir uma empresa só para ensejar a recuperação do imóvel de forma sensível, para justificar a recuperação do imóvel. Essa empresa poderá ter o capital dominado não só pelo locador, mas por seu cônjuge, ascendente ou descendente.

Contudo, o locador não poderá transferir para o imóvel ou nele instalar um ramo de atividade semelhante ao do antigo locatário. Seria então uma apropriação da clientela formada pela empresa que ocupava o local, o que choca o espírito da lei. Excetua-se o caso de o imóvel locado ser constituído não só do prédio, mas também de instalações, formando um estabelecimento. Por exemplo, o locatário aluga um prédio contendo instalações de uma sorveteria, aproveitando-se assim de um estabelecimento pertencente ao locador. Não poderá assim propor renovação.

O terceiro motivo para a recusa é o de estar o aluguel ofertado pelo inquilino abaixo do preço do mercado. Poderá o locador invocar a possibilidade de alugar o imóvel com aluguel do qual o inquilino atual não poderá aproximar. Deverá contudo apresentar em juízo a proposta de outro inquilino, que o atual não poderá igualar. Se o atual inquilino não cobrir a proposta, o locador poderá reaver o imóvel.

Digamos, porém, que o proprietário não alugue o prédio de acordo com a proposta apresentada. Ou então, recusou a renovação porque a Prefeitura exigia reformas e não houve as obras exigidas, após três meses da entrega do imóvel. Nesses casos, houve insinceridade por parte do proprietário. A empresa-inquilina terá direito à indenização para ressarcimento dos prejuízos e dos lucros cessantes que tiver que arcar com a mudança, perda do ponto e desvalorização do estabelecimento.

Interessante inovação da atual Lei do Inquilinato, a Lei 8.245/91, é o estabelecimento de normas especiais sobre a locação de espaço em "shopping centers". A lei dá essa denominação a esses centros varejistas, apesar de há muitos anos não se poder usar expressões de língua estrangeira nas leis nacionais. O "shopping center" está proliferando em todo o Brasil e constitui hoje um importante segmento da atividade empresarial. Não é, pois, de se admirar que surjam normas específicas para ele. Destarte, tratando-se de espaço em "shopping center", o locador não poderá opor-se à renovação, alegando precisar do imóvel para instalar empresa sua.

A situação é realmente "sui generis". Há, na verdade, a incidência de dois pontos: um é o da loja no shopping e o outro é o do próprio shopping. O inquilino de um shopping adquire seu ponto ao instalar sua loja. Posteriormente, vai valorizar esse ponto. Poderá então defender dois direitos, um deles em conjunto com seu locador. Vejamos então alguns casos especiais.

Conforme já comentado, o locador pode opor-se à ação renovatória se ele precisar do imóvel para instalar estabelecimento seu e não tiver outro local próprio, para onde possa transferir-se. Por exemplo: uma empresa está sendo despejada do imóvel em que estiver instalada, entretanto, tem ela um imóvel alugado e o inquilino de seu imóvel está empreendendo ação renovatória contra ela. Assim sendo, não será justo ficar a proprietária na rua, pois a Justiça lhe nega o direito de reaver o imóvel.

Se porém esse imóvel for localizado em shopping, essa causa para oposição à ação renovatória não poderá ser invocada. As razões lógicas não ficaram esclarecidas pela lei, mas há muitas considerações. Uma delas é a de que num shopping existem centenas de lojas e poderá ser facilmente alugada uma delas, respeitando-se o ponto do inquilino.

Outra ocorrência pode-se revelar. O shopping pode realizar obras no imóvel, abalando o ponto de seus inquilinos, sem que estes possam opor-se. Isto porque as obras são realizadas no ponto do shopping, em áreas comuns, e não no ponto do inquilino. O que não poderá fazer o shopping é realizar obras no ponto do inquilino, ou seja, na loja deste, senão atingiria o ponto do inquilino.

Trata-se de contrato de locação, mas com várias peculiaridades, exigindo formas especiais de aplicação da Lei do Inquilinato. É o que ficou expresso no art. 54 da Lei do Inquilinato:

> "Nas relações entre lojistas e empreendedores de shopping center, prevalecerão as condições livremente pactuadas nos contratos de locação respectivos e as disposições procedimentais previstas nesta Lei".

Fala este artigo em "contrato de locação", mas não chama as partes de "locador" e "locatário" e sim "lojista" e "empreendedor". Se as partes são outras, então o contrato de locação é também outro contrato, ou um contrato de locação especial. Aliás, a própria exposição de motivos da Lei, publicada pelo Diário do Congresso Nacional, justifica a nova regulamentação de forma bem incisiva.

Convivendo um ponto dentro de outro ponto, entre as duas partes – empreendedor e lojista – o contrato de locação cria um complexo de relações jurídicas de que o contrato de locação é um componente. Concorrem os interesses empresariais do empreendedor (não apenas locatícios) e os interesses semelhantes dos lojistas, convergendo esses interesses para um objetivo comum e mais elevado, constituindo uma "affectio societatis in fieri". Surge um tipo de associação entre eles. Por isso realça-se o predomínio da vontade das partes no contrato, das cláusulas livremente pactuadas.

As despesas cobradas pelo empreendedor não poderão ser cobradas do lojista, com os mesmos critérios adotados para o contrato comum de locação. Se o locador fizer no imóvel obras de reformas ou acréscimos que interessam à estrutura integral do imóvel, poderá cobrar essas despesas do locatário, pois elas trouxeram a este benefícios. Não poderá cobrar todavia dos lojistas, visto que as despesas trazem benefício mais ao imóvel do que aos locatários. O mesmo critério é adotado com pintura das fachadas, empenas, poços de aeração e iluminação, bem como esquadrias externas.

O shopping center é um condomínio semelhante ao dos edifícios de apartamentos residenciais, observando as normas comumente aplicadas ao funcionamento dos condomínios. Nos condomínios, o locador deve pagar as despesas extraordinárias e o locatário as ordinárias, considerando-se estas últimas como referentes à manutenção rotineira dos edifícios. As despesas anteriormente referidas são consideradas como extras e por isso cobertas pelo empreendedor e não pelo lojista. Poderá o empreendedor cobrar do lojista as obras realizadas no interior da loja locada; neste caso, o benefício direto será do lojista.

As despesas cobradas do locatário (lojista) devem ser previstas em orçamento, salvo casos de urgência ou força maior, devidamente demonstradas, podendo o lojista, a cada sessenta dias, por si ou por entidade de classe, exigir a comprovação das mesmas. A previsão das despesas condominiais é exigência para o lojista e não para o locatário comum.

Não são cobráveis também do locatário de lojas em shopping center as despesas com obras ou substituições de equipamentos, que impliquem modificar o projeto ou o memorial descritivo da data do habite-se e obras de paisagismo nas partes de uso comum.

11.4. A clientela

Outro fator relevante do aviamento é a clientela, também chamada de freguesia. É o fluxo de pessoas que adquirem os produtos vendidos pela empresa, sejam eles mercadorias ou serviços. Toda empresa trabalha com seus produtos e luta para levá-los às mãos de seus consumidores. A clientela é, portanto, a própria razão de ser da empresa.

Além de ser um fator de aviamento, a clientela é também conseqüência dele. Para que uma empresa tenha clientela é preciso que tenha um bom aviamento. Toda a luta de uma empresa, ao aparelhar-se, produzir bens de boa qualidade e preço módico e tantos cuidados que toma, visa, em última instância, a conquistar para si a clientela. Considerando essa luta, o direito procura tutelar a clientela de uma empresa, como se fosse um bem que lhe pertence. A Lei de Luvas, o revogado Decreto 24.150/34, ao defender os direitos do empresário sobre o seu ponto, defende ainda o direito sobre a clientela. O moderno direito criou o instituto da "concorrência desleal", atingindo especificamente a clientela. Apesar de ter sido revogada a Lei de Luvas, a nova Lei do Inquilinato mantém a proteção à clientela como valor jurídico, bem como várias outras leis.

A clientela é conquista da empresa, por trabalho de muitos anos, agregando-se ao seu patrimônio imaterial. Por ser fruto da elaborada atividade da empresa e componente de seu ativo, é necessário que o direito tutele esse bem imaterial. As empresas concorrentes lutam para formar sua clientela e a conseguirão se tiverem um bom aviamento e exercerem um trabalho consciente e planificado. A lei tutela esse trabalho, mas o que não pode permitir é que se aproveitem do trabalho alheio, sugando a clientela de outras empresas, com uso de artifícios ilegais e desonestos. Por essa razão, o Direito da Propriedade Industrial protege a clientela, com diversas leis.

11.5. Concorrência desleal

A proteção à clientela está atualmente cuidada pela Lei de Patentes (Lei 9.279/96), nos arts. 183 a 209, num Título chamado "Dos Crimes contra a Propriedade Industrial".

Na órbita civil, a empresa que for prejudicada pelo desrespeito à sua propriedade industrial, mormente a clientela, poderá empreender busca e apreensão de mercadorias que façam concorrência ilícita, desviando sua clientela. Outra medida será a reparação de perdas e danos para o ressarcimento dos prejuízos causados pela concorrência desleal.

Concomitantemente, a empresa lesada poderá empreender ação criminal contra os dirigentes da empresa concorrente que tiver infringido as normas legais da concorrência desleal. As penas mais comuns para os vários crimes são multa e prisão de três meses a um ano. Pelo que se nota, a concorrência desleal poderia muito bem ser chamada de concorrência criminosa, uma vez que a Lei fala em crimes.

Em doze incisos, o art. 195 da Lei de Patentes previu as incidências de crimes de concorrência desleal e suas penas, agrupados em três modalidades, a saber:

a – desviar clientela alheia (incisos I a III);

b – criar confusão de produtos (incisos IV a VIII);

c – atos imorais (incisos IX ao XII).

a – Desviar clientela alheia

Examinemos a primeira modalidade de crimes de concorrência desleal, consistente no desvio criminoso da clientela de outra empresa. Comete crime de concorrência desleal quem publica pela imprensa, ou por outro modo, falsa afirmação, em detrimento do concorrente, com o fim de obter vantagem indevida. É esta a prática muito constante em todos os países, inclusive no

Brasil. Anos atrás, a concorrência fez publicar notícia de que um operário da Coca-Cola caiu no tanque de fabricação e foi dissolvido pelo refresco. Há pouco tempo, empresas concorrentes fizeram com que órgãos de comunicação divulgassem amplamente que balas, caramelos e outros confeitos fabricados por uma empresa de Jundiaí continham cocaína.

Incorre no mesmo crime quem presta ou divulga, com intuito de lucro, acerca de concorrente, falsa afirmação capaz de causar-lhe dano. É um caso parecido com difamação. É a provocação de falatórios desairosos contra uma empresa, levando sua clientela a retrair-se. Nos EUA existem agências especializadas em espalhar boatos e outros atos de sabotagem nas empresas concorrentes, mas no Brasil também se constataram atividades de organizações semelhantes. Geralmente clandestinas ou camufladas como agência de propaganda ou promoções, essas entidades exercem profunda influência, utilizando-se comumente de órgãos de comunicação massiva, como a televisão.

A falsa informação pode ser depreciativa da empresa atingida, ou de seus produtos. Se for uma indústria alimentícia ou laboratório farmacêutico, pode-se espalhar notícias de que está sob inspeção do Ministério da Saúde, que a empresa foi multada por fabricar produtos prejudiciais à saúde. Se for um banco, pode-se divulgar noticiário de que está sofrendo corrida de clientela, que está sob intervenção do Banco Central. Apesar da ilicitude dessa atividade, não consta que alguém tenha sido processado por esses motivos.

Outro tipo de crime praticado diretamente contra a clientela é o emprego de meio fraudulento para desviar em proveito próprio ou alheio, clientela de outrem. O emprego de meio fraudulento ressalta o caráter de ilegalidade dessas ações. Julgamos mais própria a designação de concorrência ilícita, ou concorrência criminosa, do que desleal. Se a lei proíbe é ilegal; se a lei cataloga como crime, é criminosa. Embora já consagrada em nosso código, a nomenclatura de concorrência desleal é muito mitigada, talvez um eufemismo. Não estabelece a lei os parâmetros das fraudes cometidas para desvio de clientela. Contudo, os jornais publicam freqüentemente comunicado de empresas, queixando-se de que outras empresas se declaram distribuidoras de produtos de exclusiva distribuição da queixosa.

Criar confusão de produtos

O segundo grupo de crimes de concorrência desleal é o de criar confusão, como o das indicações de falsa procedência. É o caso do whisky escocês fabricado em São Paulo. As garrafas dessa bebida trazem de forma bem discreta o nome do fabricante brasileiro. Esse modo de agir cria confusão na mente do consumidor, que acredita estar comprando produto importado, mas é nacional. É concorrência desleal porque prejudica a empresa concorrente que vende o produto importado, de verdadeira procedência. É, pois, crime de concorrência desleal produzir, importar, armazenar, vender ou expor à venda mercadoria com falsa indicação de procedência; ou então usar em artigo ou produto, em recipiente ou invólucro, em cinta, rótulo, fatura, circular, cartas ou em outro meio de divulgação ou propaganda, termos retificativos, tais como "tipo", "espécie", "gênero", "semelhante", "sistema", sucedâneo", "idêntico" ou "equivalente", não ressalvando a verdadeira procedência do artigo ou produto.

É o exemplo de um vinho fabricado em Garibaldi – RS, mas chamado "Porto" e com sabor parecido. Ou então um vinho marca "Conforto", tendo o dístico "tipo Porto". Cria confusão na escolha do consumidor, que poderá incorrer em erro e faz concorrência desleal contra produtor e distribuidor do legítimo vinho "Porto", ou seja, de procedência da região do Porto, em Portugal. A falsa indicação de procedência aplica-se não só ao lugar de onde provenha um produto, mas também do fabricante, o que revela origem confusa. Por isso, ficou previsto no artigo 180, como crime, usar marcas, nome empresarial, título de estabelecimento, insígnia, expressão ou sinal de propaganda, que indique procedência que não a verdadeira, ou vender ou expor à venda produto ou artigo com eles assinalados. Dá a falsa impressão de um artigo fabricado por uma indústria famosa por seus produtos.

Armar confusão com os produtos é o mais comum dos crimes de concorrência desleal. Nossa lei prevê três tipos de confusão: usurpação, contrafação e imitação.

Usurpação – consiste em substituir, pelo seu próprio ou nome empresarial, em mercadoria de outro produtor, o nome deste, sem o seu consentimento. Por exemplo: uma nova cervejaria produz cerveja própria, mas como ainda não tem freguesia, dá a seu produto o nome de Kaiser. A empresa produtora da cerveja Kaiser tem investido maciçamente em propaganda, para divulgar seu produto. A nova empresa apropriou-se, então, da marca alheia legítima, pertencente a outra empresa, para apô-la nos produtos ilegítimos. A usurpação é feita em produtos de mesma classe, ou do mesmo gênero de atividade. Assim, existe o sorvete Alaska com marca registrada; não praticará usurpação uma malharia que utilizar a marca Alaska para malhas de lã, a menos que a utilização da marca alheia seja aplicada de forma tal que cause confusão, ou seja, ação criminosa. Não será também usurpação dar o nome de Kaiser a um liqüidificador.

A usurpação não ocorre apenas com as marcas, mas com outros direitos de Propriedade Industrial. É possível ainda a usurpação de expressão ou sinal de propaganda. Aconteceu recentemente com importante distribuidora de gás engarrafado que adotou como expressão ou sinal de propaganda a música "Pour Elise", que passou a identificar imediatamente a distribuidora perante seus usuários. Logo, alguns distribuidores avulsos começaram a utilizar-se da mesma música, atraindo a atenção da freguesia alheia, promovendo perante ela seus produtos.

Outra maneira de usurpação é atribuir-se, como meio de propaganda de indústria, comércio e serviços, recompensa que não obteve. É a hipótese de um tecido ao qual se atribui o prêmio FENIT, ou uma peça automobilística que tenha conquistado certificado de qualidade no Salão do Automóvel, quando essas conquistas não ocorrerem. A empresa que assim age estará atribuindo a seus produtos uma qualidade que pertence a outrem.

A usurpação consiste não só em produzir artigos com marca alheia, mas ainda em comercializá-los, como vender e expor à venda em recipiente ou invólucro de outro produtor, mercadoria adulterada ou falsificada, ou dele se utilizar para negociar com mercadoria da mesma espécie, embora não adulterada ou falsificada se o fato não constituir crime mais grave.

Contrafação – É a reprodução total do produto patenteado por outra empresa, pondo ou não a marca. É o caso de alguém fabricar um carro Monza, sendo uma cópia servil e completa do carro fabricado pela General Motors, vendendo-o com a mesma marca ou com marca diferente. Reproduzir é repetir, copiar; é fazer uma cópia idêntica, sem disfarces nem retoques, como se fosse uma fotografia. Pode haver contrafação de qualquer tipo de registro no INPI. Por isso, prevê o art. 191 da Lei de Patentes, como crime, reproduzir, sem a necessária autorização, ou imitar de modo que possa causar confusão, em marcas de indústria e de comércio, nome empresarial, título do estabelecimento, insígnia, expressão ou sinal de propaganda, armas, brasões ou distintivos públicos, nacionais ou estrangeiros.

A contrafação é diferente da usurpação; nesta, o usurpador aproveita-se da marca alheia para apô-la em produtos dele; na contrafação, não há apropriação da marca, porém do modelo ou desenho industrial. É aplicada principalmente para o desenho industrial. É razão por que a Lei de Patentes prevê como crime violar direito assegurado por patente ou registro de desenho industrial, reproduzindo, sem autorização do concessionário, desenho industrial com direitos garantidos. Ou então, explorando, importando, vendendo, expondo à venda, ocultando, ou recebendo para ser vendido objeto que seja cópia de desenho industrial privilegiado.

Imitação – A imitação é considerada por alguns juristas, como um tipo de contrafação, por ser a reprodução de marca, produto e outro Direito de Propriedade Industrial, cujo privilégio pertença a outrem. Não é, porém, a reprodução total e perfeita, mas a reprodução parcial e imperfeita. É, sim, um tipo de reprodução, como é a contrafação. É mais comum do que a contrafação, pois esta é muito difícil, escandalosa e identificável, enquanto a imitação é mais sutil. Falamos, por exemplo, de se reproduzir um carro Monza, integralmente. A contrafação desse produto deve ser dificílima e muito custosa, pois a General Motors o fabrica com tecnologia apropriada, que uma empresa pequena não poderia assimilar. A imitação, porém, procura aproximar-se do modelo ou desenho verdadeiro, conservando os traços característicos do outro, reproduzindo as linhas principais. Contorna assim os pontos mais difíceis o produto imitado.

Necessário é que haja confusão entre os dois produtos: o autêntico e o imitado, de tal forma que induza em erro o comprador do produto, o consumidor final. Vejamos alguns exemplos de imitação de marcas. Há uma linha alimentícia com a marca KIBON; outra empresa fabrica linha semelhante com a marca QUEBON. Há um produto de limpeza de marca BOM BRIL; outra empresa lançou no mercado um produto semelhante, com a marca BOM LUSTRO. Houve, nesse caso, uma imitação ideológica, porquanto "bom bril" significa "bom brilho", sinônimos de "bom lustro". Outros exemplos: MARTEX/MARMITEX, ADAMS/ADA, MARISA/MARISETE, SANTA MARCELINA/SANTA MARCELA, SI O NO/SIONO, FARWEST/FAROESTE, MARTINI/CONTINI, CINZANO/CALDEZANO.

Atos imorais

Consideram-se atos imorais a corrupção ativa ou passiva envolvendo funcionários de empresa concorrente. Age em corrupção ativa a empresa que dá ou promete dinheiro ou outra utilidade a empregado da empresa concorrente, para que, faltando ao dever profissional, proporcione à corruptora vantagem indevida. É o caso da espionagem empresarial, a fim de apropriar-se dos segredos de uma empresa concorrente, tais como: lançamento de produtos, clientela trabalhada pelo concorrente, propostas de licitação, tecnologia de trabalho. Além do corruptor, o corrupto também é atingido, embora não seja empresa, mas geralmente uma pessoa física, como o empregado da empresa espionada. A conotação empresarial dessa pessoa está na sua atuação no seio da empresa, com benefícios à empresa espiã.

Incorre em crimes de concorrência desleal quem recebe dinheiro ou outra utilidade, ou aceita promessa de paga ou recompensa, para, faltando ao dever de empregado, proporcionar à concorrente do empregador vantagem indevida. Trata-se aqui do comportamento ilícito "mercenário" por parte do empregado de uma empresa, cujo ônus da prova caberá à empresa vítima. Entretanto, mesmo que não configure pagamento de propinas, incorre em crime quem divulga ou explora, sem autorização, quando a serviço de outrem, segredo de fábrica, que lhe foi confiado ou de que teve conhecimento em razão do serviço, ou então, divulga ou se utiliza, sem autorização, de segredo de negócio, que lhe foi confiado ou de que teve conhecimento em razão do serviço, mesmo depois de havê-lo deixado.

Duas expressões, usadas pela lei, são muito genéricas, e proporcionam várias dúvidas "segredos de fábrica" e "segredo de negócio". Ao que parece, a primeira refere-se à tecnologia industrial e a segunda à ação mercadológica. Esses segredos, porém, oferecem uma conotação comum tratam-se de conhecimentos elaborados por uma empresa, aplicados na sua atividade e que, divulgados indevidamente, afetam sua produtividade e capacidade da conquista e manutenção de seu mercado consumidor. Nota-se ainda que a lei equipara a funcionário, qualquer pessoa que preste serviços à empresa espionada.

11.6. Proibição de concorrência

Aspecto que sempre suscitou discussões foi quanto à possibilidade de a empresa alienar seu estabelecimento, reorganizar-se e constituir outro estabelecimento, para disputar a freguesia que lhe estava ligada anteriormente. Embora seja deslealdade, nossa lei não a incluía entre os crimes de concorrência desleal, uma vez que nem sequer regulamentou o estabelecimento. Esta questão estará resolvida e devidamente regulamenta assim que sair o novo Código Civil, cujas disposições a este respeito são aqui comentadas.

Tornou-se famosa, no início deste século, a disputa referente à Companhia Paulista de Aniagem, que colocou em confronto duas figuras notáveis de nosso pensamento jurídico: Carvalho de Mendonça e Rui Barbosa, patronos das partes envolvidas. As decisões de nossa Justiça tendem a considerar como ilegalidade de uma empresa a sua luta para reconquistar a clientela que perdeu, em vista da transferência do estabelecimento.

Caso seja promulgado novo Código Civil, não haverá mais dúvidas, pois o art. 1147 do projeto do código traz as disposições do art. 2557 do Código Civil italiano, fazendo restrições à concorrência feita pelo antigo titular dos direitos sobre o estabelecimento. A empresa que transferir seu estabelecimento para outra pessoa, deverá abster-se, pelo período de cinco anos, a partir da transferência, de iniciar nova empresa que tenha por objeto a situação ou outra circunstância que venha a desviar a clientela.

As duas empresas poderão estabelecer um pacto de abster-se da concorrência em limites mais amplos do que prevê a nova lei, desde que não impeça toda a atividade profissional do alienante. Este pacto não pode exceder à duração de cincos anos, da transferência.

12. O ABUSO PELA EMPRESA DE SEU PODER ECONÔMICO

12.1. Aspectos conceituais

Trata-se de uma forma mais radical de concorrência desleal praticada pela empresa. Não se resume no desvio de clientela ou na confusão de produtos com os de empresa concorrente. O abuso do poder econômico visa a eliminar a concorrência, esmagando empresas que possam lhe fazer sombra e disputar mercado. A questão ultrapassa à competição entre empresas, transformando-se em questão de direito público, com largas implicações sociais, econômicas e políticas, razão pela qual se formou o Direito Econômico, criador e regulamentador dos mecanismos controladores do mercado consumidor, pelo Poder Público. Importantes leis a esse respeito surgiram em 1962, pela Lei 4131/62, que estabeleceu o regime jurídico do capital estrangeiro no Brasil e a Lei 4137/62 sobre a repressão ao abuso do poder econômico. Merecem ainda citação especial as recentes leis, como o Código de Proteção e Defesa do Consumidor (Lei 8.078/90), a lei que dispõe sobre a repressão de infrações atentatórias contra os direitos do consumidor (Lei 8.001/90), e a Lei 8.158/91, que institui normas para a defesa da concorrência.

O abuso do poder econômico pelas empresas é questão, não apenas de Direito Econômico, mas também de Direito Empresarial, por zelar pelo sadio relacionamento entre empresas, evitando entre elas uma competição ruinosa, que possa levar ao canibalismo empresarial, com as grandes engolindo as médias e estas as pequenas. O açambarcamento dos mercados consumidores por algumas empresas atenta contra o liberalismo econômico e provocará reações desfavoráveis das empresas coagidas. Essa ação deletéria, quase sempre, envolve suborno de autoridades públicas, ou a manipulação de órgãos públicos.

De certa maneira, o abuso do poder econômico constitui também uma forma de concorrências desleal, visto que visa a prejudicar empresas concorrentes e manipular a clientela de determinado segmento do mercado. Nessas condições, a Lei 4.137/62 previu mais de dois tipos de concorrência desleal. Um deles é a exigência de exclusividade para a propaganda publicitária. Não ficou plenamente estabelecido o sentido dessa disposição, mas, por princípio, toda exigência de exclusividade implica em repulsa à livre concorrência. É a hipótese de uma empresa distribuidora que pretenda ser a única em dar publicidade à sua atividade de distribuição de determinados produtos; deixa manietadas todas as empresas concorrentes. O segundo tipo de concorrência desleal é a combinação prévia de preços ou ajuste de vantagens na concorrência pública ou administrativa. Essa prática é muito comum, em que uma empresa combina com outra para oferecer preços baixos numa licitação, para dividir os serviços.

12.2. Os cartéis

Uma das formas de dominação do mercado, com a eliminação parcial da concorrência é o cartel. Consiste no ajuste entre algumas empresas do universo de determinado segmento do mercado, retalhando-o entre elas e deixando as migalhas para as empresas concorrentes. É o que acontece com vários ramos da atividade empresarial brasileira, como o de cervejas, de cimento, de leite e laticínios, de cimento-amianto e outros. Exemplifiquemos o cartel com a hipótese da indústria e comercialização de um determinado produto, para o qual existem quinze empresas produtoras. As duas principais, entretanto fazem um pacto, dividindo o mercado brasileiro em 45% para cada uma, sobrando 10% para as outras treze concorrentes; se uma dessas treze ameaçar romper a barreira dos 10%, o cartel baixa o preço dos produtos, estrangulando a empresa que ousou dar passos além dos permitidos pelo cartel.

As funções do cartel são profundas, entre as quais se incluem a regulação da produção, o controle do mercado, a fixação de preços e a manipulação da concorrência. A conseqüência natural do cartel é a oscilação de preços; se a concorrência minoritária começa a ampliar sua participação no mercado, a minoria de empresas constitutivas do cartel diminuem artificialmente os preços, levando empresas menores à ruína; quando essa minoria tiver se assenhoreado seguramente do mercado, aumenta o preço de seu produto, não deixando alternativa aos competidores.

O cartel pode ser constituído também de países ou empresas com apoio de países. Afirmam alguns historiadores que as duas guerras do último século (1914-1918 e 1939-1945) têm suas causas ligadas a cartéis de empresas poderosas. Como exemplo o cartel constituído de países, pode ser indicada a OPEP – Organização dos Países Exportadores de Petróleo, em que os principais produtores regulam a extração de petróleo, impõem preço e retalham o mercado consumidor, tomam represálias contra países que rompem suas diretrizes, como aumento ou diminuição de preço ou extração de petróleo acima dos limites fixados pela OPEP.

A ilegalidade da formação de cartéis no Brasil foi apontada no art. 2° da Lei 4.137/62, como uma das modalidades de abuso do poder econômico: dominar mercados nacionais ou eliminar parcialmente a concorrência, e, se diminui a participação da concorrência, desaparecem os efeitos da oferta e da procura, propiciando às empresas mantenedoras do cartel imporem seu preço. Essa capitulação do cartel como infração ao direito, à lei e à ordem econômica foi ratificada pela Lei 8.158/91, que institui normas para a defesa da concorrência,

12.3. O monopólio

O monopólio é uma forma de dominação do mercado mais avançada do que o cartel; enquanto este procura a eliminação parcial da concorrência, aquele visa à dominação total. Aliás, o próprio termo: mono (um) e pólio (vender) esclarece a pretensão da empresa monopolista à exclusividade. Nem sempre o monopólio é ilegal, por ser constituído pelo Estado, embora essa prática seja condenada pelos princípios do liberalismo. É o que ocorre com o monopólio estatal do petróleo, adotado pelo Brasil. Contudo, muitas vezes, o Estado transfere a atividade monopolizadora a empresas privadas, como acontece com a mineração. Assim sendo, uma empresa exerce um monopólio, concedido pelo Poder Público.

Há, entretanto, o monopólio de fato, artificialmente constituído por uma empresa para assenhorar-se do mercado consumidor. As formas pelas quais se constitui um monopólio são as mesmas do cartel, tal qual prevê o art. 2° da Lei 4137/62. Considera-se forma de abuso do poder econômico dominar os mercados nacionais ou eliminar totalmente a concorrência, por meio de ajuste ou acordo com outras empresas ou entre pessoas vinculadas a tais empresas ou interessadas no objeto de suas atividades, aquisição de acervos de empresas ou de cotas, ações, títulos ou direitos. Como também a coalisão, incorporação, fusão, integração ou qualquer outra forma de concentração de empresas; concentração de ações, títulos, cotas ou direitos em poder de uma só empresa; acumulação de direção, administração ou gerência de mais de uma empresa; criação de dificuldades à constituição, ao funcionamento ou ao desenvolvimento de empresas concorrentes. Pelo que se nota, a empresa monopolista vai eliminando as empresas concorrentes, comprando-as, ou, então, impede que novas surjam.

Os efeitos do monopólio também são parecidos com os do cartel. Ao ver-se como a única atendente à clientela dos produtos de sua fabricação, a monopolista manipula livremente o preço, de tal forma que a clientela irá se ver na alternativa de pagar o preço ou privar-se dos produtos. Diga-se, a propósito, que o inciso II do art. 2° deixa bem claro as conseqüências e o objetivo da formação do monopólio:

> "Elevar sem justa causa os preços, nos casos de monopólio natural ou de fato, com o objetivo de aumentar arbitrariamente os lucros sem aumentar a produção".

O inciso III pormenoriza esse esquema, incluindo como abuso do poder econômico provocar condições monopolizadoras ou exercer especulação abusiva com o fim de promover a elevação temporária de preços. Para esse objetivo, age com a destruição ou inutilização por ato próprio ou de terceiros, de bens de produção ou de consumo; açambarca mercadorias ou matéria-prima; retém-na, em condições de provocar escassez de bens de produção ou de consumo; utiliza-se de meios artificiais para provocar a oscilação de preços em detrimento de empresas concorrentes ou de vendedores de matérias-primas.

É sempre contra a clientela que recai a conseqüência do monopólio, uma vez que o fornecedor dela adquire influência e poder sobre o preço das mercadorias colocadas no mercado consumidor. Segundo o art. 5°, entendem-se por condições monopolistas aquelas em que uma empresa ou grupo de empresas controla em tal grau a produção, distribuição, prestação ou venda de determinado bem ou serviço, que passa a exercer influência preponderante sobre os respectivos preços. E se uma empresa tem domínio sobre os preços, fatalmente aumentará seus lucros, em detrimento de sua clientela. O ativo de uma empresa é o passivo de sua clientela; se um aumenta, o outro também aumenta.

Por essa razão, a lei impõe obrigações à empresa monopolista de submeter-se a controle no aumento de preços, que é feito pelo órgão específico, o CADE – Conselho Administrativo de Defesa Econômica. Essa obrigação fica claramente estabelecida pelo art. 3°, pois quando em relação a uma empresa exista um restrito número de empresas que não tenham condições de lhe fazer concorrência num determinado ramo de negócio ou de prestação de serviços, ficará aquela obrigada à comprovação do custo de sua produção, se houver indícios veementes de que impõe preços excessivos.

12.4. O truste

Esta palavra de origem inglesa (trust) é por demais utilizada, principalmente com conotações políticas e emocionais, embora de forma muito genérica, dando a impressão de que o termo é utilizado sem que se compreenda o sentido. Vamos primeiro considerar o truste como forma de abuso do poder econômico, para depois entrarmos no sentido técnico jurídico do termo. Considera-se truste a empresa que assume posição de tal proeminência, que seu poder altera o ritmo da produção nacional e a flutuação de preço no mercado. A empresa-truste poderá ser monopolista ou fazer parte de cartel. Tem a empresa desse tipo, influência política, alterando a política econômica do país. Essa é a razão por que é tão cogitado o truste. Nesse aspecto o termo inglês "trust" é traduzido por "poder" ou "monopólio".

Todavia, não é esse o seu exato sentido. O sentido gramatical é: confiança, crédito, fidúcia. No direito norte-americano e internacional, entretanto, aplica-se com vários sentidos, a maioria em institutos jurídicos em que a confiança, crédito ou fidúcia estejam presentes, como no depósito, no negócio fiduciário, no fideicomisso. A aplicação mais comum desse termo é encontrada no Direito Societário, com o instituto do "voting trust", aplicado na S/A (corporation). Consiste no fundo de ações com direito a voto, pertencentes a vários acionistas, mas esses acionistas delegam seu voto a um deles, o "trustee", para que esse grupo de acionistas exerça o controle da companhia graças aos votos. O "voting trust" adquire, então, o poder dentro da companhia. Talvez por essa razão, a palavra truste tenha adquirido o significado de poder, de domínio.

O "trust" também é fideicomisso, que no direito norte-americano tem o mesmo sentido do Brasil. É aplicável no Direito das Sucessões. Nota-se que nesse instituto está presente a confiança, segundo a própria origem etimológica, do latim: fideicommitere: confiar a alguém, entregar em confiança. O fideicomisso é a estipulação testamentária em que o "de cujus" constitui alguém como herdeiro, o fideicomissário (trustee). Este, porém, fica obrigado a transferir depois a herança a outros herdeiros. É, pois, operação em favor de pessoa merecedora de confiança, que enfeixa em suas mãos os poderes de administração dos bens da herança. Surge, pois, a aquisição do poder de administração, o que pode justificar a adoção do termo "trust" para designar uma empresa de grande porte.

Assim sendo, o truste passou a designar, entre nós, a empresa com as seguintes características:

a – desfrutar de grande poder político e econômico;

b – poder manipular os preços e o mercado consumidor;

c – poder de eliminar ou abater a concorrência; assumindo o monopólio ou estabelecendo cartéis com outros trustes;

d – exercer as diversas formas de abuso do poder econômico.

12.5. Órgãos de controle do abuso do poder econômico:

CADE – Conselho Administrativo de Defesa Econômica

SNDE – Secretaria Nacional de Direito Econômico

O CADE tem a função primordial de combater o abuso do poder econômico, praticado por empresas que utilizem processos ilegais de domínio excessivo do mercado, eliminando a concorrência, com vistas ao estabelecimento arbitrário de preços. Procura proteger a livre iniciativa e a livre concorrência, ombreando-se com as empresas pressionadas, que necessitam de um poder paralelo para fazer frente às concorrentes, economicamente mais poderosas, principalmente os trustres, cartéis e monopólios.

É órgão da administração pública federal, sediado em Brasília, transformado em autarquia. Procura fiscalizar e averiguar a incidência de abuso do poder econômico e, constatando irregularidades, instaurar inquérito administrativo para apurar e reprimir os abusos; cabe-lhe aplicar sanções às empresas infratoras e requerer medidas junto a órgãos públicos. Esse órgão foi instituído pela própria Lei 4137/62 e passou a ser autarquia federal.

Por outro lado, novo órgão surgiu recentemente para trabalhar na íntima conexão com o CADE. A Lei 8.158/91 instituiu normas para a defesa da concorrência, regulamentada pelo Dec. 36/91 e criou a SNDE – Secretaria Nacional de Direito Econômico. A SNDE tornou-se encarregada de fazer valer o disposto na Lei 8.002/90 que dispõe sobre a repressão de infrações atentatórias contra os direitos do consumidor. Essa nova legislação prevê dois casos de atentado ao consumidor, sujeitos à multa de 500 a 200.000 BTNs.

A primeira infração é recusar a venda de mercadoria diretamente a quem se dispuser a adquiri-la, mediante pronto pagamento, ressalvados os casos de intermediação regulados em leis especiais. A empresa que agir dessa forma colaborará para banir do mercado consumidor outra empresa, em benefício das concorrentes desta. É o caso de uma empresa deixar de fornecer matéria-prima, faltante no mercado, a uma empresa, fornecendo-a às demais. Por princípio, desde que uma empresa ofereça seus produtos ao mercado, renuncia à escolha de seu oblato, desde que este atenda às condições da fornecedora. Outro caso de atentado à clientela é condicionar a venda de mercadoria ao seu transporte ou à prestação de serviço acessório, pelo próprio vendedor ou por terceiro que ele indicar ou contratar, quando o comprador se dispuser a transportá-lo por sua conta e risco. Quando o ponto de venda da mercadoria for distinto da fábrica, o frete a ser cobrado pelo transporte entre a fábrica e aquele ponto deverá estar sujeito a controle de preços da mesma forma que a mercadoria transportada, vedado qualquer acréscimo. Seria essa prática uma maneira de aumentar o preço combinado, ou forçar o comprador a aceitar um produto encalhado.

O art. 170 da Constituição afirma que a ordem econômica funda-se na livre iniciativa e observa os princípios da livre concorrência e defesa do consumidor. O respeito à clientela já era exigido de longa data e estava expresso na Constituição Federal. Nossa atual Carta Magna, de 1988, sintetizou a questão no parágrafo 4° do art. 173:

> "A lei reprimirá o abuso do poder econômico que vise à dominação dos mercados, à eliminação da concorrência e ao aumento arbitrário dos lucros".

A SNDE, criada pela Lei 8.158/91 e regulamentada pelo Dec. 36/91, é o órgão competente para apurar e propor medidas cabíveis com o propósito de corrigir as anomalias de comportamento de empresas, bem como seus administradores e controladores, capazes de afetar, direta ou indiretamente, os mecanismos de formação de preço, a livre concorrência, a liberdade de iniciativa ou os princípios constitucionais da ordem econômica.

É muito vasta a gama de infrações àquele princípio constitucional, que a lei prevê e caberá à SNDE evitar, para não ocorrer distorções no mercado consumidor. A Lei 8.158/91 completa e moderniza a Lei 4137/62, como o próprio Código da Propriedade Industrial, no que tange à concorrência desleal e ao abuso do poder econômico. As áreas em que deverá atuar esse órgão são as costumeiras do abuso do poder econômico, que temos falado. São as seguintes:

a – formação de cartéis e monopólios – Deverá a SNDE evitar a formação de conglomerados ou grupos econômicos, que se constituem por meio de controle acionário direto ou indireto, bem como de estabelecimento de administração comum entre empresas, com vistas a inibir a concorrência; celebrar acordos com outras empresas do ramo para impor preços de aquisição ou revenda, descontos, condições de pagamento, quantidades mínimas ou máximas e margem de lucro, bem assim estabelecer preços mediante a utilização de meios artificiosos.

b – manipulação de preços – Prática de "dumping", como a fixação de preços dos bens e serviços abaixo dos respectivos custos da produção, bem como a fixação artificial das quantidades vendidas ou produzidas; fixar ou praticar em conluio com concorrente, sob qualquer forma, preços e condições de venda ou prestação de serviços.

c – eliminação da concorrência – Cerceamento à entrada ou à existência de concorrente, seja no mercado local, regional ou nacional; criar dificuldades à constituição, ao funcionamento ou ao desenvolvimento de empresas; impedimento ao acesso dos concorrentes às fontes de insumos, matérias-primas, equipamentos ou tecnologia, bem como aos canais de distribuição; limitar ou impedir o acesso de novas empresas ao mercado.

d – controle do mercado – Exercer o controle regionalizado do mercado pela empresa ou por pequeno grupo de empresas, e da rede de distribuição ou de fornecimento; dividir os mercados de produtos acabados ou semi-acabados, ou de serviços, ou as fontes de abastecimento de matérias-primas ou produtos intermediários; regular mercados mediante acordo visando a limitar ou controlar a pesquisa e o desenvolvimento tecnológico, a produção e a distribuição de bens e serviços; subordinar a venda de um bem à aquisição de outro ou à utilização de um serviço, ou subordinar a prestação de um serviço à utilização de outro ou à aquisição de um bem; dificultar ou romper a continuidade de relações comerciais de prazo indeterminado, com o objetivo de dominar o mercado ou causar dificuldades ao funcionamento de outra empresa.

Vê-se por esta lista, apenas exemplificativa, pois há várias outras modalidades de atentado à ordem econômica e de abuso do poder econômico, que toda essa ação de empresas infratoras visa à conquista de lucros excessivos. O combate à concorrência, a rasteira dada em todas as empresas que possam lhes fazer frente, o açambarcamento de mercadorias, o suborno de autoridades públicas e funcionários de outras empresas e todo o comportamento anti-social de uma empresa tem como fonte propulsora a ganância, a avidez de lucros acima da lei e das práticas normais da atividade empresarial.

12.6. A nova Lei Antitruste

A questão do abuso do poder econômico é bem recente e estabelecido principalmente pela Lei 8.884/94, portanto, uma lei hodierna. A legislação pertinente vem-se formando, contudo, há bastante tempo, sofrendo mesmo influência estrangeira, compreendendo a norte-americana. Os primeiros fundamentos dessa regulamentação começou em 1962, com a Lei 4.131/62, que instituiu o regime jurídico do capital estrangeiro. No mesmo ano promulgou-se a Lei 4.137/62 sobre a repressão ao abuso do poder econômico. Bem mais tarde surgiu a Lei 8.002/90, dispondo a respeito da repressão de infrações atentatórias contra os direitos do consumidor. No ano seguinte, a Lei 8.158/91 estabeleceu normas para a defesa da livre concorrência, confirmando tudo o que dispunha a Lei 4.137/62 e criando a Secretaria Nacional de Direito Econômico – SNDE. Por fim, a Lei 8.884/94, veio revogar as três leis anteriores, mas incorporando suas disposições.

Vemos assim que foram revogadas as Leis 4.137/62, 8.002/90 e 8.158/91, mas não o direito que elas instituíram, porquanto suas disposições penetraram na lei revogadora, a Lei 8.884/94. Esta, porém, introduziu algumas modificações. Uma delas e aparece ter sido seu principal objetivo, foi transformar o CADE numa autarquia, uma vez que era um órgão da administração direta. Consoante critérios do Direito Administrativo, autarquia é uma entidade paraestatal, um órgão criado pelo Poder Público por lei, com personalidade jurídica, patrimônio e receitas próprios, para executar atividades típicas da administração pública. A principal virtude de uma autarquia, como ficou o caso do CADE é de se constituir em um órgão da administração pública indireta, tendo maior autonomia e poderes. Passou, assim, a desfrutar de maior respeito por parte das empresas. A SNDE teve seu nome mudado para SDE – Secretaria de Direito Econômico, mas com funções semelhantes.

Com base na Lei 8.884/90 está se formando um novo ramo do Direito Empresarial, dentro do Direito da Propriedade Industrial, que se convencionou chamá-lo de Direito Concorrencial. Esse novo campo do direito incorpora os aspectos importantes e estratégicos das atividades empresariais, além da questão agora estudada, o abuso do poder econômico. Envolve muitos aspectos do Direito da Propriedade Industrial, como os crimes contra a propriedade intelectual da empresa, a tecnologia, o domínio do mercado, a sadia convivência entre as empresas, o direito autoral, a proteção à propriedade intelectual da empresa. Essas questões foram realçando sua importância, em vista da nova dimensão assumida pelo Direito Comercial no mundo moderno: a consideração do mercado consumidor de bens e serviços. Esse aspecto foi enfatizado pelo notável jurista Giuseppe Ferri, sucessor do genial Ascarelli na catédra de Direito Comercial da Universidade de Roma, quando conceituou o Direito Comercial como o complexo de normas que regulam a organização e o exercício profissional de uma atividade intermediária dirigida à satisfação das necessidades do mercado geral. O consagrado mestre estendeu o significado do art. 2.082 do Código Civil italiano: ao falar em "produção e troca de bens e de serviços", pretende dizer "satisfação do mercado consumidor".

O abuso do poder econômico é uma forma de manipulação do mercado consumidor por uma ou algumas empresas, problema típico de Direito Concorrencial, já que visa a atingir empresas concorrentes. Será, pois, conveniente analisarmos devidamente o diploma básico do direito concorrencial brasileiro, a Lei 8.884/94, sucessora das leis anteriormente referidas. Esta Lei é complementada por outras, como o Código de Defesa do Consumidor e normas emanadas de diversos órgãos.

A Lei 8.884/94, a Lei Antitruste brasileira, propõe-se a acionar os princípios já referidos no art. 170, § 4° da Constituição Federal: o da livre concorrência. Contudo, essa livre concorrência considerar-se-á afrontada se alguma empresa transgredir os bens intelectuais da empresa, realçados no art. 173, § 4°:

- dominação dos mercados;
- eliminação da concorrência;
- aumento arbitrário dos lucros.

A Lei 8.884/94 dispõe sobre a prevenção e a repressão às infrações contra a ordem econômica, orientada pelos ditames constitucionais de liberdade de iniciativa, livre concorrência, função social da propriedade, defesa dos consumidores e repressão do abuso do poder econômico. Visa, assim, essa lei, a proteger os bens jurídicos, cujo titular é a coletividade, que será a prejudicada pela elevação de preços em decorrência da eliminação da concorrência. Respeita, ainda, essa lei, os tratados internacionais que o Brasil tenha celebrado ou venha a celebrar, a respeito do abuso do poder econômico pelas empresas nacionais e multinacionais, mormente os acordos celebrados no âmbito da OMC – Organização Mundial do Comércio, em que se transformou o antigo GATT – General Agreement on Tariffs and Trade.

O aspecto principal dessa lei foi a conservação do CADE – Conselho Administrativo de Defesa Econômica, criado pela Lei 4.137/62, mas transformou-o em autarquia federal vinculada ao Ministério da Justiça, com sede e foro no Distrito Federal. O CADE é um conselho composto por um Presidente e seus conselheiros, escolhidos e nomeados pelo Presidente da República, depois de aprovados pelo Senado, com mandato de dois anos, permitida uma recondução. Esses cargos são de dedicação exclusiva, não se admitindo qualquer acumulação, salvo as constitucionalmente permitidas. A perda do mandato só pode ocorrer em virtude de decisão do Senado, provocada pelo Presidente da República ou, então, se eles tiverem condenação criminal. Não podem eles ser empresários ou consultor empresarial, nem exercer atividade político-partidária.

O CADE tem várias funções, mas as principais são as de controle da ordem econômica e as judicantes, destinadas a julgar as infrações da ordem econômica, praticadas por empresas. Segundo a Lei 8.884/94, não só empresas, mas pessoas jurídicas de direito público ou privado, bem como a quaisquer associações de entidades ou pessoas constituídas de fato ou de direito, ainda que temporariamente, com ou sem personalidade jurídica, mesmo que exerçam atividade sob monopólio legal. Na verdade, porém, o infrator da ordem econômica é teoricamente a empresa, pois, só ela tem interesse. É possível que pessoas físicas, agências de propaganda, empresários, órgãos de comunicações, associações, ou outras pessoas, participem das infrações, mas a serviço de empresas concorrentes. As vítimas diretas são também empresas concorrentes, enquanto a vítima indireta e mediata seja a coletividade, a massa dos consumidores, enfim o mercado consumidor. Aliás, a própria lei diz que as diversas formas de infração da ordem econômica implicam a responsabilidade da empresa e a responsabilidade de seus dirigentes ou administradores, solidariamente. Serão também solidariamente responsáveis as empresas ou entidades integrantes de grupo econômico, de fato e de direito, que praticarem infração da ordem econômica. Ao falar em administradores, a Lei não esclarece se está se referindo aos membros do Conselho de Administração de uma S/A ou essa denominação compreende também os gerentes da empresa infratora. A repressão das infrações da ordem econômica não exclui a punição de outros ilícitos previstos em lei. Assim sendo, é possível que um empresário ou administrador seja processado perante o CADE, por infração da Lei 8.884/94 e na Justiça Criminal por infração do Código Penal.

A "Disregard theory"

Outro aspecto interessante trazido pela nova Lei é a aplicação da "disregard theory" em questões relacionadas a infrações da ordem econômica. A personalidade jurídica da empresa responsável pela infração poderá ser desconsiderada quando houver da parte dela abuso de direito, excesso de poder, infração da lei, fato ou ato ilícito ou violação do estatuto ou contrato social. A desconsideração também será efetivada quando houver falência, estado de insolvência ou inatividade da pessoa jurídica provocados por má administração. Esta é a segunda incidência da "disregard theory" (desconsideração da personalidade jurídica) da empresa, em nosso direito. A primeira foi estabelecida pelo Código Brasileiro do Consumidor, e dela já fizéramos considerações. A "disregard theory" implica a responsabilidade pessoal dos dirigentes de uma empresa por infrações que ela praticar contra a legislação repressora ao abuso do poder econômico. Embora o art. 15 de nosso Código Civil e o art. 37, § 6° da Constituição Federal discriminem a personalidade de uma pessoa jurídica, da personalidade das pessoas que a compõem, não julgamos que a nossa "Lei Antitruste" afronte o direito tradicional. A consideração da personalidade jurídica é uma norma geral, enquanto a desconsideração é norma especial, adotada por lei para uma finalidade específica.

As infrações da Lei

As infrações da ordem econômica tiveram, na Lei 8.884/94 maior abrangência e minúcia, apontando 24 tipos de crimes, mas, em sentido geral, baseadas no art. 173, § 4° da Constituição Federal. Constituem infração da ordem econômica, independentemente de culpa, os atos sob qualquer forma manifestados, que tenham por objeto ou possam produzir os seguintes efeitos, embora não alcançados: – limitar, falsear ou de qualquer forma prejudicar a livre concorrência ou a livre iniciativa;

- dominar mercado relevante de bens ou serviços;
- aumentar arbitrariamente os lucros;
- exercer de forma abusiva posição dominante.

Dominar o mercado relevante de bens ou serviços é a ambição natural de toda empresa e ser for ela bem administrada e dotada de tecnologia evoluída, tende a dominar o mercado consumidor e obter lucros elevados. Será considerado ilícito o domínio por processos proibidos na legislação nacional. Não caracteriza o ilícito o domínio e a conquista do mercado consumidor resultante de processo natural fundado na maior eficiência da empresa em relação aos seus competidores.

A posição dominante que uma empresa possa exercer também não é ilícita, mas a lei fala em "abusiva". Ocorre posição dominante quando uma empresa ou grupo de empresas controla parcela substancial de mercado relevante, como fornecedor, intermediário, adquirente ou financiador de um produto, serviço ou tecnologia a ele relativa. Essa posição dominante é presumida quando a empresa ou grupo de empresas controla 20% do mercado relevante, podendo esse percentual ser alterado pelo CADE para setores específicos da economia. Por essa razão, o CADE não tem aprovado a aquisição de uma empresa por outra, consoante tem sido amplamente divulgada pelos órgãos de comunicação.

Os 24 casos específicos de infração à ordem econômica formam uma lista apenas exemplificativa, não formando um "numerus clausus", pois o extremo dinamismo do Direito Comercial e das atividades empresariais faz surgirem inúmeras formas de domínio de uma empresa sobre a outra.

A Lei 8.884/94 evita falar em crimes, mas fala em infrações, diferente, então, do Código da Propriedade Industrial e do Código Penal, que denominam crimes contra a propriedade imaterial. O primeiro tipo de infração é a formação de cartéis: fixar ou praticar em acordo com concorrente, sob qualquer forma, preços e condições de venda de bens ou de prestação de serviços; obter ou influenciar a adoção de conduta comercial uniforme ou concertada entre concorrentes; dividir os mercados de serviços ou mercadorias, acabadas ou semi-acabadas, ou as fontes de abastecimento de matérias-primas ou produtos intermediários. Todas essas práticas tendem a eliminar do mercado consumidor empresas concorrentes que não formem o cartel; congela a concorrência.

Outro conjunto de práticas abusivas é o das que tendam a limitar ou impedir o acesso de novas empresas ao mercado, ou criar dificuldades à constituição, ao funcionamento ou ao desenvolvimento de empresa concorrente ou de fornecedor, adquirente ou financiador de mercadorias ou de serviços. Não se trata de eliminar ou congelar empresas concorrentes, mas de impedir que novas empresas concorrentes venham a surgir, restringindo assim o mercado produtor.

Faz parte ainda da gama de infrações impedir o acesso de concorrente às fontes de insumo, matérias-primas, equipamentos ou tecnologia, bem como aos canais de distribuição: exigir ou conceder exclusividade para divulgação de publicidade nos meios de comunicação de massa. São duas ações desleais de sabotar o exercício das atividades empresariais por parte de empresas de comunicação, por se tornarem cúmplices das empresas infratoras.

O "dumping" foi mais claramente previsto pela moderna legislação antitruste, complementada pela Lei 9019 de 30.3.95, especificamente promulgada para esse fim. O "dumping" consiste em introduzir no mercado consumidor, produtos a preços bem abaixo dos preços praticados nesse mercado, visando a desbaratar os produtos concorrentes e criar condições favoráveis para elevar abusivamente os próprios preços. Nossa lei capitula como infrações a ação de vender injustificadamente mercadoria abaixo do preço de custo, importar quaisquer bens abaixo do custo no país exportador, que não seja signatário dos códigos "antidumping" e de subsídios da OMC (ex-GATT).

A Lei combate ainda os possíveis efeitos do "dumping" e de outras medidas desleais contra a concorrência. O efeito do sucesso de todas essas medidas é o de poder aumentar livremente o preço dos próprios produtos. O último inciso do art. 21, que capitula as infrações, veda a imposição de preços excessivos, ou o aumento, sem justa causa, do preço de mercadoria ou serviço. Na caracterização da imposição de preços, além de outras circunstâncias econômicas ou mercadológicas relevantes, levar-se-ão em conta vários outros fatores. Um deles é o preço do produto ou serviço, ou sua elevação, sem justificação pelo comportamento do custo dos respectivos insumos, ou pela introdução de melhorias de qualidade. O segundo aspecto a ser considerado é ser lançado um produto sucedâneo de outro, sem alterações substanciais, com preço bem mais caro. Foi o que aconteceu quando foram congelados os preços de remédios; vários deles desapareceram do mercado, mas logo em seguida foram lançados outros sucedâneos, com fórmula semelhante, mas nomes diferentes e com preço bem superior. Será considerado, ainda, o preço de produtos e serviços similares; ou sua evolução, em mercados competitivos comparáveis, ou seja, um paralelo com a oscilação de preços de produtos semelhantes. Será levada em consideração, igualmente, a possível existência de ajuste ou acordo, sob qualquer forma, que resulte em majoração do preço de mercadoria ou serviço ou dos respectivos custos.

Constitui abuso do poder econômico combinar previamente preços ou ajustar vantagens na concorrência pública ou administrativa. Trata-se de conluio entre duas ou mais empresas, para fraudar uma licitação, apresentando uma proposta "encomendada", fazendo com que propostas de outras empresas sejam arredadas.

Talvez a mais sugestiva e característica das infrações à Lei Antitruste seja a manipulação direta do mercado consumidor por uma empresa. Serve-se ela, para tanto, de meios enganosos para provocar a oscilação de preços de terceiros; não específica a lei quais seriam esses meios, mas existem inúmeros meios para provocar alta ou baixa de preços, como o próprio "dumping". Consiste em regular mercados de mercadorias ou serviços, estabelecendo acordos para limitar ou controlar a pesquisa e o desenvolvimento tecnológico, a produção de mercadorias ou prestação de serviços, ou para dificultar investimentos destinados à produção de mercadorias ou serviços ou à sua distribuição. Outra forma de regular mercados consiste em impor, na distribuição e comercialização de mercadorias ou serviços, a distribuidores, varejistas ou representantes, preços de revenda, descontos, condições de pagamento, quantidades mínimas ou máximas, margem de lucro ou quaisquer outras condições de comercialização relativos a negócios destes com terceiros. Casos como esses seriam uma indébita intromissão nas atividades privadas, vale dizer, de outras empresas, impondo-lhes condições coativas desfavoráveis.

Forma atentatória contra os requisitos do contrato de compra e venda, à lei da oferta e da procura e da liberdade dos mercados é a discriminação entre clientes. Por princípio geral, o vendedor renuncia à escolha de seus compradores ao colocar seus produtos no mercado consumidor, se todos aceitarem as condições de venda. Não pode a empresa ofertante discriminar adquirentes ou fornecedores de mercadorias ou serviços por meio da fixação diferenciada de preços, ou de condições operacionais de venda de mercadorias ou prestação se serviços, nem recusar a venda de bens ou serviços, dentro das condições de pagamento normais aos usos e costumes mercadológicos; ou, então, dificultar ou romper a continuidade ou desenvolvimentos de relações de consumo de tempo indeterminado em razão de recusa da outra parte em submeter-se a cláusulas e condições mercadológicas injustificáveis ou anticoncorrenciais. Constitui forma de comportamento anti-social, o "look out", como destruir, inutilizar ou dificultar a operação de equipamentos destinados a produzi-los, distribuí-los e transportá-los; ou açambarcar ou impedir a exploração de direitos de propriedade industrial ou intelectual ou de tecnologia; e abandonar, fazer abandonar ou destruir lavouras ou plantações, sem justa causa comprovada.

As sanções

A Lei 8.884/94 apertou o rigor da legislação anterior no tocante às penas aplicadas aos infratores de ordem econômica. No espírito da "disregard theory", as sanções atingem tanto a empresa infratora como os empresários que a dirigem, bem como outras entidades de qualquer natureza, que participem das infrações previstas pela Lei. Fala ela em "responsáveis" pela prática de infração da ordem econômica e "administrador" da empresa, não esclarecendo se for membro do Conselho de Administração de uma S/A ou um gerente. Pelo espírito da lei, parece-nos que o "administrador" seja qualquer pessoa que ocupe posição gerencial de uma empresa e pratique atos em nome dela.

No caso do infrator ser uma empresa, há pena de 1% a 30% do valor do faturamento bruto no seu último exercício excluídos os impostos, a qual nunca será inferior à vantagem auferida, quando quantificável. Para o administrador, direta ou indiretamente responsável pela infração cometida pela empresa, a multa é de 10 a 50% do valor da que for aplicada à empresa, de responsabilidade pessoal e exclusiva do administrador.

Quanto às demais pessoas físicas ou jurídicas de direito público ou privado, bem como qualquer associações de entidades ou pessoas constituídas de fato ou de direito, ainda que temporariamente, com ou sem personalidade jurídica, que não exerçam atividade empresarial, não sendo possível utilizar-se o critério do valor do faturamente bruto, a multa será de 6.000 a 6.000.000 de UFIRs, ou padrão superveniente. Em caso de reincidência, as multas cominadas serão aplicadas em dobro. Essas disposições visam a incriminar os "terceiros" que tiverem envolvimento nos abusos do poder econômico por uma empresa.

Além dessas penalidades, quando se tratar de fatos graves ou interesse público geral ao exigir, poderão ser impostas à empresa infratora outras penas, isolada ou cumulativamente. Poderá ela ser obrigada a publicar às suas expensas, em jornal indicado na decisão, o extrato da decisão condenatória, por dois dias seguidos, de uma a três semanas consecutivas.

Ficará ainda a empresa infratora proibida de contratar com instituições financeiras oficiais e participar de licitação tendo por objeto aquisições, alienações, realizações de obras e serviços, concessão de serviços públicos, junto à administração pública federal, estadual, municipal e do Distrito Federal, bem como entidades da administração indireta, por prazo não inferior a cinco anos. Para ampliar ainda mais as restrições, estará sujeita a ser inscrita no Cadastro Nacional de Defesa do Consumidor.

É possível ainda a vedação para que seja concedido à empresa infratora o parcelamento de tributos federais por ela devidos, ou para que sejam cancelados, no todo ou em parte, incentivos fiscais ou subsídios públicos. Ou então, as patentes de titularidade da empresa infratora poderão ser licenciadas compulsoriamente a outras empresas. Poderá, também, a empresa infratora sofrer imposições para cisão de sociedade, transferência de controle societário, venda de ativo, cessação parcial de atividade, ou qualquer outro ato ou providência necessários para a eliminação dos efeitos nocivos à ordem econômica. Julgamos essa questão como delicada e preocupante, por dar ao CADE a faculdade de intervir nas atividades de uma empresa.

Prevê a lei medidas contra a possível desconsideração, por parte de uma empresa, de alguma punição ou advertência do CADE. Pela continuidade de atos ou situações que configurem infração da ordem econômica, após decisão do plenário do CADE determinando sua cassação, ou pelo descumprimento de medida preventiva ou compromisso de cessação previstos na Lei Antitruste, o responsável fica sujeito à multa diária de valor não inferior a 5.000 UFIRs, ou padrão superveniente, podendo ser aumentada em até vinte vezes se assim o recomendar sua situação econômica e a gravidade da infração.

Previstas, ainda, foram as possíveis resistências que empresas infratoras possam apresentar à ação do CADE. A recusa, omissão, enganosidade, ou retardamento injustificado de informação ou documentos solicitados pelo CADE, SDE, SPE, ou de qualquer entidade pública que estiver atuando na aplicação da Lei Antitruste, ou seja, a Lei 8.884/94, será punível. A punição consta de multa diária de 5.000 UFIRs, podendo ser aumentada em até vinte vezes se necessário para garantir sua eficácia em razão da situação econômica da empresa infratora.

Na aplicação das sanções estabelecidas pela Lei serão levados em consideração vários fatores: a gravidade da infração; a boa-fé do infrator; a vantagem auferida ou pretendida pelo infrator; a consumação ou não da infração; o grau de lesão ou perigo de lesão à livre concorrência, à economia nacional, aos consumidores, ou a terceiros; os efeitos econômicos negativos produzidos no mercado; a situação econômica do infrator; a reincidência. É a aplicação dos princípios do Direito Penal aos crimes de abuso do poder econômico por uma empresa, com reflexos sobre o empresário que a dirige. É conveniente lembrar que a nova Lei Antitruste adota a teoria da descaracterização da pessoa jurídica ("disregard theory").

Vê-se, pois, serem pesadas as penalidades impostas pela Lei às empresas que abusarem de seu poder econômico para prejudicar suas concorrentes e assenhorear-se do mercado consumidor. O que devemos esperar é que essas medidas sejam aplicadas conforme o espírito da lei, que é o de garantir a sadia disputa do mercado consumidor por empresas componentes de um determinado segmento desse mercado. Necessário, então, se torna que as empresas tenham plena consciência da tutela conferida pela lei às suas atividades e garantia de seu trabalho. Quando se sentirem atingidas e prejudicadas, contam, agora, com um instrumento eficaz de defesa e um poder judicante mais ágil. Poderão ingressar em juízo para, em defesa de seus interesses individuais ou individuais homogêneos, obter a cessação de práticas que constituam infração da ordem econômica e crimes de concorrência desleal, bem como o recebimento de indenização por perdas e danos sofridos, independentemente do processo administrativo, que não será suspenso em virtude do ajuizamento da ação.

A prescrição das infrações

Prescrevem em cinco anos as infrações da ordem econômica, contados da data da prática do ilícito, no caso de infração permanente ou continuada, do dia em que tiver cessado. Interrompe a prescrição qualquer ato administrativo ou judicial que tenha por objeto a apuração de infração contra a ordem econômica. Suspende-se a prescrição durante a vigência do compromisso de cessação ou de desempenho (art. 28). Estabeleceu a Lei o prazo prescricional de cinco anos; no mais, segue as regras comuns a respeito da prescrição e da decadência.

Em nosso parecer, aplicam-se as causas interruptivas da prescrição, previstas no Código Penal, no Código de Processo Penal e no Código de Processo Civil, baseados na Súmula 592 do Supremo Tribunal Federal. Assim, por exemplo, a citação da empresa infratora para responder ao processo perante o CADE será causa interruptiva da prescrição. O art. 84 da lei Antitruste assegura ao processo administrativo e judicial, sobre os crimes de abuso de poder, a aplicação subsidiária das disposições do Código de Processo Civil. Por outro lado, o art. 86 introduz modificações no art. 312 do Código de Processo Penal, que passa a prever a prisão preventiva em processos sobre os crimes de abuso de poder por uma empresa, que atentem contra a ordem econômica.

12.7. O regulamento antidumping

Uma das formas de abuso do poder econômico por parte de uma empresa é a prática do dumping. É ainda manifestação de concorrência desleal, pois o dumping visa a desbaratar as empresas concorrentes do mercado consumidor disputado pela empresa agente do dumping. Note-se que o termo "dumping" faz parte do vocabulário jurídico nacional, utilizado pela legislação que o restringe, com a grafia original; não se trata mais de expressão estrangeira. Deve ter se tornado problema bem sério, após a entrada no Brasil de produtos importados, tanto que provocou vivas discussões no final de 1994 e a promulgação da Lei Antidumping, com o Decreto 1.602, de 26/08/95. O Brasil já oficializara o acordo do GATT – General Agreement on Tariffs and Trade (atual OMC – Organização Mundial do Comércio), aprovado pelo Decreto Legislativo 30, de 15/12/95, e promulgado pelo Decreto 1335, de 30/12/94. Como se sabe, um tratado internacional transforma-se em lei nacional graças à aprovação do Congresso Nacional por um decreto legislativo e à promulgação por decreto do Poder Executivo. Foi o que aconteceu com o tratado que transformou o GATT na OMC e estabeleceu as regras internacionais atualmente em vigor para a repressão ao dumping. Nossa Lei e esse tratado ratificam o anterior Acordo Antidumping, celebrado em reunião do GATT, transformado em lei nacional ao ser aprovado pelo Congresso Nacional pelo Decreto Legislativo 20 e promulgado pelo Decreto 93.941/87 e Acordo de Subsídios e Direitos Compensatórios, aprovado pelo Decreto Legislativo 22 e promulgado pelo Decreto 93.962/87.

O dumping é a prática de introduzir produtos de uma país no mercado consumidor de outro país por preço inferior ao seu valor normal. Essa definição foi introduzida em caráter menos absoluto no código antidumping negociado em 1967 com a seguinte redação: "Um produto deve ser considerado como caracterizador de um dumping, isto é, como introduzido no mercado de um país importador a preço inferior ao seu valor normal, se o preço de exportação desse produto, quando exportado de um país para outro, é inferior ao preço comparável, praticado no curso das operações comerciais normais, por um produto similar destinado ao consumo no país exportador". Vê-se destarte que o dumping foi a princípio considerado um fenômeno internacional, malgrado seja praticado silenciosamente também no plano nacional.

A prática do dumping tornou-se corriqueira para o Brasil, ao criar incentivos fiscais de crédito e linhas de crédito especiais para a exportação de produtos brasileiros. Em conseqüência, as empresas brasileiras lançaram-se à conquista dos mercados internacionais, oferecendo produtos a baixo custo, bem abaixo do preço cobrado no mercado interno. Inúmeras ameaças de retaliação, principalmente nos EUA, não fizeram o Governo brasileiro arredar pé dessa política econômica. Em 1994, porém, houve o reverso da medalha. Para poder exportar seus produtos, nosso país teve de abrir suas portas à importação. Essa abertura acarretou uma enxurrada de automóveis, tecidos, calçados, artigos para presentes e muitos outros artigos cuja importação era antes proibida. Essa concorrência gerou protestos das empresas brasileiras. Fábricas de calçados do Rio Grande do Sul e de Franca, tecelagens de Americana-SP e outras fecharam ou reduziram drasticamente sua produção.

Ante a crise em que se debatiam as empresas nacionais, o Brasil apressou a aplicação das normas preconizadas pela OMC, em que se transformou o GATT. Para tanto, transformou-as em lei nacional e, em seguida, apresentou o Decreto 1.602/95, regulamentando as normas disciplinadoras dos procedimentos administrativos, relativos à aplicação dos direitos previstos na Lei Antidumping. A nova legislação descurou todavia o dumping interno, ou seja, o praticado por empresas produtoras de artigos no próprio mercado interno. Predomina na Lei o nítido sentido internacional, preocupando-se com a entrada no Brasil de produtos oriundos de outros países a preço abaixo dos que sejam adotados no mercado interno dos países exportadores desses produtos. A analogia, entretanto, autoriza-nos a apelar pela aplicação da Lei igualmente no plano interno.

A questão é juridicamente bem complexa quanto à sua natureza. Há o concurso de vários ramos do Direito. Sendo assunto tratado pela OMC, na pauta de suas prioridades, amolda-se no Direito Internacional, tanto Público como o Privado. Ao afetar a economia interna de um país e provocar o surgimento de legislação nacional, torna-se tema de Direito interno. Como o dumping é prática de empresas, situa-se no âmbito do Direito Empresarial. Volvendo ao moderno conceito do Direito Comercial, adotado pelo mestre da Universidade de Roma, o preclaro comercialista Giuseppe Ferri, de que o Direito Comercial cuida das atividades empresariais destinadas à satisfação do mercado consumidor, temos de situar a questão no âmbito deste Direito. Refere-se às normas relativas às unidades de produção e distribuição de bens, no regime de livre iniciativa e intento lucrativo, vale dizer, às empresas, às atividades destas com vistas à conquista do mercado consumidor. Contudo, essa conquista processa-se em afronta às normas legais, constituindo, pois, crimes previstos no Código de Propriedade Industrial e Código Penal, catalogados como concorrência desleal.

Essa concorrência desleal é patente. Por que uma empresa vende seus produtos a preços abaixo do mercado? Se pode ser para desbaratar a concorrência e ver-se sozinha no mercado, poderá, então, impor seu preço. Naturalmente, a empresa agente do dumping deverá ter considerável poder econômico para bancar os preços baixos e usará esse poder para escorraçar as empresas concorrentes, assenhorear-se do mercado e impor os preços que lhe proporcionem pingues lucros. Utilizamos aqui a linguagem adotada pelo Código de Propriedade Industrial, classificando esse tipo de ação como "concorrência desleal". Todavia, julgamo-la como concorrência ilícita, por ser condenada pela lei. Poder-se-ia até chamá-la de criminosa, uma vez que os atos que a compõem são classificados como crimes pelo Código de Propriedade Industrial e pelo Código Penal.

O art. 4° do Dec. 1602/95 dá-nos uma definição de dumping, não muito diferente da que nos tinha sido dada pelo antigo GATT:

> "Para os efeitos deste decreto, considera-se prática de dumping a introdução de um bem no mercado doméstico, inclusive sob as modalidades de 'drawback', a preço de exportação inferior ao valor normal".

Considera-se normal o preço efetivamente praticado para o produto similar nas operações mercantis que o destinem a consumo interno no país exportador. Por exemplo, ingressaram no Brasil ventiladores chineses a preço de US$ 10,00, enquanto que custavam na China US$ 18,00. Se, porventura, o produto exportado ao Brasil não for vendido no mercado interno do país exportador será levado em conta o preço de produto similar. O termo "produto similar" será entendido como produto idêntico, igual sob todos os aspectos ao produto que se está examinando, ou, na ausência de tal produto, outro produto que, embora não exatamente igual sob todos os aspectos, apresente características muito próximas às do produto que se está considerando. Esse levantamento deverá ser feito no país exportador, mas caberá à empresa prejudicada pelo dumping encomendar essa pesquisa.

Se for difícil aferir o preço adotado no país de origem e exportação do produto entrado no Brasil por ausência de similar, poderá ser pesquisado o preço da exportação para outros países. Poderão, porém, ser consideradas como operações mercantis anormais e desprezadas na determinação de valor normal as transações entre empresas coligadas ou associadas, ou que tenham celebrado entre si acordo compensatório, a menos que esses preços e custos sejam semelhantes aos de outras empresas não coligadas.

O preço de exportação será aquele efetivamente pago ou a pagar pelo produto exportado ao Brasil, livre de impostos, reduções e descontos efetivamente concedidos e diretamente relacionados com as vendas. Será efetuada comparação justa entre o preço de exportação e o valor normal, no mesmo nível de comércio, normalmente o "ex work" (ou "ex fabrica"), vale dizer, quando o produto sai da empresa fornecedora. A margem do dumping será a diferença entre o valor normal e o preço de exportação.

A empresa que introduzir no mercado brasileiro produtos estrangeiros a custo abaixo do normal, vale dizer, exercendo dumping, causará danos aos fornecedores nacionais e poderá ser acionada a reparar esse danos. Poderão ser danos materiais ou ameaça de danos materiais à indústria doméstica já estabelecida ou retardamento sensível na implementação de tal indústria. A determinação do dano será baseada em provas positivas e exigirá exame objetivo do volume das importações sobre a indústria doméstica. É necessária a demonstração de nexo causal entre as importações objeto de dumping e o dano à indústria doméstica, devidamente comprovado. A "indústria doméstica" representa a totalidade dos produtores nacionais do produto similar ou aqueles, dentre eles, cuja produção conjunta constitua parcela significativa da produção nacional do produto.

O processo antidumping

A empresa doméstica, ou seja, a indústria brasileira que se julgar prejudicada pela prática de dumping, poderá processar a empresa infratora com base na legislação antidumping brasileira, que, é bom repetir, está escorada nas normas da OMC. O processo será instaurado na Secretaria de Comércio Exterior – SECEX, órgão do Ministério da Indústria, Comércio e Turismo. Será, portanto, um processo administrativo, para o qual a Lei exige, porém, ampla comprovação e demonstração da existência do dumping, dos danos e do nexo causal entre as importações objeto de dumping e os danos alegados. Esse processo seguirá o rito estabelecido pela Lei e por roteiro elaborado pela SECEX.

A abertura do processo será requerida por petição da empresa prejudicada, dirigida à SECEX, contendo a completa qualificação da requerente e indicando o volume e o valor de sua produção nacional de produtos similares. Deve ser juntada relação das demais empresas domésticas que produzem artigos similares aos que sejam objeto do dumping e o volume e valor da produção dessas empresas. Quanto aos produtos importados objeto do dumping, necessitarão eles de completa descrição, com a indicação do país em que foram fabricados e de onde vieram, quem os exportou e quem os importou, qualificando e indicando bem essas empresas. Caso haja informações sigilosas, serão elas tratadas de acordo com sistema especial que garanta o segredo. Enfim, deverão ser dadas informações bem pormenorizadas sobre todos os dados referentes ao dumping.

A SECEX poderá pedir informações adicionais e, estando em termos, iniciará o processo, notificando os demais produtores domésticos para que se pronunciem. Se houver apoio de outras empresas, que representem a metade da produção nacional, o processo poderá ser considerado como sendo movido pela "indústria doméstica" ou em seu nome. Equivaleria a uma ação de litisconsórcio, de caráter público. As empresas consideradas partes interessadas neste processo são as produtoras domésticas de artigos similares, ou a entidade de classe que as represente, bem como os produtores e exportadores estrangeiros dos bens objeto do dumping e quem tenha importado esses bens. O Governo do país em que estiverem localizados os produtores e exportadores dos bens será também considerado parte interessada e notificado da abertura das investigações. Ao ser aberto o processo, cópia da petição inicial será enviada a todos eles. A SECEX comunicará ainda à SRF – Secretaria da Receita Federal.

Ao longo da investigação, as partes interessadas disporão de ampla oportunidade de defesa de seus interesses. Cada parte poderá requerer a realização de audiência com acareação entre partes de interesses opostos. Terminada a fase instrutória, a SECEX elaborará seu parecer. A fase decisória pertencerá ao Ministério da Indústria, Comércio e Turismo e ao da Fazenda, que aplicarão, mediante ato conjunto, os direitos antidumping, com base no parecer da SECEX. Consideram-se direitos antidumping o montante em dinheiro igual ou inferior à margem de dumping apurada com o fim exclusivo de neutralizar os efeitos danosos das importações objeto do dumping. É um tipo de reparação de danos às indústrias nacionais, prejudicadas pelo dumping. A devedora, vale dizer, a causadora do dumping, deverá ser a empresa importadora ou distribuidora no mercado nacional dos produtos objeto do dumping. Não há recurso à instância superior, mas o processo é passível de revisão, desde que haja decorrido no mínimo um ano da imposição de direitos antidumping definitivos e que sejam apresentados elementos de prova. As provas deverão demonstrar que a aplicação do direito deixou de ser necessária para neutralizar o dumping. A revisão poderá ser requerida pela parte interessada ou por iniciativa de órgão ou entidade administrativa federal ou da própria SECEX. Para efeito de esclarecimento, a Lei Antidumping chama de "direitos antidumping" um tipo de multa ou reparação de danos aplicados a uma empresa infratora dessa lei.

13. RELAÇÕES DE CONSUMO: A EMPRESA-FORNECEDORA COM SEUS CLIENTES-CONSUMIDORES FINAIS

13.1. O Código de Defesa do Consumidor
13.2. O consumidor e seus direitos
13.3. A empresa-fornecedora e suas obrigações
13.4. Da publicidade empresarial
13.5. Das práticas abusivas
13.6. Da regulamentação dos contratos
13.7. Dos contratos de adesão
13.8. Da desconsideração da personalidade jurídica
13.9. Dos crimes contra as relações de consumo

13.1. O Código de Defesa do Consumidor

No segundo semestre de 1990, importantes eventos legislativos surpreenderam os meios jurídicos, levantando questão que pouco vinha sendo cogitada: a defesa do consumidor final de produtos e serviços. Tem seu ponto culminante na lei 8.078/90 que adotou o Código de Defesa do Consumidor, segundada por outras leis, como a Lei 8.317/90 que prevê modalidades delituosas, atentatórias contra as relações de consumo. A questão já passara por algumas referências; o art. 5° – XXXII da Constituição Federal dissera que o Estado promoverá, na forma da lei, a defesa do consumidor. O art. 170 diz que a ordem econômica, fundada na valorização do trabalho humano e na livre iniciativa, tem por fim assegurar a todos a existência digna, conforme os ditames da justiça social, observados nove princípios, entre os quais a defesa do consumidor.

Surge após uma nova legislação, que, baseada em princípios constitucionais, representa a tutela estatal aos direitos do consumidor. É mais um tema de Direito Empresarial? Ou um novo ramo do Direito Público? Olhado, porém, sob diversos prismas, sua aplicação alarga-se aos vários ramos do direito, quer público, quer privado. Em nosso parecer, é patente sua aplicação ao Direito Empresarial, ao Direito das Obrigações e outros. O novo ramo do direito regulamenta relações jurídicas estabelecidas entre dois tipos de parte: fornecedor e consumidor. O contrato básico é o de compra e venda, cujas partes chamam-se vendedor e comprador, que o Direito do Consumidor apresenta como fornecedor e consumidor, que terão matizes especiais no Código de Defesa do Consumidor.

Podemos considerar o surgimento de um novo ramo do direito, ainda a situar-se no universo jurídico. O Código de Defesa do Consumidor, ao dizer-se "código", não é consolidação de leis, como a CLT, mas um verdadeiro código, instituindo um sistema jurídico sobre determinado tipo de relações jurídicas. Não será fora de lógica a inclusão desse direito entre os dez ramos do Direito Empresarial expostos neste compêndio, tendo em vista que o fornecedor de produtos e de serviços, é, principalmente, a empresa. Criou-se uma gama bem mais extensa de obrigações para a empresa, no exercício das atividades empresariais. É a empresa, a principal destinatária das novas normas.

Nos termos do Código de Defesa do Consumidor, fornecedor é toda pessoa física ou jurídica, publica ou privada, nacional ou estrangeira, bem como os entes despersonalizados, que desenvolvem atividade de produção, montagem, criação, construção, transformação, importação, exportação, distribuição ou comercialização de produtos ou prestação de serviços. Esse conceito é por demais abrangente, mas, se observarmos a concreta realidade, notaremos que há um fornecedor preponderante: a empresa.

Segundo o art. 2082 do Código Civil italiano, é empresa quem exerce profissionalmente atividade econômica organizada para a produção de bens e de serviços. O objeto social da atividade empresarial é a produção de bens e de serviços para a venda deles, ou seja, para colocá-los no mercado consumidor. Há, portanto, nítida identificação entre a empresa e o fornecedor; os produtos e serviços produzidos pela empresa destinam-se a ser fornecidos ao mercado de consumo. Ainda que seja uma empresa pública, sua função é produzir e atender aos consumidores.

Produto é qualquer bem móvel ou imóvel, material ou imaterial. Serviço é qualquer atividade fornecida no mercado de consumo, mediante remuneração, inclusive as de natureza bancária, financeira, de crédito e securitária, salvo as decorrentes das relações de caráter trabalhista. Há, agora, indicações de empresas destinadas ao fornecimento de certos serviços. Concluímos, assim, que a empresa situa-se como principal tipo de fornecedor e as normas que o Direito do Consumidor elabora lhe são destinadas. Eis por que estamos a braços com temas específicos de Direito Empresarial.

13.2. O consumidor e seus direitos

O consumidor é toda pessoa física ou jurídica que adquire ou utiliza produtos ou serviços como destinatário final. A princípio, o consumidor é o comprador no contrato de compra e venda e também é um cliente. Sua posição, porém, apresenta características especiais que o fazem um comprador de qualidades próprias. Pode ser pessoa física ou jurídica, e nesta última classificação inclui-se ainda a empresa. Estamos, agora, em face de relações de consumo, em que o fornecedor é uma empresa e o consumidor também é uma empresa; é um relacionamento empresarial. Sendo pessoa jurídica, poderá ser ainda uma fundação, uma sociedade civil, que será uma empresa civil ou uma associação (clube, igreja, associação beneficente e outras semelhantes).

Ao que nos parece, o Código de Defesa do Consumidor procura atingir principalmente a pessoa física ou natural. Se procura tutelar a parte mais fraca, descarta a empresa, pois esta não é parte fraca e deve saber proteger-se. Para a empresa consumidora há vários sistemas de tutela, como o direito de concorrência, a repressão ao abuso do poder econômico, a regulamentação da compra e venda mercantil, descrita no Código Comercial e na normatização genérica que lhe dá o Código Civil. Chegaremos a essa conclusão na análise dos princípios estabelecidos pelo Código de Defesa do Consumidor e nos direitos assegurados ao consumidor. Por essa razão, o nosso enfoque está no fornecedor, por ser ele alvo do Direito Empresarial, nas suas obrigações.

Não podemos, entretanto, ignorar a posição do consumidor por dois motivos: um é que ele está na posição de cliente e, como tal, é a própria razão de ser da empresa. Não será demais repetir que toda empresa atua em função de sua clientela; ela se constitui para vender seus produtos no mercado consumidor, satisfazendo as necessidades de sua clientela. Vender é isso: satisfazer às necessidades dos consumidores. O segundo motivo é que o fornecedor deve saber quais os direitos de seus consumidores, que correspondem às obrigações do fornecedor. Os direitos dos consumidores estão expressos na lei, como também as obrigações do fornecedor.

Os direitos do consumidor são bem sugestivos; entre os direitos básicos estão a proteção da vida, saúde e segurança contra os riscos provocados por práticas no fornecimento de produtos e serviços considerados perigosos ou nocivos; a educação e divulgação sobre o consumo adequado dos produtos e serviços, asseguradas a liberdade de escolha e a igualdade nas contratações. Pelo teor desses direitos, constata-se que o consumidor é preponderantemente uma pessoa física, porquanto a proteção à vida, à saúde são direitos pessoais. Produtos que possam ameaçar a vida e a saúde de uma pessoa são geralmente os ingeridos pelo organismo humano, como remédios, bebidas e produtos alimentícios.

O consumidor deve receber a informação adequada e clara sobre os diferentes produtos e serviços, com especificação correta de quantidade, características, composição, qualidade e preço, bem como os riscos que apresentam; não estabelece a lei os parâmetros dessa informação, mas os produtos que oferecem riscos, como gases, fertilizantes e outros produtos químicos devem chegar às mãos do consumidor em recipientes seguros e com as instruções bem claras quanto ao uso e manuseio.

13.3. A empresa-fornecedora e suas obrigações

Os produtos e serviços colocados no mercado de consumo não acarretarão riscos à saúde ou segurança dos consumidores, exceto os considerados normais e previsíveis em decorrência de sua natureza e fruição, obrigando-se os fornecedores, em qualquer hipótese, a dar informações necessárias e adequadas a seu respeito. Em se tratando de produto industrial, ao fabricante cabe prestar as informações a que se refere este artigo, através de impressos apropriados que devam acompanhar o produto.

Ampla é a gama de obrigações impostas ao fornecedor, dando a impressão de que o Código de Defesa do Consumidor veio como um estatuto para ele, visando a restringir seus poderes. Essa impressão é falha, pois as empresas sérias já observam essas restrições e exercem rígido controle de qualidade de seus produtos; esmeram-se em deixar bem esclarecidos seus consumidores, inclusive com treinamento especial. Longa é a regulamentação de suas responsabilidades, cobertas pelos arts. 8° ao 24, extensos e explícitos, formando um capítulo denominado "Da qualidade de Produtos e Serviços, da Prevenção e Reparação de Danos". Essa responsabilidade está distribuída em três aspectos primordiais: quanto à saúde e segurança do consumidor final; quanto aos danos causados ao consumidor por fatos dos produtos fabricados e vendidos; quanto aos danos causados por vícios dos produtos.

A obrigação da empresa-fornecedora no tocante à saúde e segurança do consumidor é o polo oposto dos direitos do consumidor, já expostos. Consta de obrigações impostas para que a empresa-fornecedora zele pela qualidade dos produtos delicados à saúde e segurança da clientela, como é o caso de remédios e outros produtos farmacêuticos, semi-industrializados e "in natura".

Conforme acaba de ser dito, as organizações sérias vêm atendendo a essas exigências, antes que a lei fosse promulgada. Assim, a bula dos remédios trazem advertência quanto aos efeitos colaterais deles, o prazo de validade, aponta às pessoas que não devem fazer uso daqueles remédios, ou recomendam a consulta médica antes de consumi-los. Numerosos produtos alimentícios trazem o prazo de validade ou então, como o leite, a data da extração.

O fornecedor de produtos e serviços potencialmente nocivos ou perigosos à saúde ou segurança deverá informar, de maneira ostensiva e adequada, a respeito da sua nocividade ou periculosidade, sem prejuízo da adoção de outras medidas cabíveis em cada caso concreto. É o caso, por exemplo, do fornecimento de fertilizantes e pesticidas, principalmente os de fumigação; na embalagem do produto e em manual de instruções deverá haver indicação da quantidade a ser aplicada, e o aplicador deverá usar máscara ou luvas, lavar-se após a aplicação e outros cuidados. Algumas empresas costumam dar treinamento aos clientes que usam produtos dessa natureza.

O fornecedor não poderá colocar no mercado de consumo produto ou serviço que sabe ou deveria saber apresentar alto grau de nocividade ou periculosidade à saúde ou segurança. O fornecedor de produtos e serviços que, posteriormente à sua introdução no mercado de consumo, tiver conhecimento da periculosidade que apresentem, deverá comunicar o fato imediatamente às autoridades competentes e aos consumidores, mediante anúncios publicitários; esses anúncios publicitários serão veiculados na imprensa, rádio e televisão, às expensas do fornecedor do produto ou serviço. Trata-se aqui de proibição de produtos que ultrapassam os limites de nocividade e periculosidade. Não podem eles ser colocados à venda. Em nossa opinião, fogos de artifício estão compreendidos nesta hipótese; no carnaval são utilizados produtos nocivos e perigosos, como lança-perfume e "sangue de diabo". A proibição envolve até mesmo produtos que já estejam no mercado e se revelaram inconvenientes, devendo ser retirados de circulação.

A responsabilidade pelo fato do produto ou serviço é outro aspecto importante da nova lei. Essa responsabilidade exige que eles tenham as qualidades apregoadas, ou tenham a segurança devida, ou seja, que sejam de boa qualidade quando forem apontadas na propaganda ou manual de instruções as virtudes louváveis. O produto não é considerado defeituoso pelo fato de outro produto ser colocado à venda e for de melhor qualidade, mas quando apresenta defeitos de má-fabricação. O fabricante, o produtor, o construtor, nacional ou estrangeiro e o importador respondem, independentemente de culpa, pela reparação dos danos causados aos consumidores por defeitos decorrentes de projeto, fabricação, construção, montagem, fórmulas, manipulação, apresentação ou acondicionamento de seus produtos, bem como por informações insuficientes ou inadequadas sobre sua utilização e riscos. O produto é defeituoso quando não oferece a segurança que dele legitimamente se espera, levando-se em consideração as circunstâncias relevantes, entre as quais sua apresentação, o uso e os riscos que razoavelmente dele se esperam; a época em que foi colocado em circulação.

Ao falar em fornecedor, a lei não específica se é o fabricante ou o distribuidor final. No caso de remédio, por exemplo, responsável será o fabricante ou a farmácia que o vendeu? Segundo a lei dá a entender, será o laboratório que o fabricou. Casos há de remédios manipulados na própria farmácia; nesse caso, a farmácia assume a posição de fabricante. Contudo, com respeito à responsabilidade pelo fato do produto e do serviço, o revendedor ou comerciante varejista é igualmente responsável com o fabricante, quando este, o construtor ou o importador não puderem ser identificados; se o produto for fornecido sem identificação clara do seu fabricante, produtor, construtor ou importador; ou então, se não conservar adequadamente os produtos perecíveis.

Passemos agora para o segundo tipo de responsabilidade, ou seja, a responsabilidade por vício do produto e do serviço. Essa responsabilidade é mais radical do que a do fato do produto ou serviço. O vício é uma deficiência mais profunda do que o defeito. Para o efeito da relação de consumo, ou seja, a relação jurídica que se forma entre fornecedor e consumidor, o Código de Defesa do Consumidor regulamenta os vícios redibitórios, previstos nos arts. 1101 a 1106 do Código Civil. Nesses artigos, o fornecedor é chamado de alienante e o consumidor de adquirente. Os fornecedores de produtos de consumo duráveis respondem solidariamente pelos vícios de qualidade ou quantidade que os tornem impróprios ou inadequados ao consumo a que se destinam ou lhes diminuem o valor, assim como por aqueles decorrentes da disparidade, com as indicações constantes do recipiente, da embalagem, rotulagem ou mensagem publicitária, respeitadas as variações decorrentes de sua natureza, podendo o consumidor exigir a substituição das partes viciadas.

Os vícios da coisa fornecida, o vício redibitório, é um defeito oculto na coisa, que a torna imprópria ou inadequada ao consumo, ou, então, diminui sensivelmente o valor da coisa. Aliás, a compreensão do vício redibitório pode ser extraída do art. 1101do Código Civil:

> "A coisa recebida em virtude de contrato comutativo pode ser enjeitada por vícios e defeitos ocultos, que a tornem imprópria ao uso a que é destinada, ou lhe diminuam o valor".

Vê-se, pois, que o vício redibitório apresenta certos requisitos: a – que no momento da venda eles já existam, embora sejam ocultos a ponto de não serem notados em exame comum; b – que eles sejam graves, a ponto de tornar o produto imprestável ou desvalorizá-lo sensivelmente; c – que o produto viciado tenha chegado às mãos do consumidor em vista de um contrato comutativo. Comutativo é o contrato de prestações recíprocas, como o de compra e venda, em que ambas as partes têm obrigações a cumprir, uma para com a outra. Se for constatado o vício, o consumidor (quando se fala em consumidor, nos termos do código, entenda-se o consumidor final) poderá exigir sua correção ou saneamento, que deverá ser feito no prazo de 30 dias. Se o vício não for sanado nesse prazo, o consumidor poderá acionar judicialmente a empresa-fornecedora, sendo-lhe facultada a opção por uma dessas três hipóteses:

I – a substituição do produto por outro da mesma espécie, em perfeitas condições de uso;

II – a restituição imediata da quantia paga, monetariamente atualizada, sem prejuízo de eventuais perdas e danos;

III – o abatimento proporcional do preço.

Considera-se na mesma situação de vício do produto o conteúdo inferior do anunciado. Por exemplo: os rolos de papel higiênico devem ter 40 metros de comprimento; todavia, um fabricante passou a fabricar esse produto com 36 metros, isto é, com 10% a menos. O consumidor final dificilmente notará essa diferença. Outra ocorrência já observada: uma indústria de chocolates colocou no mercado uma caixa de bombons, mas dentro da caixa havia muita palha e poucos bombons. Nesse caso, os fornecedores, ou seja, o fabricante e o vendedor final, como um supermercado, respondem solidariamente pela fraude. Deverá esse supermercado que tiver vendido a caixa de bombons responder perante seu freguês e chamar à responsabilidade seu fornecedor. Os fornecedores respondem solidariamente pelos vícios de quantidade do produto sempre que, respeitadas as variações decorrentes de sua natureza, seu conteúdo líquido for inferior à indicações constantes do recipiente, da embalagem, rotulagem ou de mensagem publicitária, podendo o consumidor exigir, alternativamente e à sua escolha:

I – o abatimento proporcional do preço;

II – complementação do peso ou medida;

III – a substituição do produto por outro da mesma espécie, marca ou modelo, sem os aludidos vícios;

IV – a restituição imediata da quantia paga, monetariamente atualizada, sem prejuízo de eventuais perdas e danos.

13.4. Da publicidade empresarial

Procura a legislação que rege as relações de consumo restringir a propaganda, de tal modo que não induza em erro o consumidor final. Segundo os arts. 86 a 91 do Código Civil, o erro é um vício do ato jurídico capaz de levá-lo à nulidade. A nova lei estabelece algumas formas de elaboração de erro: são as criadas pela propaganda enganosa e abusiva. As novas normas visam a cobrar aos abusos constantes. Um conhecido jogador de futebol fazia propaganda de cigarro, dizendo que o produto trazia vantagem em tudo, inclusive carros e mulheres bonitas. Outros anúncios prometeram verdadeiros absurdos proporcionados pelos produtos anunciados.

Impõe agora a lei mensagens publicitárias mais autênticas e comedidas. A publicidade deve ser veiculada de tal forma que o consumidor, fácil e imediatamente, a identifique como tal. O fornecedor, na publicidade de seus produtos ou serviços, manterá, em seu poder, para informação dos legítimos interessados, os dados fáticos, técnicos e científicos que dão sustentação à mensagem. Ficou também proibida toda publicidade enganosa e abusiva.

É enganosa qualquer modalidade de informação ou comunicação de caráter publicitário, inteira e parcialmente falsa, ou, por qualquer outro modo, mesmo por omissão, capaz de induzir em erro o consumidor a respeito da natureza, característica, qualidade, quantidade, propriedades, origem, preço, e quaisquer outros dados sobre produtos e serviços, ou quando deixar de informar sobre dado essencial do produto ou serviço.

É abusiva, dentre outras, a publicidade discriminatória de qualquer natureza, a que incite à violência, explore o medo ou a superstição, se aproveite da deficiência de julgamento e experiência da criança, desrespeita valores ambientais, ou que seja capaz de induzir o consumidor a se comportar de forma prejudicial ou perigosa à sua saúde ou segurança.

Essas normas reprimem a publicidade oculta ou dissimulada, como a subliminar, de efeitos nocivos à opinião costumeira. Vigora o princípio da identificação publicitária: a intenção promocional da empresa-fornecedora deve ser direta, frontal, persuasiva e evidente. Choca-se contra esse princípio, o da identificação publicitária, adotado pelo Código de Defesa do Consumidor, a propaganda redacional, ou seja, publicada pela imprensa como se fosse um artigo ou um noticiário, sem constar que seja feito "a pedidos" de quem anunciar.

13.5. Das práticas abusivas

Afora a propaganda abusiva, a lei reprime também certas práticas abusivas, para forçar a venda de produtos, contrariando as necessidades do consumidor. O primeiro abuso é condicionar o fornecimento de produto ou de serviço ao fornecimento de outro produto ou serviço, bem como, sem justa causa, a limites quantitativos. É o exemplo que acontece comumente: na época de calor, em que cresce o consumo de cerveja, as cervejarias só fornecem esse produto se for acompanhado de refrigerantes. Outras empresas, de diversos ramos, adotam também essa medida: só vendem o "filé mignon" se for acompanhado de "ossos".

A segunda prática condenada legalmente é recusar atendimento às demandas dos consumidores, na exata medida de suas disponibilidades de estoque, e, ainda, de conformidade com os usos e costumes. Não poderá, então, uma empresa estabelecer discriminação entre a sua clientela. Se coloca mercadorias à venda em veículos de comunicação, o vendedor renuncia à escolha de seu oblato. Desde que um potencial adquirente da mercadoria ofertada atenda às condições de venda, está obrigado o policitante a vender. Se o fornecedor de produtos ou serviços recusar cumprimento à oferta, apresentação ou publicidade, o consumidor poderá, alternativamente e à sua livre escolha:

I – exigir o cumprimento forçado da obrigação, nos termos da oferta, apresentação ou publicidade;

II – aceitar outro produto ou prestação de serviços equivalente;

III – rescindir o contrato, com o direito à restituição de quantia eventualmente antecipada, monetariamente atualizada, e a perdas e danos.

A oferta deve ser clara; se não o for, mesmo assim, obriga o ofertante, e a oferta confusa representa prática empresarial condenada pela lei. Toda informação ou publicidade, suficientemente precisa, veiculada por qualquer forma ou meio de comunicação com relação a produtos e serviços oferecidos ou apresentados, obriga o fornecedor que a fizer veicular ou dela se utilizar e integra o contrato que vier a ser celebrado (art. 30). A oferta e apresentação de produtos ou serviços devem assegurar informações corretas, claras, precisas, ostensivas e em língua portuguesa sobre suas características, qualidades, quantidade, composição, prazo, garantia, prazos de validade e origem, entre outros dados, bem como sobre os riscos que apresentam à saúde e segurança dos consumidores.

Constitui, ainda, prática abusiva prevalecer-se da fraqueza ou ignorância do consumidor, tendo em vista sua idade, saúde, conhecimento ou condição social, para impingir-lhe seus produtos ou serviços. Podemos incluir neste preceito exigir do consumidor vantagem manifestamente excessiva e executar serviços sem a prévia elaboração de orçamento e autorização expressa do consumidor, ressalvadas as decorrentes de práticas anteriores entre as partes. Essas práticas casam-se em parte com o abuso do poder econômico. Sendo o consumidor considerado a parte mais fraca, incorre em prática abusiva a empresa que usa do fraco poder de barganha do consumidor, para forçá-lo à compra.

Diz o art. 34 que o fornecedor do produto ou serviço é solidariamente responsável pelos atos de seus prepostos ou representantes autônomos. Esse artigo confirma o que, desde 1850, dispusera o art. 75 do Código Comercial. Não poderá, portanto, a empresa fornecedora alegar ter agido um seu vendedor, representante comercial autônomo, gerente ou qualquer outro preposto, com excesso de poderes. Assumirá as obrigações assumidas por eles, tendo sobre eles o direito de regresso.

13.6. Da regulamentação dos contratos

O Código de Defesa do Consumidor criou praticamente um novo direito, que hoje cresce e se desenvolve, reunindo elementos do direito contratual, do direito Público e vários outros. Assimilou de diversos ramos do direito vários institutos, complementando-se e amoldando-se às novas relações jurídicas descritas pelo nóvel ramo do direito. No capítulo denominado "Da Proteção Contratual", o Código de Defesa do Consumidor traça normas reguladoras dos contratos que regem as relações de consumo. Não podemos dizer que tenha criado um direito contratual peculiar, nem contratos novos. São os mesmos contratos tradicionais, que adquirem novos matizes.

O contrato predominante é o de compra e venda, o mesmo regulamentado pelo Código Comercial e pelo Código Civil. Doutrinariamente, o contrato de prestação de serviços é também um contrato de compra e venda, em que a "res" é uma atividade exercida pelo vendedor e não uma coisa. O contrato de prestação de serviços até agora desconhecido pelo nosso direito, passa a ser, com o Código de Defesa do Consumidor, um contrato típico ou nominado. A lei define as partes desse "consensus", como fornecedor e consumidor, define qual a "res", e estabelece normas sobre o "pretium". Por diversas vezes fala nesse contrato e regulamenta suas cláusulas. Não há dúvida de que reconhece um contrato típico, com nome, aplicação e regulação bem definida. Embora seja proclamado como contrato de relações de consumo, vale dizer, em que o comprador seja o consumidor final, poderá, por analogia, ser aplicado aos outros contratos não compreendidos pelo Código de Defesa do Consumidor.

Os contratos que regulam as relações de consumo não obrigarão os consumidores, se não lhes for dada a oportunidade de tomar conhecimento prévio de seu conteúdo, ou se os respectivos instrumentos foram redigidos de modo a dificultar a compreensão de seu sentido e alcance. As cláusulas contratuais serão interpretadas de maneira mais favorável ao consumidor. As declarações de vontade constantes de escritos particulares, recibos e pré-contratos relativos às relações de consumo vinculam o fornecedor, ensejando inclusive execução específica. O consumidor pode desistir do contrato, no prazo de 7 dias a contar de sua assinatura ou do ato de recebimento do produto ou serviço, sempre que a contratação de fornecimento de produtos e serviços ocorrer fora do estabelecimento comercial, especialmente por telefone ou a domicílio. Se o consumidor exercitar o direito de arrependimento, os valores eventualmente pagos, a qualquer título, durante o prazo de reflexão, serão devolvidos, de imediato, monetariamente atualizados.

A garantia contratual é complementar à legal e será conferida mediante termo escrito. O termo de garantia ou equivalente deve ser padronizado e esclarecer, de maneira adequada, em que consiste a mesma garantia, bem como a forma, o prazo e o lugar em que pode ser exercida e os ônus a cargo do consumidor, devendo ser-lhe entregue, devidamente preenchido pelo fornecedor, no ato do fornecimento, acompanhado de manual de instrução, de instalação e uso do produto em linguagem didática, com ilustrações.

Em três longos artigos, de n°s 51, 52 e 53, declara a nulidade de cláusulas contratuais leoninas, a fim de colocar as partes dos contratos e condições de igualdade. Assim, não poderá o contrato ter cláusulas, entre outras, que impossibilitem, exonerem ou atenuem a responsabilidade do fornecedor por vícios de qualquer natureza dos produtos e serviços ou impliquem renúncia de direitos. Nas relações de consumo entre o fornecedor e o consumidor-pessoa jurídica, a indenização poderá ser limitada, em situações justificáveis. Aplica-se, neste caso, o princípio de que não pode um pacto entre partes derrogar uma lei de ordem pública (Jus publicum privatorum pactis non potest).

Também são vetadas cláusulas em contrato de relação de consumo que subtraiam ao consumidor a opção de reembolso da quantia paga, nos casos previstos no Código de Defesa do Consumidor; que transfiram responsabilidade a terceiros; que estabeleçam obrigações consideradas iníquas, abusivas, que coloquem o consumidor em desvantagem exagerada, ou sejam incompatíveis com a boa-fé ou a eqüidade; que estabeleçam inversão do ônus da prova em prejuízo do consumidor; deixem ao fornecedor a opção de concluir ou não o contrato, embora obrigando o consumidor; permitam ao fornecedor, direta ou indiretamente, variação do preço de maneira unilateral; autorizem o fornecedor a cancelar o contrato unilateralmente, sem que igual direito seja concedido ao consumidor; obriguem o consumidor a ressarcir os custos de cobrança de sua obrigação sem que igual direito lhe seja conferido contra o fornecedor; autorizem o fornecedor a modificar unilateralmente o conteúdo ou qualidade do contrato, após sua celebração; infrinjam ou possibilitem a violação de normas ambientais; estejam em desacordo com o sistema de proteção ao consumidor; possibilitem a renúncia do direito de indenização por benfeitorias necessárias.

Vimos por essa extensa normatização das cláusulas contratuais que ela repousa em quatro princípios fundamentais:

- eqüidade – procurando colocar as duas partes contratantes em pé de igualdade, declarando nulo o contrato leonino;
- irrenunciabilidade de direitos – anulando cláusulas em que o consumidor abra mão de seus direitos assegurados pela lei;
- transparência – não só os contratos, mas também as cláusulas contratuais devem se revestir de maior transparência, clareza e lealdade;
- interpretação pró-consumidor – qualquer propaganda dúbia, cláusula contratual ambivalente ou qualquer confusão provoca sempre a interpretação em prol do consumidor.

13.7. Dos contratos de adesão

Inovação sugestiva e avançada do Código de Defesa do Consumidor foi o reconhecimento do contrato de adesão. Esse tipo de contrato tem sido considerado pelo direito de vários países, e há tempos entrara no Código de alguns países, como a Holanda e a Etiópia. O Código Civil italiano dedica-lhe dois artigos, regulamentando, porém, um contrato semelhante, chamado de "contrato celebrado mediante módulo ou formulário", no art. 1342.

Contrato de adesão, no dizer do art. 54, é aquele cujas cláusulas tenham sido aprovadas pela autoridade competente ou estabelecidas unilateralmente pelo fornecedor de produtos ou serviço, sem que o consumidor possa discutir ou modificar substancialmente seu conteúdo. A inserção de cláusula no formulário não desfigura a natureza de adesão do contrato. Nos contratos de adesão admite-se cláusula resolutória, desde que alternativa, cabendo a escolha ao consumidor. Os contratos de adesão escritos serão redigidos em termos claros e com caracteres ostensivos e legíveis, de modo a facilitar sua compreensão pelo consumidor. As cláusulas que implicarem limitação de direito do consumidor deverão ser redigidas com destaque, permitindo sua imediata e fácil compreensão.

Daqui por diante, o contrato de adesão passa a ser no direito brasileiro um contrato típico, nominado, reconhecido pela lei, que lhe traça algumas normas básicas. Está ele em grande desenvolvimento e aplicação, porquanto facilita as operações em massa. Os contratos de prestação de serviços de natureza bancária, financeira, de crédito e securitária são geralmente desse tipo. Se alguém quiser celebrar um contrato bancário, assina um formulário impresso com todas as cláusulas elaboradas pelo banco, que o cliente aceita ou rejeita em bloco; não há discussão sobre as cláusulas. O gerente do banco, via de regra, não está autorizado a discutir e modificar as cláusulas. O mesmo acontece com um contrato de seguros.

São incluídas no contrato de adesão as cláusulas particulares, com o nome do contratante, o valor da operação e os prazos. É possível a inclusão ou supressão de alguma cláusula no formulário; a inserção dessa cláusula solitária não desfigura o contrato como sendo de adesão. Adotou o Código o nome de "contrato de adesão", embora a maioria dos modernos juristas brasileiros julguem mais apropriada a designação de "contrato por adesão", tomando por base que o contrato se completa "pela" adesão do contratante mais fraco. As exigências acima expostas atingem a maioria dos contratos de adesão atualmente em uso. Veja-se, por exemplo, uma passagem aérea: as cláusulas principais do contrato de transporte de pessoas são impressas em caracteres minúsculos, quando não em inglês. Referimo-nos às cláusulas mais importantes como sendo as que estabelecem as obrigações mais sérias.

13.8. Da desconsideração da personalidade jurídica

No segundo semestre de 1990, importantes eventos legislativos surpreenderam os meios jurídicos, levantando o problema da defesa do consumidor. A questão trouxe ainda para a legislação brasileira inovações igualmente surpreendentes, como a instituição do contrato de adesão. Outra novidade surpreendente foi também a teoria da despersonalização da pessoa jurídica. Esta teoria surgiu nos EUA com o nome de "disregard theory", ou "disregard of legal entity", em decorrência de certos acontecimentos, mormente o caso da Salomon Brothers, julgado pela justiça inglesa, mas com ampla repercussão nos EUA. Levantou-se com esse caso o artifício de pessoas que se utilizam de sua empresa para auferir lucros ilícitos em detrimento de outrem, deixando os prejuízos para a empresa insolvente e o lucro para os sócios dela.

Rompe essa teoria a tradicional consideração de que a pessoa jurídica tem existência, personalidade e patrimônio distintos dos respectivos dos sócios que a compõem, havendo, pois, separação entre os direitos e obrigações peculiares a cada um. Após o escândalo da Salomon Brothers, os tribunais norte-americanos adotaram a extensão da responsabilidade dos sócios ou diretores, por atos praticados pela sociedade que dirigem, e pela qual eram responsáveis.

A "disregard theory" foi acolhida pelo direito de alguns países europeus, mas, no Brasil, encontrou sérias resistências ante as disposições do art. 20 do Código Civil e outras normas reguladoras das sociedades. Tardiamente, com o Código de Defesa do Consumidor, a desconsideração da personalidade jurídica encontrou guarida em nosso direito. Pelo art. 28, o juiz poderá desconsiderar a personalidade jurídica da sociedade quando, em detrimento do consumidor, houver abuso de direito, excesso de poder, infração da lei, fato ou ato ilícito ou violação dos estatutos ou contrato social. A desconsideração também será efetivada quando houver falência, estado de insolvência, encerramento ou inatividade da pessoa jurídica provocados por má administração. Também poderá ser desconsiderada a pessoa jurídica sempre que sua personalidade for, de alguma forma, obstáculo ao ressarcimento de prejuízos causados aos consumidores.

Às vezes, entretanto, pode ser sócia de uma empresa uma outra empresa, existindo empresas que se interligam de várias formas, como as sociedades coligadas, controladas e controladoras. Coligadas são as empresas em que uma participa do capital da outra, com 10% ou mais, sem contudo exercer o controle. Controladora, por sua vez, é aquela que participa do capital da outra, de forma tão preponderante, que adquire o poder de direção da controlada; nomeia e destitui os dirigentes e lhe traça os destinos.

O consórcio é também um grupo de empresas, mas sem exigir a participação no capital uma das outras. Várias empresas, sejam elas controladoras e controladas, ou não, podem constituir um "pool", um consórcio de empresas para executar determinado empreendimento. É o que acontece geralmente com as grandes obras públicas, em que se forma um consórcio de várias empresas, cada uma entrando com sua especialização técnica. O consórcio não é uma nova empresa, não tendo, pois, personalidade jurídica. Perante o Código de Defesa do Consumidor, as empresas que fazem parte do consórcio são solidariamente responsáveis pelas obrigações que o consórcio assumir. A solidariedade se impõe, tendo em vista que o consórcio é uma convenção, aproximando-se de uma sociedade de fato e nesta os dirigentes respondem por ela solidariamente.

As sociedades integrantes dos grupos societários e as sociedades controladas são subsidiariamente responsáveis pelas obrigações decorrentes do Código de Defesa do Consumidor. Se assim não fosse, poderia haver fraude, pois uma sociedade poderia assumir compromissos, transferindo, depois, os direitos para outra controlada, desfalcando, assim, as garantias de seus consumidores. Quanto às sociedades coligadas, elas só responderão por culpa.

13.9. Dos crimes contra as relações de consumo

No título II, denominado "Das Infrações Penais", o Código de Defesa do Consumidor capitula como crime contra as relações de consumo, 14 práticas abusivas praticadas pelo fornecedor. Aponta, inclusive, circunstâncias agravantes, como ser o crime praticado em época de grave crise econômica ou por ocasião de calamidade; ocasionarem grave dano individual ou coletivo; dissimularem a natureza ilícita do procedimento; ou, então, se forem praticados em operações que envolvam alimentos, medicamentos ou quaisquer outros produtos ou serviços essenciais.

Possuem "legitimatio ad causam" não só o consumidor lesado, como o Ministério Público e as entidades públicas e privadas, constituídas para a defesa do consumidor. As penas são variadas, entre detenção e multa, impostas cumulativa ou alternadamente, além da possibilidade de interdição de direitos, publicação em órgãos de comunicação de grande circulação ou audiência, às expensas do condenado, de notícia sobre os fatos e a condenação, ou ainda, a prestação de serviços à comunidade.

Os artigos 63 a 74 apontam os crimes contra as relações de consumo e as penas variadas, a saber:

1° – omitir dizeres ou sinais ostensivos sobre a nocividade ou periculosidade de produtos, nas embalagens, nos invólucros, recipientes ou publicidade;

2° – deixar de alertar, mediante recomendações escritas ostensivas, sobre a periculosidade do serviço a ser prestado;

3° – deixar de comunicar à autoridade competente e aos consumidores a nocividade ou periculosidade de produtos cujo conhecimento seja posterior à sua colocação no mercado;

4° – deixar de retirar do mercado, imediatamente, quando determinado pela autoridade competente, os produtos nocivos ou perigosos;

5° – executar serviço de alto grau de periculosidade, contrariando determinações de autoridade competente;

6° – fazer afirmação falsa ou enganosa, ou omitir informação sobre a natureza, característica, qualidade, quantidade, segurança, desempenho, durabilidade, preço e garantia de produtos ou serviços; inclui-se também quem patrocinar a oferta;

7° – fazer ou promover publicidade que sabe ou deveria saber ser enganosa ou abusiva;

8° – fazer ou promover publicidade que sabe ou deveria saber ser capaz de induzir o consumidor a se comportar de forma prejudicial ou perigosa à sua saúde ou segurança;

9° – deixar de organizar dados fáticos, técnicos e científicos que dão base à publicidade;

10° – empregar, na reparação de produtos, peças ou componentes de reposição usados, sem autorização do consumidor;

11° – utilizar, na cobrança de dívidas, de ameaça, coação, constrangimento físico ou moral, afirmações falsas, incorretas ou enganosas ou de qualquer outro procedimento que exponha o consumidor, injustificadamente, a ridículo ou interfira com seu trabalho, descanso ou lazer;

12° – impedir ou dificultar o acesso do consumidor à informação constante de cadastro, banco de dados, fichas ou registros sobre ele;

13° – deixar de corrigir imediatamente informação sobre consumidor constante de cadastro, banco de dados, fichas e registros que sabe ou deveria saber ser inexata;

14° – deixar de entregar ao consumidor o termo de garantia adequadamente preenchido e com especificação clara de seu conteúdo.

Quem, de qualquer forma, concorrer para os crimes referidos no Código, ou seja, as 14 espécies acima citadas, incide nas penas a esses cominadas na medida de sua culpabilidade, bem como o diretor, administrador ou gerente da pessoa jurídica que promover, permitir ou por qualquer modo aprovar o fornecimento ou a oferta e prestação de serviços nas condições proibidas pelo Código. Há um aspecto duvidoso no Código, que necessita de ser esclarecido: ao falar em gerente, será o sócio-gerente ou um gerente empregado? Julgamos que se refira ao sócio-gerente, pois estão enumerados empresários de várias categorias: diretor, administrador e gerente. O gerente de uma empresa não é empresário e por isso seu trabalho é dirigido pelo empresário. É deveras delicado fazer um empregado assumir responsabilidades próprias de um empresário, pois "a corda arrebenta sempre do lado mais fraco". Julgamos também estranha a obrigação de o fornecedor revelar ao consumidor o que consta sobre ele em seu cadastro. Um banco que conceda crédito a um cliente mantém uma ficha cadastral desse cliente, com dados confidenciais, que só ao banco deve interessar, ficando constrangido em ter que revelar ao cliente o que consta a respeito dele.

14. A PRESENÇA DE TULLIO ASCARELLI NO DIREITO EMPRESARIAL

14.1. A ação inovadora de Ascarelli

14.2. Traços biográficos e resistências

14.3. As obras

14.4. As idéias

14.1. A ação inovadora de Ascarelli

Após todas as nossas considerações sobre as instituições básicas do moderno Direito Empresarial, necessário se torna realçar a participação do verdadeiro criador dos novos conceitos, e arquiteto dos alicerces atuais desse importante e complexo ramo do direito. A última metade de século XX viu operar-se uma autêntica revolução no antigo Direito Comercial, adaptando-o ao mundo hodierno, tendo sido obrigado a romper os arcaicos conceitos, transpor a resistência de mentalidades e interesses retrógrados e reformular uma legislação por demais defasada.

Costumam os cultores da filosofia dividir seu desenvolvimento em três fases, tomando como marco o filósofo alemão Emanuel Kant. Para os kantistas, a filosofia desenvolveu-se em três fases principais: antes de Kant, Kant e depois de Kant. Poder-se-ia dizer de modo semelhante em relação à presença de Tullio Ascarelli no desenvolvimento do Direito Empresarial. A evolução dessa matéria deu-se também em três fases: antes de Ascarelli, com Ascarelli e depois de Ascarelli. Poder-se-ia dizer ainda que há exagero por parte dos kantistas. Contudo, profunda e ampla foi a participação de Tullio Ascarelli na reformulação do Direito Comercial, transformando-o no Direito Empresarial, com fundamentos que se impuseram em quase todos os países, pelo menos os principais.

Para melhor compreensão do assunto, teremos que nos remeter às nossas primeiras considerações, expressas neste compêndio, em que expusemos o aspecto conceitual e a evolução do Direito Empresarial. A matéria que estamos examinado teve evolução caracterizada em três fases, das quais faremos uma indicação e, em seguida, novos e breves delineamentos. São elas:

1° – a fase mercantil

Toma-se como ponto de partida a publicação do "Tratactus de mercatura seo mercatore", de Benvenuto Stracca, em 1553, terminando com a promulgação do Código Comercial francês em 1807. Nesse período, foi chamado de Direito Mercantil, por influência, não só do nome da obra básica, mas do uso das expressões "mercatura" e "mercador". Mercatura era o que hoje denominamos de "atividade empresarial" e mercador de "empresário". De mercatura e mercador, surgiu a nomenclatura para o ramo do direito que regulamentava essa atividade: Direito Mercantil. Essa terminologia vigorou durante todo esse período e mesmo depois, sendo a expressão invocada ainda em nossos dias. Quando, em 1827, o imperador D. Pedro I promulgou o decreto imperial criando os cursos jurídicos no Brasil, relacionou as matérias que iriam compor o currículo das duas faculdades de direito: de São Paulo e de Olinda, que depois passou para Recife. Entre essas matérias contava o Direito Mercantil. Interessante é notar que nominou a matéria com essa terminologia, quando o Código Comercial Napoleônico, de 1807, já tinha adotado o nome de Direito Comercial.

Importante, todavia, é examinar do que tratava o Direito Mercantil, porquanto pelas três fases, não houve variação apenas de nome, mas também de fundamentos. Surgiu o Direito Mercantil como disciplina histórica da mercatura e do mercador, adotando, assim, um critério subjetivo, ao tomar a pessoa do mercador como ponto de referência. Teria o Direito Mercantil de amoldar-se fatalmente ao sistema econômico, político e social da época em que vigorou. Predominava, no início da Idade Moderna, o domínio das "corporações", que vinha da Idade Média.

Difícil se torna interpretar o direito no início dos tempos modernos, mormente o Direito Mercantil, sem levar em conta o sistema erigido com base nas corporações, também chamadas de "corporações de ofícios", criado na Idade Média e vigorante até a Revolução Francesa, em fins do século XVIII. Corporação era uma instituição formada por profissionais, para atingir objetivos comuns, de natureza econômica e social. Havia a corporação dos ferreiros, a dos alfaiates, a dos sapateiros, e assim por diante. Havia também a corporação dos mercadores. Estas adquirem grande importância, não só econômica e social, mas política e até militar.

Surgiu o Direito Mercantil como o direito das corporações dos mercadores, destinando-se, portanto, a regulamentar as atividades dos mercadores. As corporações deviam ter seu estatuto, que, muitas vezes, inspiravam o estatuto da cidade em que a corporação atuava. Surgiu, assim, um novo ramo do direito, recebendo o nome de Direito Estatutário; foi esse direito a base do Direito Mercantil e de outros ramos do direito, como o Direito Internacional Privado. Destarte, foi o Direito Mercantil um direito profissional, de uma classe, de uma profissão: a dos mercadores, donde o nome de Direito Mercantil.

2° – a fase comercial

A França proporcionou ao mundo, em 1807, o seu Código Comercial, elaborado por uma comissão de juristas nomeada por Napoleão Bonaparte; por isso, chama-se também código napoleônico ou código Napoleão. Enorme é a importância desse acontecimento. O Código Comercial francês foi o primeiro surgido nos moldes modernos e serviu de base para a elaboração do código comercial de muitos países, entre os quais o Brasil. O código Napoleão inspirou a reforma do Direito Mercantil, que teve seu nome mudado, pouco a pouco, para Direito Comercial, adotando o nome do código francês.

Houve a mudança de critério de interpretação: do subjetivo para o objetivo. Ao invés de focalizar a figura de quem exercita a atividade, passou a focalizar a atividade do sujeito, a que deu o nome de atos de comércio. Baseado no nome do código francês, o Direito Mercantil foi mudando sua denominação para Direito Comercial, ao abandonar a figura do mercador como fulcro de seu raciocínio. É a prática dos atos de comércio que faz de alguém um comerciante. Nosso Código Comercial, no art. 4°, adotou o nome de "mercancia" para essa atividade.

Os atos de comércio, entretanto, não tinham, nessa fase, o mesmo sentido de hoje, como sendo atos em cadeia, formando a atividade empresarial. O próprio Código Comercial francês apontou quais são os atos de comércio, dos quais fizemos comentários no ponto específico.

O Direito Comercial, ou seja, o direito da segunda fase caracterizou-se como inseguro e confuso. Até agora, os atos de comércio não desfrutam de um conceito seguro e claro. Impôs-se contudo o novo direito, por interpretar, de forma mais fiel, o pensamento do Iluminismo e da Revolução Francesa, e as aspirações da burguesia triunfante. Umas das primeiras medidas da Revolução Francesa foi suprimir as corporações, abolindo em conseqüência o sistema econômico, social e jurídico, que sobre elas se assentou.

No início do século XX, em 1903, ainda na fase do Direito Comercial, nasceu Ascarelli. Muito cedo realçou-se e começou a sentir a crise pela qual passava o Direito Comercial. Entre muitos méritos, o maior deles foi prever a ascensão das empresas no cenário econômico mundial. Ao invés de criticar e combater as bases superadas e defeituosas do Direito Comercial, lançou as bases do moderno Direito Empresarial, que fatalmente iria se impor. Preparou, assim, o terreno em que se assentaria o moderno Direito Empresarial.

3° – a fase empresarial

Em plena Guerra Mundial, em 1942, surge o novo Código Civil italiano, fundindo nele o Código Comercial, que desapareceu. É o marco inicial da nova fase, em vista da profunda influência ideológica no Direito Comercial, transformando-o, agora, no Direito Empresarial. Não se trata apenas da mudança de nome, mas antes de tudo, de critério de interpretação, de objeto de estudo e de conceito. Volta o critério subjetivo, cogitando da pessoa que exerce a atividade; não é, porém, uma pessoa física, mas jurídica. A pessoa jurídica ficou ainda claramente identificada: a empresa. Foi o triunfo das idéias de Ascarelli. Gravitando o Direito Comercial na órbita da teoria da empresa, justifica-se a nova designação desse ramo do direito, para Direito Empresarial. Realmente, a empresa é uma instituição claramente definida no direito, enquanto "comerciante", "comércio" e "ato de comércio" são expressões vagas, discutíveis e confusas.

14.2. Traços biográficos e resistências

Tullio Ascarelli (1903-1959) nasceu e morreu em Roma. Seu pai Attilio Ascarelli era professor de medicina legal dos mais conceituados, autor de oitenta obras sobre sua matéria. Talvez tenha sido o pai, professor da faculdade de direito da Universidade de Roma, que tenha inspirado Ascarelli a ingressar naquela universidade. Sua mãe, Elena Pontecorvo pertencia a uma ilustre família de intelectuais, sendo parente de Bruno Pontecorvo, um dos pais da bomba atômica. Talento precoce, aos vinte anos já tinha elaborado teses sob a orientação de seu insigne mestre, Cesare Vivante, na Universidade de Roma. Teve, assim, a felicidade de ter como mestre, o maior comercialista de todos os tempos e dele precisamos também falar, pois foi o maior inspirador de Ascarelli.

Cesare Vivante (1855-1944) nasceu em Veneza e faleceu em Siena, aos 90 anos. Tão longa vida proporcionou-lhe a oportunidade de nos legar vastíssima obra. Criou a Revista de Direito Comercial, que ainda hoje é uma das principais publicações de Direito Comercial, e nela publicou inúmeros artigos. Foi professor de Direito Comercial nas Universidades de Parma e de

Bolonha, e por mais de trinta anos na Universidade de Roma, na qual teve Asacarelli como discípulo. Sua maior obra é o Tratado de Direito Comercial, em quatro volumes, publicado em 1901. Notável também foi outra obra sua: Instituições de Direito Comercial. Foi delegado da Itália na Conferência de Haia para a unificação do Direito Cambiário. Encarregado pelo governo italiano, elaborou o "Projeto Preliminar para a Reforma do Código de Comércio". Seu projeto, porém, não vingou, pois o Código Comercial foi absorvido pelo Código Civil, embora muitas idéias suas, como de Ascarelli, tenham prevalecido no código unificado. Embora seja um jurista do passado, seus discípulos, como Ascarrelli, deram continuidade e modernidade aos seus ensinamentos.

Ao contrário de Vivante, Ascarelli teve morte muito prematura, aos 56 anos, tirando do mundo uma dos mais geniais e criativos cultores do direito. Um fato importante para os brasileiros foi sua permanência entre nós, de 1940 a 1946. No seu tempo, a Itália vivia sob uma ditadura de direita, feroz e violenta inimiga das esquerdas. Ascarelli era socialista e ficou colocado em difícil situação. Além disso, a Itália celebrou um tratado de amizade e cooperação com a Alemanha nazista, que, como é público e notório, caracterizava-se por cruel e radical anti-semitismo. Os judeus italianos passaram a ser hostilizados a partir de 1938. Socialista vivendo em um país sob ditadura de direita e judeu numa época de anti-semitismo, Ascarelli foi obrigado a deixar seu país, como também fizeram numerosos juristas e cientistas de origem judaica, como Bruno Pontecorvo, um dos criadores da bomba atômica, que se refugiara nos Estados Unidos. Ascarelli, porém, escolheu o Brasil para seu refúgio, aqui chegando com mulher e filhos em 1940. Foi acolhido em nosso país com entusiasmo e carinho, sendo logo convidado para assumir a cátedra de Direito Comercial na Universidade de São Paulo e assessorar várias instituições, como a Associação Comercial de São Paulo. Como Ascarelli, vários outros juristas, fossem ou não de origem judaica, também aportaram no Brasil, como o extraordinário processualista Enrico Tullio Libman, que se integrou no direito brasileiro, tendo exercido profunda e ampla influência no Direito Processual, inclusive na elaboração do nosso atual Código de Processo Civil.

Igual sorte não teve Ascarelli. Sua influência sobre o Direito Comercial foi ínfima, tendo exercido mais influência no Direito Tributário, ou na interpretação do direito, do que propriamente na sua especialidade. Recebido entusiasticamente, também conquistou larga estima e consideração em nosso meio. Em breve tempo assenhoreou-se do nosso idioma e passou a dar aulas em português, embora muitos juristas brasileiros procuraram aprender o italiano para poderem aproveitar as preleções do preclaro mestre. Trouxe consigo rica bibliografia, que legou à nossa universidade. Recebeu inúmeras homenagens quando decidiu voltar ao seu país.

Todavia, suas aulas e preleções, malgrado a viva impressão causada a seus alunos, não tiveram repercussão sobre o Direito Comercial. As idéias não medraram e ainda hoje são recebidas com indiferença e prevenção, consideradas idéias européias e de primeiro mundo, incompatíveis com o atual estágio do direito brasileiro. Não será difícil analisar essa resistência. Somos de uma nação jovem, moderna e em formação, mas, desde o início estamos organizados em arcaicas estruturas jurídicas e sociais. Não só o Direito Empresarial, mas todos os outros ramos do Direito encontram dificuldades imensas para sair do imobilismo anacrônico em que está colocado. Nosso Código Comercial é o de 1850, com quase tudo superado e pouco de aproveitável. Nosso Código Civil, cujas normas e disposições aplicam-se também ao Direito Comercial, está há muito tempo defasado, por expressar a mentalidade do século XIX. O ensino do Direito Comercial é combatido e sabotado, pelo medo de revelar suas deficiências e provocar medidas de modernização. Inúmeros contratos surgidos das modernas atividades empresariais, como o "leasing", "factoring", prestação de serviços, "hedge", "clé en main" (ou "turn key), "franchising", de agência, crédito documentário, câmbio, ou certos contratos bancários aguardam regulamentação, que, até agora, não conseguiu superar resistências. Nossa anacrônica Lei Falimentar tentou inutilmente reformular-se, por várias ocasiões.

Enquanto isso, nosso Código Comercial regulamenta de forma extensa e minuciosa contratos que há mais de meio século desapareceram das operações empresariais, o que acontece também com institutos superados. Nossos acadêmicos são obrigados a investir esforços consideráveis no estudo dessas excrescências e de assuntos supérfluos, saindo da faculdade sem saber elaborar um contrato e sem jamais ter ouvido falar em certos institutos que tenham surgido no último meio século, hoje dominantes nas atividades econômicas e empresariais.

Dentro desse "statu quo", está sendo difícil receber as idéias de Ascarelli, embora nossa vida econômica, os fundamentos do Direito Empresarial, a participação das empresas na atividade econômica, o sistema de operações, os instrumentos de ação utilizados nas operações empresariais, o predomínio da tecnologia, o mercado de capitais, a moderna mercadologia, e outros fatores processam-se totalmente dentro das idéias do moderno Direito Empresarial, fundado nos pressupostos estabelecidos por Ascarelli e seguidos pelos comercialistas contemporâneos. Se assim acontece em nossos dias, o que se poderia dizer da época em que Ascarelli conviveu conosco, de 1940 a 1946?

Todavia, o Direito Empresarial revigorou-se ao transformar o antigo Direito Comercial em um ramo do direito novo, complexo, sugestivo e vibrante. O Direito Empresarial pós-ascarelliano extravazou os limites peninsulares e ampliou-se pelo mundo. A própria França, do código Napoleão, está paulatinamente arredando sua antiga orientação e adotando os métodos e critérios universalmente aceitos. Pode-se averiguar essa tendência, examinando os compêndios didáticos de larga aplicação nas faculdades de direito gaulesas. A cada edição encolhe-se o capítulo relacionado aos atos de comércio, enquanto se alarga o capítulo referente à teoria da empresa. Ao cuidar dos atos de comércio, cada vez mais, esses compêndios considera-os no sentido de uma cadeia de atos de comércio, com vistas a um determinado fim, isto é, de uma atividade e não cada ato de "per si". Nosso Direito Empresarial, igualmente, vem-se desvinculando de Napoleão Bonaparte e cultivando os princípios de Ascarelli. Dentro em breve estaremos totalmente integrados nas normas e princípios do atual Direito Empresarial, pois não podemos caminhar eternamente na contramão da história.

14.3. As obras

O prematuro desaparecimento de Ascarelli aos 56 anos, não o impediu de nos legar importante bibliografia, não só no Direito Comercial, mas em outros ramos e na filosofia do direito. São muitas as suas obras, constantes de vários livros e inúmeros artigos em revistas especializadas. Seus estudos foram reunidos em vários volumes, dos quais damos os nomes, embora poucos deles tenham sido traduzidos para o nosso idioma. Os escritos esparços foram reunidos nessas obras:

- "Temas de contratos";
- "Temas de sociedades";
- "Temas de moeda";
- "Temas de interpretação e de Direito Comparado".

Seus livros e publicações mais importantes são os seguintes:

- "Títulos de Crédito";
- "Cambial (verbete no Novíssimo Digesto Italiano)";

- “Teoria da Concorrência e dos Bens Imateriais”;
- “Ensaios de Direito Comercial”.

Para o estudo que estamos realizando, a mais importante obra é o seu “Curso de Direito Comercial”, editado por Dott A. Giuffrè-Milano Editore, contando já com muitas edições e traduzida em vários idiomas, mas não para o português. Esta é a obra que revolucionou a teoria geral do Direito Comercial, lançando as bases do nome de Direito Empresarial e da moderna teoria da empresa. Tem ela vários capítulos, mas os que nos interessam diretamente neste momento são os oito primeiros:

1 – Origem do Direito Comercial;
2 – O Direito Comercial no período mercantilista;
3 – Passagem para um sistema objetivo;
4 – Codificação do Direito Comercial;
5 – Unificação do Direito das Obrigações;
6 – O empresário;
7 – A atividade do empresário;
8 – A profissionalidade.

14.4. As idéias

As idéias de Ascarelli, manifestadas nos oito primeiros capítulos do seu “Curso de Direito Comercial” são, antes de tudo, inovadoras, até mesmo quando ele traça a evolução histórica da matéria. Embora o livro tenha sido editado após o novo Código Civil italiano, de 1942, e apresentar comentários sobre o código, as idéias surgiram antes e foram inseridas nele. O Código Civil italiano absorveu o Código Comercial, que deixou de existir. Contudo, a matéria do Direito Comercial não desapareceu, mas está regulamentada pelo Código Civil. Essa regulamentação representa a presença de Tullio Ascarelli no Direito Empresarial, tendo espalhado pelos quatro cantos do universo, por meio do código, que se divulgou mundialmente.

Essas idéias tornam-se sumariamente conhecidas neste compêndio, nos capítulos que tratam da empresa e do empresário, mas vamos ressaltar o que disse diretamente Ascarelli sobre as bases do moderno Direito Empresarial. O título do livro é completado por um subtítulo: “teoria da empresa”.

No exame da teoria da empresa, utiliza Ascarelli, como o próprio Código Civil italiano, uma sinédoque, aplicando a palavra "empresário" para designar a empresa. Aliás, o art. 2082 do Código Civil italiano assim define a empresa, designando-a pelo nome de quem a dirige:

"É imprenditore chi esercita professionalmente una attività economica organizzata al fine della produzione o dello scambio di beni e di servizi".

No capítulo 6, "O empresário", Ascarelli elabora uma análise crítica sobre os critérios de interpretação do direito francês, calcados nos atos de comércio. O escopo da empresa é o cumprimento da atividade; destarte, quem exerce a atividade é o empresário e a empresa é a atividade do empresário, razão pela qual se justifica a sinédoque, com a aplicação do termo "empresário" no lugar de "empresa". Por sua vez, atividade não significa ato, mas uma série de atos, coordenáveis entre si, tendo em vista uma finalidade comum. Este é um fundamento importante na evolução da fase comercial para a fase empresarial. O direito francês considera o ato de comércio na sua essência, na sua individualidade; no pensamento de Ascarelli, os atos de comércio formam em conjunto a atividade empresarial e esta é que constitui o escopo da empresa e não cada ato isolado. Assim, se uma empresa faz doação de brindes, para propaganda de seus produtos, praticará um ato gratuito, o que conflita com o próprio nome. Não se concebe que uma empresa exerça atividade gratuita, nem que um ato de comércio seja gratuito. A doação de um brinde não pode ser objeto de estudo do Direito Empresarial, como ato isolado, mas no papel que essa doação desempenha na atividade da empresa. O último momento da fase comercial e o primeiro da fase empresarial é o abandono do ato de comércio como a pedra angular em que se funda o Direito Comercial, com a conseqüente adoção da atividade empresarial, sobre a qual passou ele a gravitar.

No capítulo 7, "A atividade do empresário", Ascarelli elabora a teoria da empresa, expondo seu pensamento, que se refletiu no já referido art. 2082. A atividade "econômica" refere-se a uma atividade criadora de riquezas e, por isso, de bens e serviços patrimonialmente válidos. Previu, assim, a importância crescente das empresas na economia mundial e de cada país; em conseqüência, no direito, forçando a verdadeira revolução por que passou o Direito Comercial após Ascarelli.

Previu ainda a evolução dos serviços na atividade empresarial. Conforme fala o art. 2082 e outros dispositivos legais, a atividade empresarial tem em vista a produção de "bens e serviços", o que, de certa forma, inova no moderno Direito Empresarial, ao reconhecer uma aérea que nem a economia nem o direito tinham cogitado. A moderna atividade econômica desenvolve-se em três áreas.

- área primária – quando se retira da natureza o que pode ela nos oferecer. É a atividade exercida por empresas agrícolas, pecuaristas, extrativas, mineradoras, etc.
- área secundária – é da atividade exercida em colaboração com a natureza. A atividade empresarial manipula as matérias-primas, transformando-as em outros produtos, como fazem as indústrias.
- área terciária – é da atividade de produção de serviços e não de bens. Exerce função de "staff", de colaboração com as empresas dedicadas à produção de bens e serviços.

E podemos notar claramente o aumento da importância da produção de serviços – da área terciária – que vem recebendo, em nossos dias, o nome de "terceirização". O Código Civil italiano não regulamentou, porém, o contrato de prestação de serviços, por considerá-lo como contrato de compra e venda: a "res" do contrato é o serviço. Em decorrência, a prestação de serviços passou a integrar-se nas atividades empresariais. O art. 2195 do Código Civil italiano incluiu os serviços como "atividade auxiliar" nas atividades empresariais, conforme fora estudado no capítulo referente aos atos de comércio.

Quanto à expressão "organizada", aplicada à atividade econômica anteviu Ascarelli a formação de empresas com equipe de trabalho coordenada pelo empresário. É o trabalho de equipe e formação de uma sociedade interna e restrita no âmbito da empresa, com a integração, no mesmo objetivo, de empresário e funcionário. A organização é fator primordial da empresa moderna, ainda que seja uma microempresa. Revela notar que essas situações eram irrelevantes e pouco consideradas na era de Ascarelli, embora por ele vaticinadas.

No capítulo 8, "A profissionalidade", Ascarelli dá sua compreensão do termo. A profissionalidade de uma empresa manifesta-se de várias formas; a principal delas é o objetivo do lucro. A atividade empresarial é lucrativa; destina-se a proporcionar lucro aos sócios. A certa altura, Ascarelli faz referência à conveniência de constar no conceito de empresa, exposto no art. 2082, o "intento de lucro". Tornar-se-ia mais completo o conceito. Todavia, ao dizer que a empresa exerce "profissionalmente" atividade econômica organizada, fica caracterizado o intento lucrativo. Distingue Ascarelli a profissionalidade da pessoa física e da jurídica. Para a pessoa física, a profissionalidade importa em habitualidade, isto é, tomando o fator "hábito" como inerente à profissionalidade. Para a pessoa jurídica implica na especialização; a atividade de uma empresa é dedicada a um trabalho especializado, constante, num aperfeiçoamento pela experiência das operações.

Pode-se notar facilmente que todas as características da empresa moderna foram profetizadas por Ascarelli e confirmadas por muitos discípulos e seguidores, entre os quais os notáveis Alberto Asquini, Giuseppe Ferri e Giuseppe Auletta. O Brasil não é exceção. Examinemos a vida econômica e empresarial de nosso país e observaremos que não é diferente da vida dos principais países desenvolvidos. Nossa realidade é calcada nas previsões de Ascarelli, malgrado nosso direito ainda pertencer ao século passado, atrelado em Napoleão Bonaparte, mas dissociado totalmente da realidade econômica e social vigente.

15. AS RAÍZES FRANCESAS DO DIREITO EMPRESARIAL BRASILEIRO

15.1. A fase mercantil do direito empresarial francês

15.2. A fase comercial

15.3. O primeiro código moderno

15.4. As inovações pós-napoleônicas

15.5. Influência a ser sacudida

15.1. A fase mercantil do direito empresarial francês

Para a devida compreensão do direito empresarial brasileiro, relevante se torna apreciar a formação do direito empresarial na França, apesar de franca decadência em que se encontra a influência francesa no direito empresarial de todos os países. Essa decadência também se observa em nosso país, mas nosso direito empresarial é ainda de preponderante inspiração francesa. Sentimos essa hegemonia em nosso Código Comercial, em várias leis, nas obras doutrinárias de todos os autores especializados. Não conseguimos dissociar nossa matéria das características do direito francês, ainda que revogado nosso Código Comercial.

Ao ser nomeada a comissão encarregada de elaborar nosso Código Comercial, de imediato apoiou-se ela nos códigos de Portugal, França e Espanha. Tanto o código português, como o espanhol, haviam-se fundamentado no francês, motivo pelo qual, indiretamente, como diretamente, o código francês projetou-se no nosso. Integrou-se, ainda, na comissão elaborada de nosso código, o cônsul da Suécia em nosso país, Lourenço Westin. Como se justifica essa inclusão? Deve ter tido participação o fato de que a Suécia acabara de elaborar seu código comercial, também calcado no similar francês. Não seria, pois, de se admirar que nosso código seja de marcante influência francesa, inclusive com a mesma estrutura, como, por exemplo, os três livros: Parte Geral, Do Comércio Marítimo, Das Quebras.

Por tudo isso e do mais que da história consta, vejamos como se chegou ao Código Comercial francês de 1807, modelo do nosso. Como aconteceu na Itália e em outros países europeus, o direito empresarial francês, com o nome de Direito Mercantil, a princípio, surgiu como regulamentação de duas importantes atividades: as navegações mercantis e as feiras medievais. Já fizemos referência aos Rolos de Oleron, elaborados na ilha francesa de Oleron; é obra do direito francês nessa atividade. Também nos referimos ao "Guidon de la Mer", desta mesma fase. Por outro lado, as feiras ou mercados populares na Europa medieval e no início da era moderna eram muito disseminados na França, como os de Lyon, Saint Denis, Beaucaire e de Champagne. As feiras ou mercados tinham o mesmo sentido que os atuais, porém, a importância deles era muito superior; por ser a fórmula por excelência de troca de mercadorias. Eram acontecimentos marcantes, quando mercadores de muitos países encontravam-se numa determinada cidade, em data pré-fixada, expondo suas mercadorias em "bancas". A intensa atividade das feiras provocou o aparecimento de estatutos, de normas reguladoras dessa atividade e a criação de vários institutos jurídicos.

Essas regulamentações foram se avolumando de tal forma que foram se consolidando. A principal consolidação transformou-se em autêntico código, encomendado no reinado de Luís XIV, por seu notável ministro Colbert. Este nomeou uma comissão de mercadores, mas, dessa comissão ressaltou-se um esclarecido mercador, chamado Jacques Savary. O pequeno código foi editado em 1673, com o nome de "Ordonnance sur le Commerce de Terre". Entretanto, ao referir-se a ele, era comum designá-lo por "Código Savary". A "Ordonnance" (Ordenação) era, para os franceses, lei regulamentadora de um sistema, equivalente, mais ou menos, a um código. Vêm-nos à idéia, as Ordenações do Reino, que vigoraram no Brasil, desde a descoberta até 01/01/1917, quando se deu a eficácia de nosso atual Código Civil.

A ordenação de 1673, ou seja, o Código Savary, tinha caráter tipicamente mercantil, tendo sido o precursor do Código Comercial francês e indiretamente do nosso. Regulamentou a letra de câmbio, a falência, dando início, mesmo rudimentarmente, ao Direito Cambiário e ao Direito Falimentar. Disciplinou a atividade dos banqueiros, prevendo o surgimento dos bancos. Adotou as primeiras normas próprias do sistema falimentar, que já se disseminavam na Europa. Alguns contratos tiveram suas linhas básicas tipificadas nesse código, bem como algumas sociedades mercantis. Continha assim a regulamentação rudimentar de vários institutos, que hoje constituem os modernos códigos comerciais.

Oito anos depois, em 1681, surge a "Ordonnance sur le Commerce de Mer", elaborada por Levayer de Boutigny. Era um código de direito marítimo, regulando antigos institutos, quer de direito privado, quer de direito público, muitos deles expostos claramente no livro segundo de nosso Código Comercial, relativo ao comércio marítimo.

No entanto, ambas as ordenações focalizam o Direito Empresarial sob a ótica predominante na Europa: a regulamentação das atividades das corporações de mercadores, aquela classe que movimentava as feiras. É, ainda, muito ligada essa regulamentação ao feudalismo e às cidades-Estado.

A simples exigência de um código marítimo, paralelo a outro de direito terrestre, demonstra a tendência do direito empresarial para a internacionalização para a navegação marítima. O Código Savary, porém, revela o desenvolvimento de uma atividade econômica privada, citadina e interiorana, continental, dando a conhecer a nova realidade econômica da França e da Europa. Sente-se, claramente, a ascensão de uma nova classe econômica e social, a burguesia, enquanto vai-se tornando roto o poderio das corporações. O direito francês permanecia rígido e estático, não acompanhando a ruptura do sistema corporativista, provocando sensíveis convulsões sociais.

Até então o direito francês não exercia qualquer influência sobre o brasileiro, que, aliás, nem existia, porquanto estávamos ainda em período colonial. Não exercia também influência sobre o direito português, que vigorava no Brasil.

15.2. A fase comercial

A fase mercantil do Direito Empresarial encontra seu epílogo na Revolução Francesa de 1789. Infelizmente, a história não tem apresentado a Revolução Francesa sob o ponto de vista ideológico, social e jurídico que merece. O que se realça sobre esse acontecimento histórico é que Maria Antonieta foi para a guilhotina, que Danton, Robespierre e Marat promoviam arruaças, ódio e inquietação, que afinal Carlota Corday matou Marat para ver se acabava aquele regime de terror, que o povo enfurecido arrasou com a Bastilha em 14/08/1789. É uma sucessão enorme de fatos. Não são esses fatos que nos levam à melhor interpretação do atual Código Comercial brasileiro. São as profundas modificações econômicas, sociais e políticas que antecederam a Revolução Francesa e as conseqüências jurídicas desse evento. É desses fatos que o Direito Comercial brasileiro está impregnado.

Em todo o século XVIII estruturou-se a sociedade francesa em três classes preponderantes: a nobreza, o clero e o povo. Esta última classe não era a população, como o nome faz supor; era constituída pela emergente burguesia. A nova classe que tomara o lugar do povo era constituída por pessoas desgarradas da Corporação de Mercadores: dedicavam-se livremente à compra e venda de mercadorias, a pequenas indústrias artesanais ou já mecanizadas, banqueiros, representantes comerciais, lojistas, prestadores de serviços, à produção agrícola, e até mesmo empresários que formavam pequenas empresas mercantis. Duas classes similares, congêneres e paralelas começaram a confrontar-se: a dos mercadores e a dos comerciantes. Os comerciantes constituíam a emergente burguesia e a atividade deles suplantava a dos mercadores.

Os mercadores, vale dizer, os mestres dirigentes das corporações, tinham o direito nas mãos e ofereciam férrea resistência à próspera classe dos comerciantes. O direito mercantil francês tornou-se, assim, um direito superado e elemento de opressão e perturbações. A poderosa burguesia já controlava grande parte da produção de bens e serviços e o mercado consumidor; era também olhada com simpatia pela população. Exigia profunda reformulação das estruturas políticas, sociais e jurídicas da França, para que estas se atualizassem com a nova ordem econômica, baseada na economia de mercado e de livre concorrência. Liberdade, Igualdade, Fraternidade: era o lema da nova ordem econômica.

Porém, as corporações mantinham o secular poder, apoiadas pela monarquia, pelos nobres, e pelo clero, em conseqüência, pela Igreja Católica. Todas as tentativas de reforma das Ordenações e do próprio Direito Mercantil foram esbarrando no desprezo, durante várias décadas. As reformas sociais e políticas idem. Não sucede o mesmo fenômeno no Brasil de hoje? Não lutam os juristas brasileiros, mormente os comercialistas, para uma profunda reformulação de nosso sistema jurídico, mormente no que toca ao Direito Empresarial? Da pressão exercida pela nova classe econômica, a dos comerciantes, e da férrea resistência oferecida pela antiga classe dos mercadores corporativistas, eclodiu a sangrenta e violenta Revolução Francesa de 1789.

O 14 de julho de 1789 não representa apenas a queda da Bastilha e do antigo regime monárquico de Luís XVI com a sua Maria Antonieta. Representa o fim das corporações e do Direito Mercantil, com suas leis anacrônicas, especialmente as ordenanças de Luís XIV, já com um século de vigência. Dois anos depois, em 14/06/1791, a "Lei Chapelier" aboliu as corporações na França e proibiu a formação de novas corporações. Foi abolida e banida a classe dos mercadores, suplantada e substituída pela classe dos comerciantes, oriundos da nova classe social dominante: a burguesia.

A nova ordem econômica, social e política da França provocou profunda crise no Direito Mercantil, ou seja, o Direito Empresarial daquela época. Como o Direito Mercantil regulamentava as atividades dos mercadores e o funcionamento das corporações, tornou-se ele inócuo ante a proibição das corporações dos mercadores. Destinava-se a garantir privilégios dos mercadores, mas esta classe não mais existia e todos aqueles que tentassem reorganizá-la arriscavam-se a perder a cabeça na guilhotina. Eis por que não se pode compreender o esfacelamento do Direito Mercantil e a sua evolução para nova fase. O próprio nome de Direito Mercantil passou a ser substituído pelo de Direito Comercial, retratando o sepultamento da classe dos mercadores, pela dos comerciantes. Desde a queda da Bastilha, veio a luta para a abolição das ordenações e elaboração de um novo código, que não poderia se chamar mercantil, mas comercial.

15.3. O primeiro código moderno

Com o novo regime, movimentaram-se os franceses para elaborar um novo direito, uma nova legislação compatível com o poder da burguesia triunfante, com o nascente capitalismo industrial, com os ideais do lema "Liberdade, Igualdade, Fraternidade", com a economia de mercado e respeito à propriedade privada, com florescimento das instituições bancárias. Duas comissões de juristas foram nomeadas: uma para elaborar o Código Civil e a outra para elaborar o Código Comercial. Realmente, o projeto dessa comissão transformou-se em lei, em 15/09/1807. Com breve "vacatio legis", passou a vigorar em 01/01/1808.

A estrutura do novo código e as idéias que ele retrata podem ser conhecidos por mercê do nosso. O Código Comercial francês projetou-se inteiramente no nosso; é a razão por que ressaltamos a importância de se conhecer a correlação de um direito com o outro. Com a adoção desse código, foi revogada quase toda a legislação anterior, atinente ao Direito Empresarial, mormente as ordenanças de 1673 e 1681. Contudo, muita coisa das ordenanças foram assimiladas pelo novo Código. Assim, por exemplo, o Livro II do Código Comercial francês transcreve a "Ordennance sur de Commerce de Mer", atualizando-a, constituindo a regulamentação do comércio marítimo. O Livro I, a Parte Geral, adota muitos artigos da "Ordennance sur de Commerce de Terre". O Livro II, "Das Quebras", traz para o moderno direito francês as disposições antigas sobre a falência. Conservou, portanto, o novo Direito Comercial algumas normas do Direito Mercantil.

Dogmaticamente, entretanto, profundas transformações teve o Direito Mercantil para o Direito Comercial, em virtude do código. Não utiliza o novo estatuto as expressões "mercador", "mercatura", mas "comerciante" e "comércio". O nome "Código Comercial" introduziu modificação de nomenclatura para o Direito Empresarial, que, desde então, passou-se a chamar "Direito

Comercial", embora a expressão "mercantil" não tenha sido abolida. O Código Comercial realça a profunda participação dos comerciantes na economia do país e das atividades por eles exercidas. O novo direito, o Direito Comercial emergente do código, afasta-se da focalização da figura do mercador, do agente das ações, mas concentra-se nestas. Abandona o sistema subjetivo.

Adotou o Código Comercial de 1807, o chamado código napoleônico, o sistema objetivo de apreciação, por basear-se na teoria adotado dos atos de comércio. O comerciante é quem pratica atos de comércio, sendo, portanto, caracterizado pelas ações que pratica, e não o contrário, como acontecia antes. Tullio Ascarelli, em sua monumental obra "Corso di Diritto Commerciale", no capítulo em que relata essa revolução, dá a esse capítulo o nome de "Passagio a un Sistema Oggetivo". A característica primordial, portanto, do Direito Empresarial francês, a partir do código Napoleão, de 1807, é a adoção do sistema objetivo, tomando por base os atos de comércio. Investindo numerosos artigos na regulamentação dos atos de comércio, como os artigos 631, 632 e 633, o Código Comercial francês erigiu-os como fundamento de seu sistema. Esse sistema irradiou-se ao mundo todo, como no Brasil e em nosso país resiste mais do que nos outros.

15.4. As inovações pós-napoleônicas

Ao longo desses dois séculos, o Direito Comercial francês conservou, como o próprio código, a mesma estrutura e a mesma orientação. Não se pode dizer que não tenha se modernizado. No início do século XX, introduziu a regulamentação do "Fundo de Comércio", sobre a qual se elaborou sugestiva teoria, que se irradiou pelo mundo. Logo após, essa teoria introduziu-se no Brasil, resultando no Decreto-lei 24.150/34, que regulamentou a renovação dos aluguéis de imóveis destinados a fins empresariais. A "Lei de Luvas", como ficou conhecido o Decreto-lei 24.150/34, continuou a tradição francesa no direito brasileiro, de forma benéfica. Recentemente, a "Lei de Luvas" foi revogada, mas suas normas permaneceram na Lei do Inquilinato atual.

Fase áurea do Direito Comercial francês foi a do ano de 1966, confirmada em 1967, quando se introduziram inúmeras modificações. A principal delas foi a criação do novo Direito Falimentar. A partir de 1966 foi se estruturando um Direito Falimentar realmente revolucionário, deitando por terra a obsoleta regulamentação falimentar calcada na lei italiana de 1942. Até então, o Direito Falimentar francês era por demais semelhante ao do

Brasil, com os mesmos vícios, a mesma superação. Nesse aspecto, o Brasil resistiu, não permitindo que as novas idéias francesas aqui penetrassem.

A reformulação da Lei Falimentar é antiga aspiração do direito brasileiro, com muitas tentativas frustradas. Foi nomeada uma douta comissão em Brasília, que pediu aos juristas brasileiros sugestões para a elaboração da nova Lei Falimentar. O autor deste compêndio ofereceu a essa comissão dois anteprojetos: um totalmente baseado na legislação falimentar francesa, ou seja, uma adaptação das leis francesas a partir de 1966; outra baseada na lei italiana atualizada. Foi elaborado, então, magnífico projeto, calcado principalmente na nova lei francesa, enriquecido com as inovações do sistema italiano e com o instituto da "Corporate Reorganization" do direito falimentar norte-americano. Enviado o projeto ao Congresso Nacional pelo Presidente Fernando Collor, desencadearam-se sobre ele violentas críticas, a tal ponto de ter sido o Governo Federal obrigado a pedir sua retirada do Poder Legislativo. Preferiu, assim, o Brasil permanecer fiel a Napoleão Bonaparte, ou seja, ao antigo Direito Comercial francês, não ao moderno.

Outra inovação de elevado nível foi no campo do Direito Societário. Elaboraram os franceses nova legislação societária, que foi até chamada de "Pequeno Código Societário", derrogando essa parte do Código Comercial. Essa louvável contribuição pouco impressionou o Brasil, que conservou as mesmas disposições do Código Comercial de 1807 e do nosso de 1850. Houve realmente profunda reformulação no que tange às sociedades por ações; contudo, a Lei 6.404/76 é de inspiração norte-americana e não francesa. Continuamos permanecendo à margem das inovações francesas.

O Direito Contratual francês, na era moderna, é também profícuo. Renovaram a regulamentação de vários contratos antigos, adaptando-os ao moderno. Regulamentaram outros contratos surgidos recentemente, como é o caso do "leasing", por ele denominado de "crédit bail". Também nesse aspecto, o Brasil preferiu conservar a imutabilidade de nosso Código Comercial.

15.5. Influência a ser sacudida

Mesmo considerando as excelentes contribuições do direito francês, não deixou ele de ser anacrônico, "demodé", no aspecto dogmático. Não obstante se note o realce da empresa como objetivo de seu Direito Comercial, a França permanece ainda fiel ao código Napoleão e, na sua esteira, o do Brasil. O Direito Empresarial francês é ainda o direito dos atos de comércio, que caracterizam seus agentes, os comerciantes. Concentra-se no ato de comércio em si e não na atividade empresarial. A linguagem do Código Comercial francês não dá margem a uma nova versão desse direito específico, gravitando na órbita da empresa. E o Brasil permanece atrelado a essa orientação arcaica.

Conserva o nosso direito, por influência do antigo Direito Comercial francês inúmeros vícios e discriminações. A mulher casada, por exemplo, mal pode tomar um cafezinho sem outorga marital. Se mulher solteira for empresária não sofrerá muitas restrições, mas, sendo ela empresária e casar-se, retorna à posição de incapaz, necessitando da outorga marital passada por instrumento público, para permanecer empresária.

Sentimos a hegemonia legislativa e dogmática francesa nas disposições iniciais de nosso Código Comercial. Vejamos o que diz o art. 1° do Código Comercial francês:

Sont commerçants ceux qui exercent des actes de commerce et en font leur profession habituelle.	São comerciantes os que exercem atos de comércio e fazem deles sua profissão habitual.

Esse artigo projeta-se amplamente no art. 4° de nosso código: "Ninguém é reputado comerciante para efeito de gozar da proteção que este código liberaliza em favor do comércio, sem que se tenha matriculado em algum dos Tribunais do Comércio do Império, e faça da mercancia sua profissão habitual".

Desconhecem-se as razões que levaram a comissão elaboradora a substituir a expressão "atos de comércio", por "mercancia". Se o significado de "ato de comércio" já era uma incógnita, a de mercancia aumentou a incerteza. O termo mercancia origina-se do verbo "mercar", que Camões utilizou nos Lusíadas, bem como outros escritores portugueses do final da Idade Média e início da Idade Moderna. O Dicionário Caldas Aulete traz como sinônimo de mercancia "trato de mercadejar" e "mercadoria, objeto que se pode comprar e vender". Dá inclusive um exemplo extraído do escritor clássico português Latino Coelho:

"Foram andando pelo rio, levando provisões para um mês e mercancias de resgate para tratar com os índios".

Pelo ponto de vista etimológico, o comerciante seria a pessoa que trata com mercadorias, ou mercancias. O próprio Dicionário Caldas Aulete esclarece mais esse termo, ao apresentar o vocábulo "mercar", indicando-o como "comprar e tornar a vender". Comerciante é então uma pessoa que compra e vende mercadorias. É conveniente esclarecer que o verbo mercar e o termo mercancia não são encontrados em escritores portugueses modernos, dos últimos três séculos, o que nos leva a crer que seja uma expressão do português arcaico. No Brasil, não faz parte da linguagem normal e costumeira. O Pequeno Dicionário Brasileiro da Língua Portuguesa traz esse vocábulo como sinônimo de mercadoria.

Entretanto, esse termo de significado tão vago e impreciso consta do art. 4° de nosso Código Comercial numa posição estratégica, pois define quem seja comerciante e sobre esse conceito fulcra nosso Direito Comercial. Vemos, assim, como o Direito Comercial alicerça-se em areias movediças. E por influência do art. 1° do Código Comercial francês, projetado no art. 4° do nosso, estabeleceu o direito francês um critério para o Direito Comercial, que o nosso direito aceita, embora não mais o tolere. A obra de Michel de Juglart e Benjamin Ippolito, "Droit Commercial", largamente difundida no mundo todo, traz a definição do Direito Comercial, que é encontrada em outros autores franceses:

Le droit commercial peut être défini comme étant cette partie du droit privé qui s'applique specialment à certaines personnes (les commerçants) et à certaines opérations juridiques (les actes de commerce). Ces opérations sont géneralement faites par les commerçants, soit entre eux, soit avec leur fournisseurs ou avec leur clients.	Direito Comercial pode ser definido como sendo aquela parte do direito privado, que se aplica especialmente a certas pessoas (os comerciantes) e a certas operações jurídicas (os atos de comércio). Essas operações são geralmente feitas pelos comerciantes, seja entre eles, seja com seus fornecedores e clientes.

Apesar de tudo, esse conceito e esses critérios já foram sacudidos no mundo inteiro e, mesmo no Brasil, vêm sendo apontados como fatores de confusão e dificuldades oferecidas ao desenvolvimento e à correta interpretação do Direito Empresarial. Em nosso país, a reação contra a influência napoleônica fazia-se notar antes do lançamento deste compêndio. Sugestiva é a afirmação do Prof. Rubens Requião, mestre da Universidade Federal do Paraná, no prefácio de seu magnífico Curso de Direito Comercial:

> "Não é fácil elaborar um curso moderno de direito comercial, por mais modesto que seja. O período de transição que nossa disciplina atualmente atravessa, superando os conceitos arcaicos de comerciante e de atos de comércio, para se situar como o direito das empresas mercantis, muito embora não tenham a teoria e a doutrina construído definitivamente o conceito jurídico de empresa, inça de tropeços e dificuldades o nosso caminho".

Esses tropeços e dificuldades previstos pelo insigne comercialista paranaense parecem removidos pelo direito atual. A teoria da empresa atingiu um estágio positivo de clareza e pode ser aferido nos capítulos referentes à empresa, ao empresário e à atividade empresarial. Não padecem dúvidas de que o Direito Empresarial não mais gravita sobre a pedra angular do ato de comércio e do comerciante, mas na teoria da empresa, justificando a nomenclatura de Direito Empresarial. Ato de comércio e mercancia são hoje expressões napoleônicas superadas pela consideração da atividade empresarial. Agora sim, desgarrando-se de Napoleão Bonaparte, o Direito Empresarial brasileiro encontra seu campo de atuação e desenvolvimento, caracterizando-se como o mais expressivo, complexo, abrangente e importante ramo do moderno direito privado.

O novo Código Civil de 2002 veio sacudir as raízes francesas de nosso direito empresarial, mas não totalmente, apesar de haver se fundamentado no Código Civil italiano. Nosso novo código sofreu um pouco da influência do Código Civil francês, embora não fosse preponderante essa influência.

16. A AUTONOMIA DO DIREITO EMPRESARIAL

16.1. Discussão secular

No exame da evolução histórica do Direito Empresarial, vimos que nasceu ele com o nome de Direito Mercantil, em 1553, em vista da publicação da obra de Benvenuto Stracca, "Tratactus de Mercatura seo Mercatore" (Tratado a respeito da Mercatura e do Mercador). Até então as questões mercantis constituíam matéria do Direito Civil. Em outras palavras, o Direito Empresarial é um ramo desgarrado do Direito Civil, a partir de 1553. Essa afirmação ainda não constitui um ponto pacífico. A primeira discussão é estabelecer quando surgiu realmente o Direito Empresarial, isto é, em que época podia ele ser considerado como desligado do Direito Civil. A segunda é se realmente pode ele ser considerado um ramo autônomo do direito, ou ainda um sub-ramo do Direito Civil. Surgiram, assim, duas correntes, sendo uma a dos adeptos da dicotomia, ou seja, da existência de dois ramos autônomos do direito: o Direito Civil e o Direito Empresarial; a segunda corrente propugna pela unificação do direito privado, de tal forma que o Direito Empresarial não existe, sendo a atividade empresarial um conjunto de atos jurídicos, cujo agente seja uma empresa.

Para melhor compreensão do tema, é conveniente relevar que essa interpretação processa-se em três planos, com a autonomia interpretada sob o ponto de vista doutrinário, didático e legislativo. Em cada plano os critérios se diferenciam. A mais importante e sugestiva é a autonomia doutrinária, científica, dogmática ou substancial; é o estudo da essência do Direito Empresarial e do Direito Civil, procurando analisá-los sob o prisma dos princípios que os norteiam e sob a própria substância do Direito Empresarial. Antes, porém, deveremos traçar algumas considerações a respeito das outras duas: a didática e a legislativa.

16.2. A autonomia didática

A autonomia didática decorre do ensino do Direito Empresarial nas faculdades de ciências jurídicas e sociais, em separado do Direito Civil. Nesse aspecto, é preponderante a dicotomia, não só no Brasil, como em todos os países conhecidos. No Brasil, o Direito Civil é ensinado nos cinco anos de nossas faculdades de direito, como matéria independente do Direito Empresarial. Por sua vez, o Direito Empresarial é ensinado em dois anos, segundo a orientação pedagógica do Ministério de Educação e Cultura, distribuído em quatro semestres, como cadeira autônoma, exercida por mestres especializados.

"Pari passu" com a dicotomia didática há a dicotomia bibliográfica. Há obras referentes às duas matérias. Como em outros países, o Brasil apresentou várias obras específicas de cada matéria de forma totalmente independente. Assim, nosso maior comercialista, Carvalho de Mendonça, doou à cultura jurídica brasileira o seu magnífico "Tratado de Direito Comercial Brasileiro", versando de forma precípua sobre o Direito Empresarial, como um ramo independente do direito. Igualmente o fez Waldemar Ferreira, com seu extraordinário "Tratado de Direito Comercial", mais moderno, obra específica de Direito Empresarial. O Direito Civil, por seu turno, apresenta-se de forma desvinculada do Direito Empresarial, com sugestiva gama de tratados específicos e obras esparsas, versando sobre o Direito Civil de forma autônoma.

A dicotomia didática sempre prevaleceu no Brasil. O decreto imperial de 11/08/1827, com o qual D. Pedro 1° criou os cursos jurídicos no Brasil, previu o programa a ser seguido, indicando três matérias independentes: Direito Civil, Direito Mercantil e Direito Marítimo. Vigorava, pois, desde aquela época, uma independência entre o Direito Civil e o Direito Mercantil. Interessante notar que a criação dos cursos jurídicos no Brasil, em 11/08/1827, deu-se vinte anos após a promulgação do Código Comercial francês, em 1807. Entretanto, o Direito Empresarial surge, no programa, com o nome de Direito Mercantil, quando o nome derivado do Código Comercial francês já se havia imposto em toda a Europa, como Direito Comercial. Considerou, também, o decreto imperial o Direito Marítimo como um ramo autônomo do direito, quando o Código Comercial o havia incluído como um ramo do Direito Comercial, o que viria a ser feito com nosso Código Comercial, em 1850. A este respeito, a unificação legislativa não correspondeu à didática.

Há, entretanto, uma unificação parcial, no campo didático, apesar da dicotomia legislativa: é no Direito das Obrigações, principalmente quanto aos contratos. O Código Civil traz ampla normatização no que tange ao direito obrigacional, o mesmo fazendo o Código Comercial. Não há, apesar dessa dualidade legislativa, o ensino em separado dos contratos, que são estudados na cadeira de Direito Civil. Poucas obras se conhecem sobre obrigações empresariais, sendo, entretanto, bem divulgado o compêndio "Contratos e Obrigações Comerciais", do Prof. Fran Martins. O autor deste compêndio teve publicada uma coleção de Direito Civil, tendo sido o Direito Obrigacional desenvolvido em três volumes, com os nomes de "Direito das Obrigações Civis-Mercantis", "Direito Contratual Civil-Mercantil" e "Dos Contratos Civis-Mercantis em Espécie". Não conhecemos, no momento, outra bibliografia em que o Direito das Obrigações seja considerado no duplo aspecto civil-mercantil.

16.3. A autonomia legislativa

A autonomia legislativa, ou formal, observa-se quando se notar duas legislações paralelas e distintas, mormente no que tange a um corpo organizado de normas, mais precisamente, a um código. Há a dicotomia legislativa quando houver um Código Civil e um Código Comercial, distintos. É o que ocorre no Brasil e na maioria dos países. Conhecem-se duas exceções importantes: a Itália e a Suíça. Em 1942, houve profunda reformulação do direito italiano, fundido-se os dois códigos num só. O atual Código Civil italiano incorpora as normas de Direito Empresarial, prevalecendo, porém, algumas leis esparsas de natureza empresarial, como a Lei de Falências e a Lei Cambiária. O Direito Marítimo e o Direito Aeronáutico constituíram um código à parte, denominado Código da Navegação. Outro país que unificou o direito privado foi a Suíça, embora adotando dois códigos: o Código Civil e o Código das Obrigações; contudo, ambos trazem disposições de caráter empresarial, razão por que prevalece a unificação do Direito Civil com o Direito Empresarial.

16.4. A autonomia científica

O tipo de dicotomia mais importante é a doutrinária, também chamada substancial, dogmática ou científica. Procura examinar se o Direito Civil e o Direito Empresarial têm a mesma substância, o mesmo método de estudo e interpretação, o mesmo objeto de estudo, quais os suportes científicos que justificariam a autonomia ou a dicotomia, se os atos empresariais e os atos civis têm a mesma estrutura e o mesmo tipo de agentes. Essa questão vem agitando o direito privado há séculos e ainda hoje provoca vivas discussões, havendo juristas que defendem a unificação e outros a dicotomia. Entre eles, podemos colocar Teixeira de Freitas, que, no século passado, tentou adotar uma consolidação de leis civis e elaborou o "Esboço" do código civil unificado. Essa controvérsia tem provocado marchas e contramarchas, fazendo a vitória pender ora para um lado, ora para o outro.

16.5. A defecção de Vivante

Quando a polêmica estava acesa, um acontecimento marcante, há pouco mais de um século, fez pender a opinião dos juristas para o lado da unificação. Falaremos várias vezes, neste compêndio, de Cesare Vivante, o mais famoso comercialista que o mundo conheceu, mestre da Universidade de Roma e autor de inúmeros livros e artigos sobre o Direito Empresarial, que exerceram no mundo todo profunda influência. Falamos, ainda, da Universidade de Bolonha, a mais antiga do mundo, na qual está integrada a mais antiga faculdade de direito conhecida. Nessa faculdade nasceu o Direito Empresarial, começando a desgarrar-se do Direito Civil, graças ao trabalho doutrinário e aos tratados dos mestres bolonheses. Situada numa região do nordeste da Itália chamada Emília, Bolonha é ainda hoje uma das mais importantes cidades da península. Num conjunto medieval está instalada a faculdade de direito, a mais antiga e mais importante, sobretudo quanto ao Direito Empresarial. Por suas cátedras passaram os maiores mestres do Direito Empresarial e nela se embebedaram de conhecimentos centenas de brasileiros, que aproveitaram as preleções de suas lentes. Alunos brasileiros e de várias partes do mundo, muitas vezes, rendem homenagem, junto ao monumento que se encontra há alguns quarteirões da faculdade, a Anita Garibaldi, a brasileira de Santa Catarina, que, junto com seu marido Giuseppe Garibaldi, contribuiu decisivamente para a unificação da Itália, no final do século passado.

Nesse ambiente, em 1892, Vivante foi convidado a pronunciar a aula inaugural na famosa faculdade de direito, atraindo elevado número de juristas, em um ambiente de intensa emoção. Ao pronunciar essa aula inaugural, Vivante escolheu como tema o problema da autonomia ou unificação do direito privado, tendo surpreendido o mundo, ao defender a tese da unificação. Para os comercialistas, essa aula ficou conhecida como a defecção de Vivante, constituindo uma ducha fria no ânimo dos que defendiam a autonomia do Direito Empresarial, então com o nome de Direito Comercial. Deixaria de haver comercialistas, já que o próprio Vivante, considerado o maior comercialista, declarou-se tacitamente civilista.

As razões apresentadas por Vivante permanecem latentes nos dias atuais e convém realçá-las por não estarem superadas e constituem o argumento da teoria da unificação, defendida ainda hoje. Adicionaremos, às opiniões de Vivante, outras formas que foram surgindo após ele, tanto na Itália como no Brasil. A unificação substancial do direito privado, preconizada por Vivante, decorreu das tentativas de unificação legislativa. Uma teoria está ligada à outra: para justificar a unificação ou dicotomia legislativa, tem-se que partir de uma análise doutrinária, e não da simples vontade do legislador ou da facilidade proporcionada por uma divisão.

Vivante diz ter sido inspirado pelo embaraço científico no qual se encontra o Direito Empresarial, condenado a viver a meio caminho entre o empirismo da prática e as doutrinas tradicionais consagradas pelo Direito Civil, bloqueando-se na impotência jurídica dos contratos "sui generis". Achava que a fusão dos dois códigos (a Itália possuía naquela época Código Civil e Código Comercial) é um dever de quem estuda e de quem ensina, um dever científico e didático, porque a ciência e o ensino devem tender para as construções unitárias. Considerava, ainda, Vivante um dever judiciário, porque a magistratura não pode cumprir sua função social se não tende para o equilíbrio dos interesses e para a unidade das regras colocadas sob sua tutela. Vivante adotava assim a tripla unificação: doutrinária, legislativa e didática. Ressaltou, também, a unificação judiciária, que era adotada na Itália. Esse tipo de dicotomia é adotada em poucos países, como a França e a Argentina, onde há tribunais civis e tribunais de comércio. Era, naquela época, adotada no Brasil, pelo Regulamento 737.

O Direito Empresarial, segundo Vivante, foi criado como o direito de uma classe e ainda era naquela época; foi criado para proteger os interesses de um grupo de interesse restrito. Entretanto, submete a esse direito muitas pessoas não componentes dessa classe. Os civis eram obrigados a submeter-se às leis mercantis, em suas relações com os comerciantes, em situação de inferioridade, pois essas leis foram criadas pelos comerciantes e para a proteção de seus interesses. É o que acontece com os títulos de crédito, em que uma das partes ou todas podem ser civis e submeterem-se a uma lei de caráter mercantil. Num contrato de compra e venda é possível que o vendedor seja um comerciante e o comprador um civil; este, porém, deverá ser submetido às leis daquele. Não pode predominar, em casos semelhantes, a eqüidade e a boa-fé.

A dicotomia cria dificuldades judiciárias por ser difícil determinar se uma causa é civil ou comercial. Uma compra e venda em que o vendedor é empresa e o comprador é civil será um contrato mercantil ou civil? Ou será, ao mesmo tempo, mercantil pelo lado do vendedor e civil pelo lado do comprador? A doutrina dos atos de comércio não era clara e explícita quanto ao que sejam atos de comércio e quais são eles (como ainda hoje não é). Deixa a lei ao arbítrio do juiz decidir quem é comerciante e quem não é; como a lei não dá ao juiz os instrumentos necessários para que possa ele decidir com segurança, uma mesma pessoa pode ser considerada comerciante por um juiz e civil por outro, em atos jurídicos semelhantes. Haveria, assim, intensa confusão judiciária.

A existência de dois códigos e dois direitos é prejudicial ao desenvolvimento científico, pelo olhos de Vivante. Os vários ramos do direito privado não são compartimentos estanques e não podem constituir partes autônomas, pois o estudioso formaria imagem restrita do direito, desconhecendo as regras e princípios mais elevados. O comercialista é um "improvisado jurisconsulto", descurando no estudo de normas e institutos do Direito Civil, também aplicáveis ao Direito Empresarial. O moderno direito tende para as "construções unitárias". O juiz, como o mestre de direito, está obrigado a conhecer e aplicar os princípios do Direito Civil e suas normas às questões puramente comerciais, por ser o Direito Civil o núcleo, a espinha dorsal do direito. Por outro lado, a coexistência de dois códigos torna difícil o equilíbrio e o entrosamento das regras constantes em ambos, havendo conflitos.

Vivante fala muito nos contratos "sui generis", que surgem no Direito Empresarial e constituem objeto de estudo dos comercialistas. Nesse aspecto, refere-se ele ao Direito das Obrigações, em que muito se aproximam os dois ramos do direito. Justifica sua opinião, pelo sistema suíço, em que houve a unificação, separando o Direito das Obrigações com um código próprio, aplicando tanto atos jurídicos mercantis, como civis.

É conveniente ressaltar que as opiniões de Vivante não tiveram aceitação pacífica. Muitas oposições sofreram elas, mesmo na Itália, ressaltando as contestações do insigne comercialista Alfredo Rocco. Exporemos após as bases da oposição ao sistema unificado, mas, como veremos, o próprio Vivante acabou se retratando e expôs os fundamentos da teoria contrária à da unificação que ele mesmo houvera levantado.

16.6. A retratação de Vivante

Mais tarde, o mestre da Universidade de Roma foi encarregado pelo governo italiano de promover a reforma do Código Comercial, com a possibilidade de colocar em prática sua teoria, vale dizer, a da unificação dos dois códigos e da fusão entre o Direito Civil e o Direito Comercial. Entretanto, esse trabalho legislativo provocou radical evolução no pensamento de Vivante e concluiu ele, em 1925, que a fusão dos dois códigos em um só teria trazido um grave prejuízo ao progresso do Direito Empresarial. Chamou ele a essa mudança de teoria a um "ato de conversão", explicando, em seguida, as razões dessa retratação, que constituem ainda hoje os fundamentos da teoria da dicotomia do direito privado, com dois ramos paralelos, mas independentes.

A primeira razão diz respeito ao método de elaboração do conteúdo de um código e de outro e a da própria mentalidade dos elaboradores; em suma: o civilista tem determinada forma de pensar e o comercialista outro. Na preparação de um código comercial prevalece o estudo, muitas vezes, empírico dos fenômenos técnicos, mas, no tocante ao Direito Civil, preponderam as exigências da coesão e da disciplina sistemática dos conceitos mais gerais.

Em decorrência desses fatores, predomina no Direito Civil o método dedutivo, aplicado na elaboração das normas civis. A dedução, método de raciocínio aplicado ao Direito Civil, parte de uma idéia geral, para se chegar a uma conclusão mais particular, com a inserção de uma idéia de menor extensão na idéia geral. O silogismo é a forma mais comum dessa dedução mediata, ou seja, de uma idéia geral, com a intermediação de uma idéia menos geral, infere-se um novo conhecimento. Esse método de produção ideológica foi descrito por Aristóteles, que formulou o seguinte exemplo, para melhor elucidação:

Todos os homens são mortais;
Sócrates é homem;
logo, Sócrates é mortal.

Transportando o exemplo desse raciocínio para o direito, amoldaremos a ele outro exemplo:

O contrato é um acordo de vontades;
A locação é um contrato;
logo, a locação é um acordo de vontades.

Esse esquema de raciocínio é o aplicado no Direito Civil, conforme reconheceu Vivante. Dos princípios gerais, ou das normas mais genéricas, introduz-se uma idéia intermediária, para se inferir uma conclusão. Esse método tem uma superioridade científica, por ser avaliado segundo o fim unitário que se deseja alcançar.

Por seu lado, o Direito Empresarial adota o método indutivo, contraposto ao dedutivo. A indução é o método de raciocínio aplicado comumente nas ciências físicas e nas ciências sociais. Por esse método, de muitos casos particulares, infere-se uma lei geral. Não bastam dois ou mais casos para legitimar a indução, mas muitos casos, pelo menos quantos autorizem uma generalização. A indução consiste, pois, em generalizar, em criar uma lei geral, partindo de muitos casos particulares. Vejamos um exemplo de indução:

Ulpiano é homem;
Modestino é homem;
Paulo é homem;
Os brasileiros são homens;
Os europeus são homens;
Todos são mortais;
logo, o homem é mortal.

Outro aspecto que diferencia o Direito Civil do Direito Empresarial, decorrente também do método aplicado, é que o Direito Empresarial estabelece suas leis a partir da incidência de muitos atos particulares, ou seja, de atos jurídicos ocorridos na prática. Por isso, quem normalmente elabora um código comercial, além dos cultores do direito há os homens de negócios, de bancos, de bolsa, de seguro, de contabilidade. Adicionado um exemplo a essa teoria de Vivante podemos indicar nosso Código Comercial, elaborado por uma comissão constituída principalmente por empresários do Rio de Janeiro, vários deles ligados ao comércio marítimo. Por outro lado, as comissões legislativas encarregadas da preparação de códigos civis são constituídas de juristas e mestres de direito. Exemplo sugestivo é o atual projeto do Código Civil, de 1975, já aprovado pelo Congresso Nacional.

Cita Vivante que em todas as revisões do Código Comercial são apresentadas novas relações econômicas, definidas por leis específicas ou esquemas típicos de contratos, que ele chama de "sui generis", que exigem enquadramento legal, em vista de serem aplicados com freqüência. Na preparação das leis empresariais realizam-se congressos e simpósios, constituem-se órgãos especializados como as câmaras de comércio e sindicatos, todos exercendo seu "lobby". Empresários, advogados, economistas, agitam-se na discussão do problema. Como exemplo dessa afirmação, podemos apontar as discussões provocadas até mesmo na imprensa, referentes à Lei de Patentes e à Lei de Falências. Forma-se uma pressão coletiva em defesa de interesses econômicos, que, comumente se transforma em pressão política, às vezes, de bases internacionais.

A sistematização de normas para regulamentar esses fatos que vão surgindo, de caráter empírico, não é conciliável com a dedução lógica, o apego às normas e princípios mais gerais e elevados que caracterizam os civilistas. Com a unificação dos dois códigos, a fixação das normas empresariais seriam privadas do empirismo e tecnicismo próprio das atividades das empresas.

Aspecto previsto por Vivante e que se revela de maneira frisante em nossos dias é a tendência para a internacionalização, tanto das atividades empresariais, como do Direito Empresarial. Desenvolvendo-se sob o impulso da livre concorrência e da livre produção, o Direito Empresarial revela nítida índole cosmopolita, com a criação de um mercado mais extenso possível, não se importando com fronteiras. Essa propensão para o internacionalismo das atividades empresariais provocou maior conexão com o Direito Internacional Privado; este foi tendo nítido conteúdo econômico, enquanto o Direito Empresarial, conteúdo internacional. Conseqüência da índole cosmopolita do Direito Empresarial é a adoção de leis uniformes para todos os países; como é o caso da LUG – Lei Uniforme de Genebra sobre letra e câmbio e nota promissória, e outra sobre cheques, a Convenção de Varsóvia sobre transportes aéreos, a Convenção de Bruxelas sobre transportes marítimos, as normas da Câmara de Comércio Internacional sobre crédito documentário e outros contratos. O Direito Civil é de cunho doméstico, retratando mais a vida íntima e regional dos cidadãos. Por isso, os institutos civis, adotados por um país, não chegam a influenciar o direito de outros países.

As relações civis são de curta distância, envolvendo contatos pessoais e íntimos, como no Direito de Família. Por exemplo: se um cidadão quiser vender seu carro, manterá contato pessoal com seu comprador e receberá o preço das mãos deste. A venda mercantil é normalmente feita a distância; uma indústria automobilística vende seus carros a clientes espalhados por largo território, comumente sem contato pessoal; o empresário que dirige uma indústria automobilística, via de regra, nem conhece pessoalmente seus clientes. O Direito Civil não conseguiu, até agora, amoldar suas normas às peculiaridades dos contratos a distância.

Outra característica da atividade empresarial, que levou Vivante a mudar sua opinião, é que ela não mais se baseava em atos, mas em série. Os atos civis são isolados, individuais: quem vende um carro, pratica um ato jurídico único e completo, nunca mais o repetindo ou repetindo-o só de tempos em tempos; o casamento só é realizado uma ou duas vezes pela mesma pessoa. Entretanto, uma indústria automobilística realiza vendas massivas e continuadas a muitas pessoas. Os interesses envolvidos e as garantias exigidas são coletivos. Essa característica dos atos civis, em contraposição aos mercantis, impede a adoção de normas comuns a ambos.

16.7. Prevalece a autonomia

Retratando destarte as opiniões de Vivante, sobre a independência do Direito Empresarial ante o Direito Civil, somos forçados a perfilharmo-nos entre as duas doutrinas, entre a primeira ou a segunda posição do preclaro mestre. Não temos a veleidade de criticar Vivante, mas tendemos a assumir a dicotomia com imperiosa necessidade de se formar um Direito Empresarial moderno e atuante. Não parece ter havido incoerência entre as duas posições de Vivante: a de 1892 e a de 1925. Entre elas há 33 anos de distância, tempo em que a economia e a vida dos povos apresentam sensível evolução e o direito é obrigado a acompanhar tais mutações. É uma opinião do século XIX e outra do século XX.

Em nossos dias, não vemos possibilidade da unificação do direito privado, que, na virada do século, era constituído do Direito Civil e do Direito Empresarial, mas que hoje se desdobra também no Direito do Trabalho e no Direito Internacional Privado. Alargando-se o campo do direito e aumentado a complexidade das relações jurídicas, o direito tende a discriminar-se e a especializar-se. Essa especialização é notada também em outros ramos do conhecimento, como a medicina e a engenharia. Unificar o direito privado implicaria na absorção, pelo Direito Civil, dos demais ramos.

A dicotomia impõe-se nos seus três tipos: didática, legislativa e científica. A didática prepondera de forma absoluta no mundo todo. A legislativa, idem, com exceção da Itália e da Suíça. Apesar de defendermos a manutenção de dois códigos autônomos, aspiramos pela aprovação do projeto de Lei 634/75, adotando o Código Civil unificado, por ser infinitamente mais atualizado e efetivo do que nossos dois códigos em vigor.

No que tange à dicotomia científica, aceitamos inteiramente as razões de Vivante na sua retratação. Devem ser adicionadas outras razões, surgidas ou reveladas no decorrer dos anos, sobretudo na era contemporânea. A atividade empresarial é essencialmente onerosa, o que não acontece na atividade civil. A dinâmica das atividades empresariais é muito intensa, provocando constantes transformações em suas práticas e no direito que as rege. O Direito Civil, contudo, é mais estático, de lenta evolução, como acontece no Direito das Coisas, em que muitos institutos se mantêm nas mesmas bases do direito romano.

Num sentido geral, o moderno Direito Empresarial apresenta várias características: onerosidade, internacionalismo, dinamismo, informalismo, fragmentarismo, elasticidade e outras. Não são essas as características do Direito Civil e quando elas coincidem, há muitas diferenças de intensidade e de aplicação. Tudo isso nos leva a crer que o Direito Empresarial e Direito Civil apresentam tantas e profundas distinções, que hoje não mais se concebe a fusão de ambos.

Não se pode também considerar unificado no Direito Civil o Direito Empresarial após a promulgação do novo Código Civil em 10/01/2002. Embora tenha sido incluído no Código Civil o capítulo de "Direito Empresarial", ainda subsiste o Código Comercial, cujo nome será paulatinamente substituído pelo de Código Empresarial.

Além do mais, ainda que fosse considerado unificado, seria apenas unificação legislativa, mas não substancial.

17. AS RAMIFICAÇÕES DO DIREITO EMPRESARIAL

17.1. O abrangimento do Direito Empresarial
17.2. Direito da Propriedade Industrial
17.3. Direito Cambiário
17.4. Direito Societário
17.5. Direito de Recuperação de Empresas
17.6. Direito Contratual
17.7. Direito Aeronáutico
17.8. Direito Marítimo
17.9. Direito Bancário
17.10. Direito do Mercado de Capitais
17.11. Direito do Comércio Exterior
17.12. Direito do Consumidor

17.1. O abrangimento do Direito Empresarial

No mundo hodierno, nenhum ramo do direito se revela tão abrangente, amplo, absorvente, como o Direito Empresarial. Nenhum recorre tanto aos demais ramos do direito e mantém tão íntima conexão. É vastíssimo seu campo de atuação e esse campo alarga-se a cada dia. Realça-se a importância das empresas na vida econômica de nosso país, tornando cada vez mais complexas as relações jurídicas criadas em decorrência da atividade empresarial. Através dos anos foram sendo criados novos tipos de relações empresariais, provocando o aparecimento de correspondentes campos do direito. Até bem pouco tempo, havia dez ramos do Direito Empresarial bem definidos. Está surgindo, agora, um novo ramo já consolidado como sendo o direito do consumidor, ao qual dedicaremos um estudo especial.

Além dos ramos específicos do Direito Empresarial, outros ramos autônomos do direito dão ainda cobertura a vários atos constantes da atividade empresarial. Um deles é o Direito do Trabalho, um ramo autônomo do direito privado, paralelo ao Direito Empresarial, mas com características marcantes, que o distinguem dos demais ramos. É, porém, o direito invocado pelas empresas no seu relacionamento com o quadro de colaboradores internos. Forma-se, no seio de uma empresa, intensa rede de relações jurídicas, com vasta gama de obrigações e direitos de parte a parte.

É que num dos polos dessas relações jurídicas situa-se a empresa e no outro seus colaboradores internos: seus funcionários remunerados. Essas relações são ditas trabalhistas, por serem regidas pelo Direito do Trabalho.

Ao examinarmos o capítulo deste compêndio, concernente aos "agentes auxiliares das atividades empresariais", que são previstos nos arts. 35 a 118, formando o Título III do Código Comercial, constatamos que a empresa tem diversos tipos de colaboradores e de agentes auxiliares. O empresário, assim considerado o dirigente da empresa e seu prestador de capital é um tipo de colaborador. Em número bem maior, situam-se os funcionários, os empregados remunerados, os colaboradores internos. A terceira categoria é formada pelos colaboradores externos, os agentes auxiliares das atividades empresariais. A relações estabelecidas pela empresa com esses tipos de colaboradores obedecem a normas específicas para cada tipo de colaboração. O Direito do Trabalho regula o relacionamento da empresa com o segundo tipo de colaborador: o assalariado. É um direito que não pode ser descurado pela empresa, sob pena de causar sérios conflitos na sua atividade interna, gerando graves prejuízos pela perda da produtividade. Excetuando algumas e poucas empresas: a microempresa, as empresas caracterizam-se pela posição de empregadora. Sente-se essa posição na própria definição de empregador, dada pelo art. 3° da Consolidação das Leis do Trabalho:

> "Denomina-se empregador a empresa, individual ou coletiva que, assumindo os riscos da atividade econômica, admite, assalaria e dirige a prestação pessoal de serviços".

Inúmeros conflitos entre a empresa empregadora e seus colaboradores assalariados decorrem da inobservância das leis que disciplinam o relacionamento entre eles. Ora é a empresa que não observa corretamente a norma jurídica, obrigando o empregado a apelar para a justiça a fim de reparar o dano sofrido; ora é o empregado que se desentende com a empresa que o remunera, porque está na convicção de que é titular de um direito que a lei não previu; não é, portanto, um colaborador interno bem orientado. Vemos, assim, que, mesmo sem fazer parte do Direito Empresarial, o Direito do Trabalho é constantemente invocado pela empresa, paralelo com as normas da atividade empresarial.

Ramo autônomo do direito, em grau de afetar a atividade empresarial, é o Direito Previdenciário. A previdência social, chamada hoje em nosso país de "seguridade social", é uma atividade exercida pelo Estado, razão por que o direito que a regulamenta é um ramo do direito público. Todavia, não é estranho à empresa, que o aplica cotidianamente. Os serviços que a seguridade social presta a seus associados se fazem graças à empresa. Por exemplo: o pagamento de auxílio-maternidade é feito pela empresa, que depois o acerta com o órgão da seguridade social. Está a empresa obrigada a um recolhimento seu à seguridade social, cumprindo, pois, essa obrigação. Além disso, a contribuição de seus empregados à seguridade social processa-se por intermédio da empresa-empregadora, numa relação triangular: empresa-empregado-seguridade social. De forma análoga ao Direito do Trabalho, o Direito Previdenciário concorre com o Direito Empresarial, o direito específico das atividades empresariais.

Outro ramo do direito público integrado também na extensa rede de obrigações empresariais é o Direito Tributário. A atividade tributária de uma empresa está ínsita na atividade empresarial; não se pode fazer um planejamento financeiro de uma empresa sem um planejamento tributário conexo. O desacerto tributário pode desestruturar as atividades empresariais e a própria empresa que não for cuidadosa no controle e cumprimento dessas obrigações.

Quanto ao Direito Empresarial em si, está ele formado no momento, em nosso país, por onze ramos específicos de seu campo de atuação, a saber:

- Direito da Propriedade Industrial
- Direito Cambiário
- Direito Societário
- Direito Falimentar
- Direito Contratual
- Direito Bancário
- Direito do Mercado de Capitais
- Direito Marítimo
- Direito Aeronáutico
- Direito do Comércio Exterior
- Direito do Consumidor

17.2. Direito da Propriedade Industrial

O Direito da Propriedade Industrial é chamado, nos Estados Unidos da América, de Direito da Propriedade Intelectual, denominação adotada universalmente, tanto que é ele acompanhado pela organização denominada WIPO – World Intelectual Property Organizacion (Organização Internacional da Propriedade Intelectual). O Código Penal usa a expressão "Propriedade Imaterial", nomenclatura que julgamos mais acertada ainda. Entretanto, por influência do direito italiano e do francês mantém-se a denominação de Direito da Propriedade Industrial.

O Direito da Propriedade Industrial da empresa, considera essa propriedade como o conjunto de bens materiais, como marcas e patentes, título do estabelecimento, invenções, segredos industriais, métodos de trabalho, "know-how", emblemas, logotipos, expressões ou sinais de propaganda e direitos outros de natureza intelectual. São bens não corpóreos; não ocupam, um lugar no espaço e normalmente não são registrados nos balanços da empresa, por ser difícil estabelecer para eles um valor determinado. É o caso do nome Mappin ou emblema da Coca-Cola ou do McDonald's.

Trata-se de importante ramo do Direito Empresarial, tanto que é obrigatório seu ensino nas faculdades de direito de nosso país, estudado que é no primeiro semestre dos programas oficiais de Direito Empresarial. No mundo moderno, não se concebe empresa que não detenha adequada propriedade industrial e defenda os direitos sobre ela; faz parte da organização empresarial. O conceito por nós adotado para a empresa, com base no art. 2082 do Código Civil italiano, diz que a empresa exerce "atividade econômica organizada"; na expressão "organizada", acha-se compreendida a propriedade industrial.

17.3. Direito Cambiário

O segundo ramo do Direito Empresarial, cujo estudo é exigido pelo programa oficial nas faculdades de direito, é o Direito Cambiário. É o direito dos títulos de crédito, dos quais são os mais importantes: a letra de câmbio, a nota promissória, o cheque e a duplicata. Não é um ramo do direito exclusivo do Direito Empresarial, pois os títulos de crédito podem ser originados de uma operação civil e entre pessoas civis, como acontece com a nota promissória. Trata-se, porém, de um direito marcantemente empresarial, uma vez que alguns títulos de crédito são privativos de empresa e outros são principalmente empresariais.

A duplicada só pode ser emitida por uma empresa; o cheque é sempre um título mercantil, por ser bancário. Ao invés, a nota promissória pode ser mercantil ou civil e a letra de câmbio idem; porém, a letra de câmbio quase sempre é mercantil. Para se avaliar a importância do Direito Cambiário e a participação dos títulos de crédito na economia de um país, basta imaginar quantos cheques, duplicatas, letras de câmbio e notas promissórias são diariamente emitidos. Há no Brasil volumosa bibliografia sobre o Direito Cambiário, na qual indicamos o compêndio de nossa autoria "Títulos de Crédito".

17.4. Direito Societário

No terceiro semestre de estudo de Direito Empresarial nas faculdades de direito, é estudado o Direito Societário, assim chamado por ter como objeto as sociedades mercantis. É o direito que examina a roupagem jurídica da empresa, a sua estrutura estatutária, havendo, pois, íntima correlação entre a sociedade e a empresa. A empresa brasileira pode se revestir de diversas formas jurídicas; são sete formas societárias: sociedade por cotas de responsabilidade limitada, sociedade anônima, sociedade em nome coletivo ou com firma, sociedade de capital e indústria, sociedade em comandita por ações, sociedade em comandita, sociedade em conta de participações. As leis primordiais do Direito Societário são a Lei das Sociedades por Ações e a Lei das Sociedades por Cotas.

17.5. Direito de Recuperação de Empresas

É o mais novo ramo do Direito Empresarial, criado pela Lei 11.101, chamada Lei de Recuperação de Empresas, promulgada em 09/02/2005. Esse ramo do direito foi criado na França, recebendo o nome de Direito dos Procedimentos Concursais. Aliás, o nome de Direito Concursal é também adotado no Brasil, pois estabelece o concurso com a maioria dos outros ramos do direito. Substitui o antigo Direito Falimentar, que desapareceu, por ter sido revogada sua lei básica, a Lei Falimentar.

É o ramo do Direito Empresarial que cuida da empresa na sua fase patológica, doentia, isto é, da empresa em estado de crise econômico-financeira, e que precisa de tratamento legal diferenciado. Descreve normas aplicáveis à salvação e recuperação de empresas em estado de crise econômico-financeira, e, na impossibilidade de salvação, as formas mais práticas e econômicas de liquidá-las.

Apresenta três institutos básicos: recuperação judicial, recuperação extra-judicial e falência; os dois primeiros como fórmulas de salvação e o terceiro de liquidação. É também chamado de Direito da Recuperação Judicial, em vista de ser a recuperação judicial o mais importante instituto.

Por ser novo ramo do direito, não possui jurisprudência nem vasta bibliografia. Até o início de 2006 só uma obra de doutrina foi editada a respeito do Direito de Recuperação de Empresas, publicada por esta mesma editora e de autoria do autor deste compêndio, publicada dez dias após a promulgação da Lei. Há, entretanto, várias obras de comentários sobre a Lei, algumas até comparando-a com a antiga Lei Falimentar.

Apesar das inúmeras diferenças com o Direito Falimentar, pode-se dizer que teve sua origem no Direito Falimentar, do qual foi o sucessor. Em

São Paulo foram criadas varas especializadas neste direito, para processos com base na nova Lei. Os processos antigos, com base na antiga Lei Falimentar, tendem a ser paulatinamente extintos.

17.6. Direito Contratual

Trata-se de ramo do Direito Empresarial bem peculiar, porquanto, em muitos pontos, mantém conexão com o Direito Civil. Nas faculdades de direito, é estudado nas duas cadeiras: de Civil e de Empresarial. Suas normas estão no Código Civil, nos arts. 421 a 853, estabelecendo tanto as normas gerais, como ainda regulamentando a maioria dos contratos. Os contratos mais modernos são regulamentados por leis próprias.

Ainda que regulamentados pelo Código Civil, muitos contratos são também empresariais e outros exclusivamente empresariais; exemplo desses últimos são os contratos bancários, o crédito-documentário, de "franchising", de "leasing", o de "factoring", que só podem ser celebrados por empresa.

Quase todos os atos componentes da atividade empresarial são contratos: contrato de trabalho, de compra e venda e tantos outros. A empresa constitui-se, legalmente por um contrato denominado contrato de sociedade ou contrato social. Precisa ela ter um imóvel em que for instalar-se: compra-o pelo contrato de compra e venda ou aluga-o pelo contrato de locação. A venda de seus produtos ou a compra de matéria-prima processam-se pelo contrato de compra e venda. Ao admitir empregado, celebra contrato de trabalho. Destarte, revela falha de organização a empresa que não submete à apreciação de seu advogado os contratos que vai assinar. Afora as obrigações tributárias, a maioria das obrigações assumidas pela empresa decorrem de contratos.

17.7. Direito Aeronáutico

O Direito Aeronáutico é o direito da navegação aérea, também chamada de aviação comercial. É muito complexo, envolvendo questões de direito público, como o domínio do espaço aéreo, a infra-estrutura aeroportuária, segurança de vôo, sistemas de registro, ou a aviação militar. Entretanto, há muitas relações de natureza empresarial, tais como arrendamento mercantil de aeronaves, a hipoteca de aviões, a indústria aeronáutica, administração do pessoal aeronáutico, a compra e venda e exploração de aeronave, o fretamento, a locação de aeronaves.

A atividade empresarial de uma empresa de navegação aérea concentra-se, porém, no transporte de pessoas e bagagem, e de mercadorias. Questão de alta relevância é a da responsabilidade civil do transportador aéreo. Repousa a atividade empresarial, principalmente, no contrato de transporte, mas não pode ser absorvida pelo Direito Contratual por ter maior amplitude. Sua lei fundamental é o Código Brasileiro de Aeronáutica (Lei 7.565/86), mas há outras leis e normas baixadas pelo DAC – Departamento de Aviação Civil.

Convém ressaltar bem o nome desse ramo do direito, como Direito Aeronáutico, conforme adota a Constituição Federal. O direito aéreo cuida da utilização do espaço aéreo, principalmente pelo sistema de comunicações, com os satélites artificiais. É também conhecido como direito espacial, e como o espaço aéreo é um bem insuscetível de apropriação pelo homem, o Direito Aéreo é um ramo do direito público, ao avesso do Direito Aeronáutico.

O Direito Aeronáutico revela tendência mais acentuada que outros ramos do Direito Empresarial, para a internacionalização. O transporte aeronáutico processa-se tanto nas fronteiras do país, como além, o que implicará na adoção de normas para regular esse transporte interpaíses. Por esse motivo, integram-se no Direito Aeronáutico inúmeras convenções internacionais assinadas pelo Brasil, muitas delas transformadas em leis nacionais. A mais sugestiva delas é a Convenção de Varsóvia, de 1929, unificando certas regras para o transporte aéreo internacional, transformando-se em lei nacional; é adotada por todos os países que participam do tráfego aéreo internacional de passageiros e mercadorias. Essa atividade é controlada e supervisionada por dois importantes organismos: IATA – International Air Traffic Association e o ICAO – International Civil Aviation Organization.

17.8. Direito Marítimo

O Direito Marítimo apresenta muita analogia com o Direito Aeronáutico, mas se refere à navegação sobre águas, não apenas do mar, incluindo as dos rios, lagos e canais. Apresenta algumas normas de direito público, como o registro e controle de navios, a administração portuária e o funcionamento de órgãos públicos atuantes no setor. Suas normas gerais, entretanto, são de natureza empresarial e privada, com acentuada atuação dos contratos de transporte de mercadoria e pessoas. Enquanto no Direito Aeronáutico predomina o transporte de pessoas, no Marítimo predomina o de coisas.

Esse ramo é bem antigo; com ele nasceu o Direito Empresarial. Já era conhecido, antes de Roma, pelos persas, fenícios e gregos. Dois institutos a ele pertencentes, chegaram a nós, por via de Roma, oriundos do direito da antiguidade oriental: a "Lex Rhodia de Jactu" e o "Nauticum Foenus". É bem anterior ao Direito Empresarial e permaneceu dele separado por muitos séculos. São repositórios de normas marítimas as grandes compilações surgidas na Idade Moderna, como o Consolato del Mare, os Rolos de Oleron, o Guidon de La Mer, a Compilação de Wisby, a Tavola di Amalfi, e outras mais. A distinção entre os dois ramos acentuou-se quando a França elaborou dois códigos: a Ordenação sobre o Comércio Terrestre (1673) e a Ordenação sobre o Comércio Marítimo (1681).

Entretanto, o Código Comercial francês, de 1807, fundiu os dois códigos num só, transformando as normas marítimas numa das partes de seu código comercial. Dessa maneira, o direito Marítimo passou a constituir um ramo do Direito Empresarial, embora vários juristas propugnem pela sua autonomia. Apesar dessa junção em 1807, ao serem criados os cursos jurídicos em nosso país, em 11/08/1827, foram previstas duas matérias em separado: Direito Mercantil e Direito Marítimo.

Nosso Código Comercial de 1850, calcado no seu similar francês, seguiu o critério deste, colocando as normas do Direito Marítimo na parte segunda, denominada "Do Comércio Marítimo", com os arts. 457 a 796. Esses 340 artigos conservam-se praticamente íntegros, mas um vasto acervo de leis foi surgindo após 1850, de tal maneira que o período de mais de 150 anos desfigurou muito o sentido de nosso código. Essas leis trataram do transporte de mercadorias por via d'água nos portos brasileiros; a navegação de cabotagem; hipoteca de navios; conhecimentos de transporte de mercadorias; organização do Tribunal Marítimo; seguros marítimos.

17.9. Direito Bancário

O termo bancário origina-se de banco, em vista de ter sido anteriormente o direito dos bancos. Na estruturação legal do sistema bancário, não mais se pode adotar rigidamente essa terminologia, uma vez que só havia um tipo de banco, enquanto hoje há várias modalidades de bancos e outras instituições a eles equiparadas. O Direito Bancário é hoje o direito das instituições financeiras, das organizações que atuam no mercado financeiro e de capitais. No plano das atividades, regulamenta as operações monetárias, assim consideradas as de captação de recursos monetários e sua aplicação.

Muitas e variáveis normas de Direito Bancário são emitidas pelo órgão de controle das atividades monetárias: o Banco Central do Brasil; outras pelo Conselho Monetário Nacional, órgãos também legisladores. A maioria dessas normas são consolidadas num manual chamado MNI – Manual de Normas e Instruções. A lei de fundo é contudo a Lei da Reforma Bancária (Lei 4.595/64), que dispõe sobre a política e as instituições monetárias, bancárias e creditícias e cria a Comissão de Valores Mobiliários. Lei importante do sistema é a 6.024/74, que dispõe sobre a intervenção e liquidação extrajudicial de instituições financeiras. É uma modalidade de lei falimentar aplicada para as instituições financeiras, já que estas estão excluídas da aplicação do Decreto-lei 7.661/45.

Segundo nossa legislação, fazem parte do Sistema Financeiro Nacional instituições financeiras de diversos tipos: banco comercial, banco de investimento, banco de desenvolvimento, sociedade de financiamento, crédito e investimento, sociedade distribuidora de títulos e valores mobiliários. Integram-se, nesse conjunto, outras empresas que se dediquem ao crédito, intermediação de dinheiro e atividades paralelas aos bancos.

17.10. Direito de Mercado de Capitais

Formou-se em época bem recente, desgarrando-se pouco a pouco do Direito Bancário. É o direito que regula as instituições e as atividades de captação de dinheiro no mercado de capitais e as entidades atuantes nessa área. A absorção de dinheiro junto à economia coletiva ocorre em dois mercados paralelos: financeiro e de capitais. O mercado financeiro é constituído de dinheiro aplicável a curto prazo e de forma facilitada, baseado no crédito. É comumente movimentado pelo contrato de mútuo. Essas operações são regulamentadas pelo Direito Bancário.

O outro mercado de dinheiro, todavia, conhecido como mercado de capitais, consta de dinheiro a ser aplicado de forma duradoura, não proporcionando juros, mas dividendos. É dinheiro a ser imobilizado no capital das empresas. No sentido desse ramo do direito, capitais são valores financeiros aplicados com escopo de lucro; são riquezas destinadas a produzir outras. Enquanto o mercado financeiro negocia com ativos financeiros a curto prazo e com prazo de resgate, o mercado de capitais negocia com ativos financeiros sem prazo, tendo sua existência garantida enquanto perdurar a empresa que as emitiu; é o caso das ações das sociedades anônimas.

As empresas que obtêm seus capitais no mercado de capitais, não operam, via de regra, diretamente junto ao mercado prestador de capitais. As instituições financeiras que fazem a intermediação entre as duas partes do mercado são várias: sociedades corretoras, sociedades distribuidoras, banco de investimentos, sociedade de crédito imobiliário, associação de poupança e empréstimo, fundos de pensão. O Banco Mundial pode também ser incluído. Como órgãos reguladores ou colaboradores, figuram a Bolsa de Valores Mobiliários, a Comissão de Valores Mobiliários, como ainda o Conselho Monetário Nacional.

Muitas normas compõem o Direito do Mercado de Capitais, ressaltando-se a Lei 6.385/76, que dispõe sobre o mercado de valores mobiliários e criou a Comissão de Valores Mobiliários, e a Lei 4.728/65, que disciplinou o mercado de capitais e estabeleceu medidas para o seu desenvolvimento.

17.11. Direito do Comércio Exterior

O Direito do Comércio Exterior vem-se ressaltando cada vez mais no Brasil moderno, devido à crescente internacionalização da economia e aos esforços do nosso país na conquista dos mercados externos. Embora haja vários pontos de conexão e leis comuns, não se confunde o Direito do Comércio Exterior com o Direito Internacional, quer público quer privado; é um direito essencialmente interno, formado por leis nacionais e normas e procedimentos criados no plano doméstico e por órgãos do governo nacional.

Direito radicalmente dinâmico, amoldável a situações novas e urgentes, não pode contar com leis estáticas. Obedece mais às normas emanadas de órgãos públicos, como o Decex – Departamento de Comércio Exterior do Banco do Brasil, ou do Conselho Nacional do Comércio Exterior e do Banco Central do Brasil. Essas normas regulamentam os incentivos fiscais às atividades de comércio e linhas especiais de crédito, principalmente à exportação.

17.12. Direito do Consumidor

Criou-se o mais novo ramo do Direito Empresarial com o Código de Defesa do Consumidor, recentemente promulgado. Apesar de normas do direito público e do Direito Civil, já que uma das partes das relações jurídicas é uma pessoa física, evidencia-se a natureza empresarial do direito recém-criado. Por ser um direito ainda em elaboração e de alto interesse para as empresas, julgamos de bom alvitre dedicar-lhe um capítulo especial neste trabalho.

18. A CRIAÇÃO DA CCI-CÂMARA DE COMÉRCIO INTERNACIONAL

Para os estudiosos do Direito Comercial e do Direito Internacional ou de negociações internacionais, não se pode afastar o estudo da CCI-Câmara de Comércio Internacional. Esse órgão, sediado em Paris, foi fundado em 1922 e tem exercido marcante influência nas transações econômicas internacionais e no Direito Internacional. Trata-se de uma ONG (organização não governamental), ou seja, um órgão de direito privado; não pertence por isso à ONU, malgrado preste a ela muitos serviços. Sua ação, como entidade privada, é exercida em correlação com outras unidades de direito público, mormente com dois órgãos da ONU, dos quais muito falaremos:

- UNCITRAL – United Nations Comission on Internacional Trade Law – ou CNUDCI – Comissão das Nações Unidas sobre o Direito Comercial Internacional;
- UNCTAD – United Nations Conference on Trade and Development – ou CNUCID – Conferência das Nações Unidas para o Comércio Internacional e Desenvolvimento.

Entre muitas funções, a CCI é um órgão legislador. Elabora leis internacionais no setor de operações econômicas e mercantis, aceitas universalmente, como aconteceu com a regulamentação dos créditos documentários e dos INCOTERMS. Essas leis sistematizaram as práticas da "lex mercatoria" e se impuseram a todos os países, embora não sejam leis no sentido estrito do termo, pois não possuem o caráter de obrigatoriedade e coerção.

A CCI é formada por empresas de muitos países; elas não se filiam diretamente, mas por entidades que as representam. Assim, por exemplo, as empresas do Brasil estão inscritas na CCI pelo Comitê Nacional, junto à Confederação Nacional das Indústrias, com sede no Rio de Janeiro, na Rua General Justo, 307, 8º andar. É possível também a filiação individual de empresas de qualquer país. Enorme é a gama de serviços que esta entidade presta a seus membros e as atividades que desenvolve, inclusive com projetos de uniformização mundial do Direito Comercial, paralelamente com a UNCTAD e a UNCITRAL.

Além da UNCTAD e da UNCITRAL, tem ainda a CCI íntima conexão com organizações internacionais governamentais (ou interestaduais), como o Banco Mundial. Apesar de sua atuação abranger também as atividades de indústria, transportes e finanças, a preocupação maior da CCI concentra-se no TRADE (comércio internacional), como a importação/ exportação de mercadorias e atividades paralelas. Procura favorecer e dar segurança à expansão do comércio internacional e sua liberação, assemelhando-se, nesse aspecto, a um assessor jurídico da OMC-Organização Mundial do Comércio.

A CCI é a maior organização internacional de direito privado, destinada a regulamentar o TRADE. Tem por objetivo encorajar as trocas e investimentos internacionais e defender a economia de mercado. Desde sua fundação, em 1922, sua atuação baseia-se na convicção de que o comércio é a poderosa força de paz e da prosperidade. O pequeno grupo de empresários qualificou-se, desde a criação da entidade, como "mercadores da paz". O fato de serem suas empresas dedicadas ao comércio internacional (TRADE) conferiu-lhes muita autoridade na elaboração das regras destinadas a conduzir a boa marcha das transações econômicas internacionais.

As normas dela emanadas não são obrigatórias, mas são respeitadas e aplicadas em milhares de transações econômicas. A CCI oferece ainda numerosos serviços práticos, entre os quais figura o principal: a CIA-Corte Internacional de Arbitragem, principal órgão de resolução de controvérsias internacionais na área de direito privado.

Este órgão possui ampla e complexa organização, tendo como órgão de direção suprema o Conselho, constituído de delegados do Comitê Nacional dos países membros. Reúne-se geralmente o Conselho duas vezes ao ano. Não tem um número certo de membros, pois os países de maior participação podem indicar de um a três delegados. Há suplentes. O Brasil chegou a ter dois delegados e dois suplentes. São eles indicados pelo Comitê Nacional, sediado no Rio de Janeiro.

A atividade executiva é exercida pelo Comitê Diretor e pelo Secretariado Internacional. O Comitê Diretor reúne 15 a 30 membros, nomeados pelo Conselho, por recomendação de seu Presidente; há também membros "ex officio" e um indicado diretamente pelo Conselho. O Comitê Diretor é o responsável pela colocação em prática da política da CCI. Reúne-se ao menos três vezes ao ano, sendo no mínimo duas junto com a sessão do Conselho. Atualmente tem 25 membros, um de cada país diferente. No limiar deste novo século, não há brasileiros, mas já houve. A presidência da CCI foi ocupada, no biênio 1987/1988, pelo Prof. Theophilo de Azeredo Santos, comercialista de elevado conceito.

As comissões

Órgão executivo por excelência é o Secretariado Internacional, que se encarrega de acionar todas as atividades da CCI e sua administração. É dirigido pelo Secretário-geral e dividido em vários comitês e comissões. Importantes são as comissões, órgãos de trabalho especializado, que elaboram os programas de ação, consultando os comitês nacionais e obtendo a aprovação do Comitê Diretor, para executá-los. Uma comissão é constituída por todos os grandes setores. São várias, de acordo com o ramo de atividade internacional:

1. Direito e práticas da atividade internacional;
2. Energia;
3. Marketing, publicidade e distribuição;
4. Políticas de comércio e investimento internacionais;
5. Práticas comerciais internacionais;
6. Propriedade intelectual e industrial;
7. Questões fiscais;
8. Serviços financeiros e seguro;
9. Técnica e práticas bancárias;
10. Telecomunicações e tecnologia de informação;
11. Transportes;
12. Extorsão e corrupção;
13. Grupo consultivo de economistas empresariais;
14. Projeto sobre comércio exterior.

O trabalho dessas comissões constituem assessoria a importantes órgãos internacionais, como a ONU, A WIPO-World Intellectual Property Organizacion, a IATA-International Air Traffic Association, ICAO-Internacional Civil Aviation Organization, a OMC – Organização Mundial do Comércio, a UNCTAD, a OIT – Organização Internacional do Trabalho. Presta colaboração jurídica a organizações altamente especializadas, como a IATA e a OIT. Será conveniente dar sucinta descrição do tipo de trabalho de algumas comissões.

1. Direito e práticas referentes à concorrência

Formula e define pontos de vista da comunidade econômica Internacional sobre o desenvolvimento da política internacional a respeito da concorrência, o controle sobre a fusão de empresas ou as leis antitruste. Elabora normas para fortalecer os laços entre as atividades empresariais e a política concorrencial, particularmente no âmbito da OMC e a OCDE-Organização de Cooperação de Desenvolvimento Econômico. Aperfeiçoa a cooperação e troca de informações entre autoridades nacionais de controle da concorrência, bem como acesso delas aos arquivos de informações. Basta a harmonização do direito das práticas relativas à concorrência.

2. Energia

Fixa tomadas de posição de empresas, no tocante a questões relativas à política energética, inclusive a liberalização e privatização dos mercados de energia. Planeja o cumprimento de obrigações derivadas do Protocolo de Kyoto, defendendo o ponto de vista das empresas sobre mudança de clima.

3. Marketing, publicidade e distribuição

Encoraja estrita deontologia empresarial nos diversos setores de marketing, graças a códigos de marketing e de princípios diretores. Busca a harmonia das práticas internacionais de marketing no setor privado e defende as normas exigentes de novos meios de informação e novas técnicas. Elabora as posições a serem tomadas pela comunidade econômica sobre as iniciativas dos governos, que afetem o marketing e o direito do consumidor. Elabora normas sobre as diretrizes referentes à publicidade e ao marketing. Encoraja a autodisciplina na publicidade e adesão voluntária aos códigos da CCI, revisando-os quando se torna necessário. Estuda as formas de harmonização das práticas internacionais, preservando a diversidade cultural. Promove o Júri Internacional sobre práticas de marketing (JIPM), que examina as omissões dos códigos de marketing e da publicidade da CCI em nível mundial.

4. Políticas de comércio e investimentos estrangeiros

Elabora e encoraja a política e o trabalho técnico da CCI no domínio do comércio Internacional, do investimento e outras questões relativas às atividades empresariais. Elabora a política da CCI sobre as novas questões relativas à OMC e às convenções desta, notadamente no que concerne às atividades empresariais e aos investimentos, à concorrência e à racionalização dos procedimentos empresariais e aduaneiros.

5. Práticas empresariais internacionais

Formula recomendações sobre a evolução desejável das práticas jurídicas empresariais, a fim de ter em conta a modernização desejável das técnicas de transportes e dos contratos internacionais. Sugere soluções às divergências das legislações nacionais que afetem as atividades empresariais ao nível internacional. Participa estreitamente do trabalho de outros organismos internacionais pertinentes, como a UNCTAD. Publicou recentemente um contrato-padrão de venda internacional e as condições gerais dessa operação, e também um contrato-padrão de FRANCHISING e de intermediação internacional.

São de sua responsabilidade as duas principais publicações da CCI, e do aperfeiçoamento dessas atividades; a do CRÉDITO DOCUMENTÁRIO e dos INCOTERMS.

6. Propriedade Intelectual e Industrial

Essa comissão divulga o ponto de vista da comunidade econômica sobre os desenvolvimentos internacionais em matéria de propriedade intelectual. Cuida da aplicação da Rodada Uruguai da OMC, naquela época denominada GATT, referente ao TRIPS. Procura harmonizar a legislação nacional sobre a propriedade intelectual, mormente no tocante às patentes. Presta contribuição à WIPO, no que tange às normas sobre a propriedade intelectual. Nota-se claramente na Lei de Patentes, recentemente promulgada no Brasil, a influência das idéias elaboradas por essa Comissão, como também já se notava no antigo Código da Propriedade Industrial. Há no Direito Internacional, como no direito de alguns países, como os EUA, a adoção do nome de Direito da Propriedade Intelectual, ao invés de Direito da Propriedade Industrial, adotado no Brasil.

7. Serviços financeiros e de seguros

Esta Comissão da CCI é um órgão mundial de serviços financeiros não setoriais, e, em conseqüência, leva em consideração larga série de questões sobre política de serviços financeiros e de seguros. Visa a minimizar as barreiras às atividades empresariais internacionais (TRADE) no setor de serviços financeiros. Encoraja a liberalização geral dos serviços, estuda os problemas práticos e contribui com a assistência técnica, em conexão com a OMC.

8. Técnica e práticas bancárias

Em conjunto com a Comissão de Práticas Empresariais Internacionais, elaborou e mantém em estudo as Regras Uniformes sobre Créditos Documentários e "Cobrança Documentária". Procura desenvolver e normatizar as garantias bancárias. Difunde conhecimentos do Direito Bancário e técnicas bancárias.

9. Extorsão e corrupção

Criada em 1996, esta Comissão ocupa-se de rever as normas de combate à extorsão e corrupção nas transações internacionais. Supervisiona a adoção dessas normas pelas empresas, tomando iniciativas tendentes a reduzir a extorsão e corrupção nos meios governamentais e econômicos e desenvolvendo a deontologia das atividades empresariais.

10. Atividade legislativa

Como entidade legislativa, a CCI elabora normas reguladoras das práticas costumeiras do TRADE (comércio internacional), que chamamos, na linguagem jurídica de nossos dias, "atividades empresariais". Essas normas são divulgadas universalmente sob o nome de "publicações" ou "brochuras".

Constituem autênticos códigos; são leis aceitas voluntariamente pela comunidade econômica internacional. Algumas delas transformaram-se em leis nacionais. O crédito documentário, por exemplo, tem sua previsão no novo Código Civil brasileiro, a ser promulgado.

Exemplo frisante foi a criação dos INCOTERMS (International Commercial Terms), largamente utilizados no mundo inteiro, dando enorme facilidade e segurança ao contrato de compra e venda internacional. São hoje utilizados no direito nacional de muitos países, como se observa no Brasil. Outra "brochura" importantíssima foi a que normatizou os "créditos documentários", tipo de contrato bancário largamente aplicado no Brasil.

As "publicações" da CCI, fruto do trabalho das comissões acima referidas operam como sistema de harmonização das práticas mercantis e do Direito Empresarial no concerto universal. A eficácia delas colaborou para o sucesso da União Européia e poderá também facilitar o sucesso do Mercosul, cuja legislação empresarial é muito diversificada e contrastante entre os países do Cone Sul.

Essas normas reguladoras são muitas e recebem um número; são revistas periodicamente e as modificações implicam nova publicação, com novo número. Vamos citar algumas que, ao nosso ver, parecem ser as mais importantes no momento:

581 – Regulamento de conciliação e de arbitragem da CCI
324 – Regulamento CCI/CMI de arbitragem marítima
520 – O Centro Internacional de Peritagem da CCI
514, 553, 433, 553 – Coleção de sentenças arbitrais da CCI
564 – O estatuto do árbitro
500 – Regras e usos uniformes relativos aos créditos documentários-1993
417 – Palavras-chave do comércio internacional
460 – INCOTERMS-1990
490 – Guia dos INCOTERMS-1990
410 – Agência comercial: guia para a elaboração de contratos
441 – Guia para a redação dos contratos de concessão de venda internacional
496 – Contrato-modelo CCI de agência comercial
518 – Contrato-modelo CCI de concessão comercial
944 – Countertrade (Euromoney)
325 – Regras uniformes para as garantias contratuais
497 – Transferências de fundos bancários internacionais

510 – Guia para as regras CCI para pedido de garantias
522 – Regras e usos uniformes relativas ao reembolso
547 – Garantias bancárias no comércio internacional
923 – Standby e cartas de crédito
934 – Trade finance em Estados emergentes
534 – Diligência devida pelo serviço da CCI contra o crime empresarial
574 – Repulsa à contrafação
585 – Guia de prevenção à lavagem de dinheiro
480 – Serviços de informação e direito da concorrência
432-A Código de práticas leais em matéria de promoção de vendas
432-B Código de práticas leais em matéria de publicidade
506 – Código Internacional CCI de práticas em matéria de marketing direto
509 – Código Internacional CCI em matéria de publicidade referente ao meio ambiente

Os membros da CCI

É ela formada por empresas, mormente as dedicadas ao comércio exterior. Algumas filiam-se diretamente, mas a prática é a de se formar um "comitê nacional" ou um "grupo". Assim, as empresas brasileiras são representadas na CCI, associando-se ao "Comitê Nacional". Quando não houver "comitê nacional" ou "grupo", as empresas podem-se filiar diretamente à CCI, cuja sede está na Capital da França:

Cours Albert Premier, 38 – 75008 – PARIS-FRANCE
Tel. 33 149 53 28 91 – Fax: 33 149 53 29 42
Web site: WWW. ICC Wb o org – C
E mail: pub@iccwbo.org

Seminários da CCI

Para dar ampla divulgação do direito das operações econômicas internacionais e das práticas dessas operações, a CCI planeja e organiza amplo programa de conferências, seminários e congressos. Focaliza o direito da concorrência, de proteção ecológica, marketing, propriedade intelectual e vários outros. Os seminários realizam-se na sede da CCI ou em qualquer outra parte, patrocinados muitas vezes pelo Comitê Nacional. Os especialistas da CCI assessoram esses eventos, onde quer que se realizem.

Além desses eventos, a CCI promove congresso mundial a cada três anos, realizado em lugares diferentes. O último se deu em Shangai, em 1997, e o próximo será em Budapeste. Podem comparecer representantes de todos os países, por seu Comitê Nacional. Os problemas a serem discutidos no congresso são precedidos de conferências realizadas em vários países.

INSTITUTOS AGREGADOS

Afora as diversas comissões, a CCI possui algumas organizações especializadas, com direção própria e atividades complexas, planejadas por elas. Citaremos as principais:

Instituto de Direito dos Negócios Internacionais

Criado em 1979, ocupa-se dos principais objetivos da pesquisa e de formação sobre Direitos dos Negócios Internacionais (Droit des Affaires Internationales), difundindo seu conhecimento junto aos meios universitários, jurídicos e empresariais. Seu programa de atividades compreende a organização de seminários e de conferências, tanto nas questões tradicionais, como arbitragem e contratos internacionais, como em questões mais recentes de direito "transnacional", criadas por nova tecnologia e novas práticas financeiras.

Tem um Conselho Diretor, formado por 40 juristas de renome e nomeados pelo Presidente da CCI. É um tipo de "fórum" para todos os que se interessam pelo direito e pelas práticas internacionais, o que, na moderna linguagem brasileira, chamaremos de "Direito Empresarial" e "atividades empresariais". O programa de desenvolvimento de atividades procura incluir planos de formação para países em desenvolvimento.

BIC CC-Bureau Internacional das Câmaras de Comércio

É o centro da rede de câmaras de comércio, destinado à troca de informações e assessoria a respeito da organização, administração e dos serviços prestados pelas câmaras de comércio.

Serviços para a Prevenção dos Delitos Comerciais

Desde o início de 1980, a CCI desenvolveu serviços contra os "crimes comerciais" (no direito brasileiro, chamaríamos de crimes contra a ordem econômica, pirataria, contrabando e outros). Esses serviços orientam as empresas em matéria de prevenção; constituem bases de dados referentes aos métodos de atividades delituosas, desenvolvem sindicâncias e trabalham com as autoridades judiciárias.

Bureau Marítimo Internacional

Criado em 1981, o BMI oferece a seus membros informações confidenciais, sindicâncias, negociações, autenticação de documentos, supervisão de navios, seminários, pesquisas sobre cargas e orientação sobre lucros e perdas. A sede desse órgão situa-se em Londres. O BMI é também responsável pelo Centro de Cooperação Marítima da CCI, criado em 1985, para encorajar e facilitar a cooperação empresarial internacional, em todos os níveis e em todos os setores da economia marítima, com exceção dos estaleiros. Procura demonstrar as vantagens de uma aproximação para o desenvolvimento do setor marítimo, baseada no regime de livre empresa e no mercado aberto.

Bureau contra o Crime Comercial

Foi criado em 1991, para a prevenção de fraudes e promover maior cooperação no âmbito do comércio internacional e nas instâncias judiciárias. Procura sensibilizar a comunidade internacional para banir operações fraudulentas, graças às suas publicações especializadas, seus seminários e ação direta do próprio Bureau ou dos Comitês Nacionais da CCI.

ICC Publishing S/A.

É uma empresa editora, para editar e distribuir obras sobre assuntos de TRADE de autores variados, após aprovação das Comissões. Publica também os trabalhos da CCI e seus folhetos. Distribui também obras de outras editoras, de vários países, sobre assuntos de que se ocupa a CCI, como as obras das Edições Aduaneiras. Os assuntos mais evidentes tratados por essas obras têm sido sobre arbitragem, práticas bancárias, contratos internacionais, fraudes comerciais, "joint ventures", publicidade, comunicações e meio ambiente. O parque editorial gráfico biparte-se entre Paris e Nova York.

A administração financeira da CCI

É exercida pelo Comitê de Finanças da CCI, que assessora o Comitê Diretor em todas as questões financeiras. Prepara o "budget" e controla toda a movimentação financeira, desde a arrecadação até os investimentos. O Comitê de Finanças tem 12 membros, nomeados pelo Conselho Diretor, do qual faz parte também seu Presidente. O Secretário-Geral da CCI e o Presidente da Corte Internacional de Arbitragem são membros "ex offício". Nota-se assim a relevância da Corte Internacional de Arbitragem na administração e atividades gerais da CCI.

A receita é formada pela contribuição dos membros. Arrecada também pelos serviços prestados a empresas e a órgãos diversos, como a ONU e organizações integrantes da ONU. As publicações da CCI proporcionam-lhe algum lucro, embora não tenham essa finalidade.

Corte internacional de arbitragem

Contribuição máxima da CCI foi a criação da CORTE INTERNACIONAL DE ARBITRAGEM, entidade pioneira e modelo da arbitragem e da mediação, como formas alternativas de resolução de controvérsias empresariais. A esse órgão dedicaremos um estudo especial.

19. A SOLUÇÃO ADEQUADA DE CONTROVÉRSIAS EMPRESARIAIS: ARBITRAGEM

19.1. Necessidade de fórmulas alternativas de solução de problemas

19.2. Características e vantagens da arbitragem

19.3. Tipos de arbitragem

19.4. Como se institui o juízo arbitral

19.5. O passivo judicial das empresas

19.6. A remuneração da arbitragem

19.7. As raízes brasileiras da arbitragem

19.1. Necessidade de fórmulas alternativas de solução de problemas

Após as considerações ponderáveis a respeito da CCI-Câmara de Comércio Internacional, necessário se torna expor a mais importante contribuição dessa organização internacional de direito privado para o progresso do Direito Empresarial e o Direito do Comércio Exterior, bem como das próprias atividades empresariais. Logo após a sua constituição, a CCI-Câmara de Comércio Internacional instalou, em 1922, o seu mais importante órgão: a CIA-Corte Internacional de Arbitragem. Não se trata apenas da montagem de um órgão judicante, mas da implantação de um sistema judiciário, com regras e princípios definidos e consolidados.

Não há um poder judiciário internacional, a justiça pública universal. O foro competente para julgar questões internacionais, com predominância na área contratual, é estabelecida pelas próprias partes na cláusula de eleição de foro. No plano nacional há certas limitações à eleição de foro pelas partes, pois o Código de Processo Civil impõe normas sobre o foro competente.

Nessas condições, empresas de países diferentes poderão celebrar contrato com a eleição do foro competente para dirimir quaisquer controvérsias entre elas perante a justiça de um dos países a que pertença algumas delas, ou então, no foro de qualquer dos países. Poderiam ainda concordar com que certas questões sejam resolvidas num país e outras em outro país. Entretanto, não seria apenas a escolha do foro a preocupação das empresas contratantes, mas também o direito a ser aplicado: de um país ou de outro? Se ambos ao mesmo tempo? De alguma convenção internacional? Dos costumes internacionais, como a "lex mercatoria"?

Outros problemas mais delicados envolvem a solução de litígios empresariais, quer internacionais, quer nacionais. As vias costumeiras de solução têm apresentado sensível inadequação para o exame de divergências entre empresas engajadas num contrato. Por estas e por outras razões, as normas internacionais penetram no Brasil, transformando-se em direito nacional, como foi o caso da arbitragem.

A moderna vida empresarial, desenvolvida no mundo caracterizado pela produção em série, pela aplicação da tecnologia nas atividades produtivas, pela informática, pela era da globalização e crescente internacionalização das atividades empresariais, pela formação de inúmeros contratos novos e complexos, pela formação de blocos econômicos, como o MERCOSUL e a UNIÃO EUROPÉIA, introduziu profundas modificações nas operações econômicas. Os modernos contratos empresariais desgarram-se dos modelos tradicionais, criados pelo direito romano. A cada dia que passa, alastra-se a aplicação do contrato de adesão, prática desconhecida há pouco tempo. Os contratos são híbridos, formados por pedaços de outros e cláusulas de moderna criação, como a "acceleration clause", de "hardiship", de "força maior". Basta examinar o "contrato de alienação fiduciária em garantia", calcado numa dezena de institutos jurídicos, mesmo tradicionais, mas de novos matrizes. Os problemas são novos, imprevistos, inusitados.

Para a solução de problemas novos e inusitados, temos que criar mecanismos novos de solução. Não podemos resolver os modernos problemas empresariais utilizando-se de mecanismos seculares, criados para a resolução de conflitos empresariais do século passado. É de se criar fórmulas alternativas de resolução de pendências, aliás já em aplicação e desenvolvimento no Brasil e no restante do mundo, com pleno sucesso.

Tradicionalmente, o esquema de solução de lides é por meio da justiça pública, exercida pelo Poder Judiciário. O direito em que se fulcra o julgamento judicial é o legislado, de inspiração romana, consubstanciado principalmente no Código Comercial e no Código Civil. Esse esquema tradicional revela-se hoje inteiramente defasado, anacrônico e inadequado. Sua manutenção tem causado imensos prejuízos ao país, tornando a situação bastante grave, embora suportável. Dentro em breve, porém, a tolerância terá o seu fim. O Poder Judiciário no Brasil, como na maioria dos países, está acéfalo, sucateado e emperrado. Não cumpre a sua missão e nem terá condições de cumpri-la, uma vez que essa situação calamitosa agrava-se de forma assustadora. A demora na solução de tão angustiante problema vem causando inquietações, desavenças e até explosões de revolta.

Atualmente está em andamento a Comissão Parlamentar de Inquérito para encontrar soluções. Os órgãos de comunicação expõem constantemente essas circunstâncias, de maneira às vezes bombástica e sensacionalista, abafando a divulgação de fórmulas sensatas e científicas, levantadas por juristas e magistrados. Em nosso parecer, tais comissões examinam um problema insolúvel; portanto será tempo perdido desenvolver tais estudos. Só após a adoção de arbitragem poder-se-á pensar no aprimoramento do Judiciário e na solução de seus problemas.

19.2. Características e vantagens da arbitragem

A sensatez está, pois, em reconhecer a inviabilidade do esquema tradicional de solução de litígios e adotar novas fórmulas paralelas, consentâneas com o mundo moderno e as necessidades da sociedade, mormente no que tange às empresas. Os novos esquemas devem atender às características essenciais para que a justiça se exerça: rapidez, sigilo, adequação jurídica, confiabilidade, baixa contenciosidade, especialidade. São características exigidas pela nova ordem econômica e jurídica nacional e internacional e pela moderna orientação empresarial. O sistema tradicional de resolução de lides, vale dizer, a solução judiciária, não atende a qualquer dessas exigências fulminando as seculares formas processuais. Há necessidade de falarmos sobre as vantagens da arbitragem, como forma alternativa de resolução de disputas.

A primeira delas e por razões de importância é a rapidez na solução de problemas empresariais. Não pode a empresa moderna ficar na dependência de soluções judiciárias para continuar sua vida. O tempo normal da morosidade da justiça para a resolução definitiva de um processo é de dez anos, o que perturba e amarra o desenvolvimento das atividades empresariais.

Um importante conglomerado de órgãos de comunicação, verdadeiro império econômico, encontra-se em estado pré-falimentar, com impostos atrasados e salários sem pagar, ameaçado de fechamento com incontáveis prejuízos à coletividade. Várias soluções já foram apresentadas, mas todas esbarram na espera de certas soluções judiciais que se eternizam. Está "sub judice" o direito de propriedade da maioria das ações da empresa, aguardando o fim de processos que estão correndo há mais de dez anos. Inúmeras empresas encontram-se na mesma situação: não podem tomar importantes decisões, por aguardarem algum provimento judicial, com interminável espera.

A maioria das empresas brasileiras encontra-se em esquisita e delicada situação quanto ao cumprimento de contratos. Se duas empresas têm problemas a resolver, referente a um contrato que celebraram, necessário se torna que tais problemas sejam resolvidos de forma justa, adequada e rápida. Caso contrário, o relacionamento entre elas estará detido ou tumultuado e o cumprimento do contrato ameaçado. O velho brocardo de que "a justiça tarda, mas não falha" é uma falácia, uma enganação: se a justiça tarda, ela já é falha. Mais precisamente, a justiça tardia é a negação da justiça; é justiça inexistente. É, pois, o apanágio da justiça moderna, de pretensão empresarial: a celeridade. E não se pode alegar o provérbio de que a pressa é inimiga da perfeição; não se requer pressa, mas presteza.

Examinemos a segunda exigência empresarial para a justiça considerada conveniente: o sigilo. Não é do interesse das empresas que suas divergências referentes à interpretação da execução de um contrato se tornem do domínio público. Nem é interesse delas que seus contratos fiquem no fórum, à disposição de quem possa se interessar. As discussões empresariais podem ter utilidade para a concorrência, mas, são de enorme inconveniência para as empresas. Predomina no processo judicial o princípio da publicidade, excetuando-se alguns casos de segredo de justiça. Discute-se num processo, muitas vezes, segredo de fábrica, como a fórmula de um remédio, comportamento financeiro de empresa, direitos reservados, tecnologia de produção, "know-how", dificuldades de caixa, cuja divulgação traz manifestos prejuízos para as partes.

Em terceiro lugar, podemos nos referir à maleabilidade da arbitragem na adoção do direito aplicável, sem a rigidez do direito comum, continuador da rigidez romana. As partes desfrutam de mais esta faculdade: além da livre escolha dos juízes arbitrais, fica-lhes reservada também a livre escolha do direito aplicável no julgamento. Cada caso examinado apresenta características próprias, afastando-se da aplicação de normas tradicionais do direito de inspiração romana. O juiz togado encontra-se inibido de adequar o direito à solução do processo em tela, apesar da Lei de Introdução ao Código Civil, no art. 5°, dar-lhe a faculdade de liberalizar a aplicação da lei, ao dizer que poderá ele levar em conta os fins sociais a que ela se dirige e as exigências do bem comum. O juiz arbitral está mais à vontade, desde que as partes tenham decidido lhe dar essa liberdade. É-lhe possível então desvencilhar-se do anacrônico, superado e rígido direito criado há 2.000 anos e a dez mil quilômetros de São Paulo.

Outro aspecto a ser considerado é o da confiabilidade do julgamento arbitral. O árbitro, ou os árbitros, são escolhidos pelas partes, sendo-lhes, portanto, facultado arredar do julgamento de sua questão quem não lhe mereça confiança. Não poderá qualquer das partes reclamar da decisão arbitral, visto que o prolator da sentença teve a sua aprovação antes de iniciar-se o processo. Durante o processo poderão ser levantadas exceções.

Como quinta característica desse esquema de solução de litígios empresariais deve ser citada a especialidade. A complexidade das modernas relações empresariais criaram um novo direito e os problemas são de tal maneira "sui generis" que dificilmente poderão ser analisados, compreendidos e julgados a não ser por pessoas especializadas. Apontemos, como exemplo, o que ocorre com numerosos julgamentos referentes à prestação de serviços médicos: são problemas de tal maneira especializados, que só poderão ser julgados por pessoas especializadas. O juiz, de formação jurídica, pode-se servir de laudos técnicos, apresentados pelas partes e por assistente técnico da escolha judicial, conforme preceitua o Código de Processo Civil. Esse sistema é superado e ineficaz há muitos anos, razão pela qual se eternizam as questões em julgamento.

Chegamos agora à última das seis características levantadas, como as mais importantes, malgrado haja muitas outras deixadas de lado, por não apresentarem a mesma relevância. É o alto nível das discussões, a baixa contenciosidade. Problema sério do direito atual e da vida forense, causando dificuldade e ineficácia ao próprio Poder Judiciário, é a elevada contenciosidade dos processos judiciais. Longa série de fatores acirram o ânimo das partes, fazendo-as descer ao nível dos insultos e revelações inconvenientes. O pretório transformou-se numa arena de digladiadores em luta encarniçada. Essas circunstâncias dificultam o andamento do processo, o julgamento da questão e a eficácia da solução. Urge encontrarmos o meio adequado de arrefecimento dos ânimos, sem o que não se poderá chegar a soluções adequadas. Essa troca de farpas e insultos não pode caber em discussões de problemas empresariais. Empresas não têm sentimentos feridos; não têm honra e outros sentimentos próprios de pessoa natural. Empresas têm interesses a tratar; direitos a defender. Seu interesse é a justa composição da lide e minimização de prejuízos.

19.3. Tipos de arbitragem

É conveniente referir-se aos vários tipos de arbitragem. São de direito público ou de direito privado, nacional ou internacional, civil ou empresarial. A arbitragem de direito público é a que se aplica ao julgamento de divergências entre países ou pelo Estatuto da Corte Permanente de Arbitragem, órgão sediado em Haia (Holanda), existente há mais de um século. Não é desse tipo de arbitragem, a que estamos nos referindo, mas trataremos da arbitragem empresarial. A arbitragem pode ser nacional e internacional. Será nacional, se dirimir controvérsias entre empresas nacionais ou quando aplicar a lei de um só país. A internacional julga questões que exijam a aplicação da lei de dois ou mais países.

O que estamos examinando, porém, é a arbitragem empresarial, de direito privado e essencialmente nacional. É ela regulamentada pela Lei 9.307/96, chamada de Lei da Arbitragem ou Lei Marco Maciel, por ter sido da iniciativa do Vice-presidente da República. Trata-se de lei de boa feitura, ampla na sua disposição, dando eficácia à arbitragem. Regulamenta, em vários capítulos, a instauração da arbitragem, os árbitros, o procedimento arbitral, as normas aplicáveis, a sentença arbitral, a homologação de sentenças estrangeiras.

Para melhor compreensão dessa lei, temos, entretanto, de nos referir a outros diplomas jurídicos que a inspiraram, mesmo porque possuem eficácia no Brasil. A primeira invocação, no nosso caso, é o Regulamento da CIA-Corte Internacional de Arbitragem, órgão pertencente à CCI-Câmara de Comércio Internacional.

A maioria dos contratos internacionais trazem cláusula de eleição de foro, escolhendo a CIA como órgão julgador, ou então, aplicando o estatuto desta, ainda que esteja o julgamento a cargo de outra câmara arbitral.

Duas convenções internacionais regulamentaram a arbitragem num sentido geral, celebradas em Genebra em 1923 e 1928. O Brasil participou dessas convenções, transformadas em leis brasileiras. Importantíssima foi a Convenção de Nova York, regulamentando a arbitragem privada, mas o Brasil infelizmente não aderiu a essa convenção. Como, entretanto, se trata de convenção adotada pelos principais países, somos obrigados a obedecê-la se ela for invocada em contratos empresariais.

Importante ainda é a Lei Modelo da UNCITRAL, de que faremos algumas referências. A ONU vem divulgando em todos os países a cultura da arbitragem, trabalhando intensamente para manter certa uniformidade na legislação arbitral dos países que a adotarem. Este trabalho processa-se graças a dois órgãos da ONU:

UNCITRAL-UNITED NATIONS CONFERENCE ON INTERNATIONAL TRADE LAW

Este órgão tem várias funções. A principal delas é a elaboração de um código comercial internacional, visando à harmonização e uniformização do direito empresarial no mundo todo. Enquanto esse código não sai, a UNCITRAL desenvolve ação divulgando a regulamentação de contratos internacionais e colaborando com os países, no estabelecimento de legislação de direito empresarial, atendendo a essa uniformização.

A UNCITRAL conta com a assistência técnica da CCI, na elaboração de normas a serem aplicadas na regulamentação do comércio internacional (TRADE). Se fôssemos considerar esse órgão da ONU em nosso idioma, chama-lo-íamos: CNUDCI-Conferência das Nações Unidas para o Direito do Comércio Internacional. A ação de maior interesse no que tange à arbitragem é que a UNCITRAL elaborou a lei-modelo de arbitragem, com a colaboração técnica da CCI. Essa lei-modelo é bem ampla e genérica, de tal forma que a arbitragem pode ser adaptada em qualquer país. Vários países reformularam sua legislação, com base nela. Foi o que aconteceu com o Brasil, cuja lei básica da arbitragem, a Lei 9.307/96, incorpora muitas disposições da lei-modelo da UNCITRAL e de convenções internacionais.

UNCTAD-UNITED NATIONS CONFERECE ON TRADE AND DEVELOPMENT

Este órgão da ONU atua paralelamente à UNCITRAL, mas esta é um órgão jurídico, enquanto a UNCTAD ocupa-se das práticas do comércio internacional, procurando regulamentar as operações econômicas internacionais, visando a desenvolvê-las e harmonizá-las. Uma das formas para atender a esse objetivo é a da aplicação da arbitragem para a resolução de disputas no comércio internacional.

19.4. Como se institui o juízo arbitral

É preciso que as partes estejam de acordo; é uma opção das partes. Podem elas apelar para a justiça pública, mas, se não quiserem assim, apelarão para a arbitragem. Não pode haver imposição da arbitragem; ela depende de uma convenção entre as partes: é, portanto, uma justiça convencional. Essa convenção é chamada de convenção arbitral.

Quem poderá requerer a arbitragem e em quais casos é o que a lei vai dispor. Segundo o art. 1° da Lei Arbitragem:

> "As pessoas capazes de contratar poderão valer-se da arbitragem para dirimir litígios relativos a direitos patrimoniais disponíveis".

Toda empresa registrada na Junta Comercial será parte capaz de contratar. O registro no órgão público competente dá à empresa personalidade jurídica, ou seja, capacita-a a adquirir direitos e contrair obrigações. Poderá, portanto, celebrar a convenção arbitral, que apresenta as características de um contrato. Todos os direitos de uma empresa são disponíveis, vale dizer, admitem transação. Por tais razões, a arbitragem é um instituto tipicamente empresarial, malgrado seja aplicado a relacionamentos jurídicos na órbita civil. É também capaz, a sociedade civil, mesmo que não registrada na Junta Comercial, mas no órgão próprio.

A convenção arbitral pode ser porém de dois tipos, os quais determinarão dois tipos de arbitragem.

Compromisso

É a convenção celebrada pelas partes para a resolução de uma controvérsia já existente entre elas, questão esta que poderá até mesmo estar sendo discutida na justiça. Haverá, então, o compromisso judicial e o extrajudicial.

O compromisso arbitral judicial será celebrado por termo nos autos, perante o juízo ou tribunal em que tem curso a demanda. Neste caso, o juiz extinguirá o processo, liberando os autos para as partes, a fim de serem encaminhados ao juízo arbitral. Aliás, o Código de Processo Civil prevê como uma das causas para a extinção do processo, no inciso VII, a convenção de arbitragem.

Cláusula compromissória

Esta convenção arbitral é uma cláusula inserida num contrato. Os contratos trazem normalmente a cláusula denominada "eleição de foro". Poderá também esta cláusula estabelecer que possíveis divergências entre as empresas contratantes devam ser resolvidas por arbitragem, indicando, ainda, a que órgão arbitral institucional ou entidade especializada perante os quais a arbitragem será instituída e processada. Como órgão arbitral institucional, podemos apontar, como exemplo, a CIA-Corte Internacional de Arbitragem e como entidade especializada a Associação Brasileira de Arbitragem-ABAR. Há muitas outras cortes arbitrais em São Paulo e em várias cidades brasileiras.

Fala a cláusula compromissória de um potencial litígio; ele ainda não existe, mas poderá surgir a qualquer momento. Esse tipo de convenção antecede ao litígio, tendo, pois, um caráter preventivo. A solução de uma controvérsia ficou prevista pela cláusula compromissória, constando no próprio contrato sobre o qual passa a haver alguma dúvida futura. Esta cláusula deve ser estipulada por escrito, podendo estar inserta no próprio ou em documento apartado, que se refira a esse contrato. É de natureza contratual, pois é estabelecida por comum acordo e só se refere a um contrato. É mais uma razão para apoiar a idéia de que a arbitragem é aplicável marcantemente na área contratual. Não existe no direito brasileiro cláusula compromissória a não ser referente a um contrato e estabelecida de forma contratual.

Procurou precaver-se a lei brasileira quanto aos abusos que possam originar-se do contrato de adesão, tipo de contrato muito em moda hoje em dia e de crescente domínio. O contrato de adesão é elaborado por uma das partes, estabelecendo todas as cláusulas. A proposta desse contrato é apresentada pela parte elaboradora, de posição claramente forte e predominante, à outra parte, que se vê na posição de aceitar as cláusulas em bloco, ou não celebrará o contrato.

No contrato de adesão, a cláusula compromissória só terá eficácia se for escrita em letras bem realçadas, distinguindo-se das demais cláusulas. Ou, então, se for celebrada em documento à parte, como aditivo ao contrato. Poderá ainda vir após a assinatura do contrato, com letras mais salientes e com nova assinatura. Assim deve ser feito no contrato de trabalho, de seguros, contratos bancários e outros em que são celebrados em impresso próprio.

Poderão as partes indicar na convenção, além da adoção da arbitragem, também o nome do árbitro que deverá julgar a questão, ou o órgão arbitral ou entidade especializada, como, por exemplo, a Associação Brasileira de Arbitragem-ABAR.

19.5. O passivo judicial das empresas

Realidade pouco divulgada na vida empresarial é a vultosa dívida decorrente de processos judiciais, colocando em situação instável as empresas brasileiras. Bastaria citar o passivo trabalhista formado pelas reclamações de empregados na Justiça do Trabalho. Em todo o Brasil correm mais de dois milhões de processos trabalhistas, cujos valores cobrados atingem patamares bem acima de todo o meio circulante no país. Verdade é que a maioria desses processos não chegam ao fim e os valores reclamados constituem mera ficção. Todavia, são valores "sub judice", documentados pelo próprio processo e poderão ser julgados procedentes.

Muitas empresas sofrem processos cujo montante reclamado ultrapassa todo o seu capital e seu patrimônio. A procedência de uma só ação poderia engolir seu capital. Se uma empresa exerce ação judicial, o valor defendido é sempre contabilizado e lastreado por documentos, como, por exemplo, duplicata. As cobranças contra ela, mormente as trabalhistas, contudo, não são contabilizadas, malgrado tenha sido ela citada para os termos dessa ação. Se fosse ela contabilizar esses débitos, estaria ela financeiramente estourada. É esse o estado da maioria das empresas do Brasil. Embora seja um estado artificial, não deixa de ser alarmante.

Saindo, porém, da área trabalhista, encontrar-nos-emos defronte a uma situação constrangedora. Muitas empresas necessitam de tomar decisões importantes, mas se encontram inibidas de tomar qualquer iniciativa, por dependerem de decisões judiciais, aguardadas há muitos anos. Os processos judiciais tolhem as iniciativas empresariais, emperram o desenvolvimento econômico, acirram litígios de toda espécie e estimulam as fraudes e as aventuras. Não há, portanto, justiça, pois justiça tardia é a negação da justiça. O juiz que retarda o exercício de suas funções jurisdicionais está negando a justiça. A velha e surrada frase de que "a justiça tarda, mas não falha" é uma falácia, uma enganação; se a justiça tarda, ela já é falha.

Há um desassossego, um estado de angústia empresarial. Sabe todo empresário que a espada de Dâmocles pende sobre sua cabeça. Cabe ao Direito Empresarial encontrar a solução para essa angústia que está se tornando insuportável para as empresas do Brasil. E a solução está apresentada pela Lei 9.307/96, dando novos contornos e eficácia à arbitragem. Urge a imediata adoção de meios alternativos para a solução de controvérsias empresariais. De nada poderia adiantar a modernização do Direito Empresarial, se este não tiver mecanismos adequados de aplicação.

19.6. A remuneração da arbitragem

Sendo a arbitragem uma justiça privada, exercida por juízes privados, não há participação estatal. Os árbitros são indicados pelas partes contendentes ou elas escolhem qual o tribunal arbitral a encarregar-se do julgamento. Cabe, então, a elas a remuneração do serviço prestado e a remuneração dos árbitros. Essa remuneração será combinada entre as partes litigantes e o árbitro, caso se trate de árbitro singular. Caso, entretanto, se trate de um tribunal institucionalizado, ou seja, uma entidade especializada em arbitragem, cada uma tem sua tabela de preços. Geralmente é uma porcentagem sobre o valor da causa, havendo um limite mínimo e máximo.

Essa jurisdição paga contrapõe-se à jurisdição gratuita. Há várias ponderações necessárias a este respeito. A justiça pública não é totalmente gratuita: há custas do processo, a juntada de mandato, da diligência do oficial de justiça, publicação de editais e muitas outras. As cópias de peças processuais são de preço elevado. Deve-se levar em conta os inúmeros gastos de idas e vindas ao fórum, de audiências, que vão se acumulando pelos anos afora. É dispendiosa para as empresas a manutenção de um advogado ou departamento jurídico. Ao final, o processo custou preço bem elevado.

Não é o que ocorre na arbitragem. O advogado tem um prazo bem curto para o seu trabalho, que é mais facilitado e produtivo. Segundo o artigo 23 da Lei da Arbitragem, as partes em litígio poderão prever o prazo desejado por elas, como, por exemplo, um mês. Caso não fique estabelecido esse prazo, vigorá então o prazo legal, que é de seis meses. Se o juízo arbitral não prolatar a sentença no prazo legal, ou no prazo convencionado pelas partes, poderá responder civil e criminalmente por essa desídia, podendo até ser alvo de ação de reparação de danos, se a falha tiver causado danos para uma ou ambas as partes.

Sendo o trabalho do advogado bem mais rápido e facilitado, sua remuneração poderá ser bem menor. O trabalho exercido durante um mês é menos dispendioso do que o exercício durante dez anos. De forma alguma será o advogado prejudicado. Nas atuais circunstâncias, é por demais ilusória a remuneração do trabalho advocatício: recebe o advogado previamente sua remuneração e por ela terá de trabalhar anos a fio; será cobrado pela sua cliente a solução do feito e terá gastos de condução e recolhimento de custas. Cedo verá o advogado que sua remuneração foi corroída por gastos contínuos, enquanto se esfalfa e se desgasta.

Numa análise mais profunda, ver-se-á que a arbitragem racionaliza o trabalho de uma empresa, diminuindo seus custos operacionais. Por outro lado, racionaliza também o trabalho do advogado, valorizando sua remuneração. Poderá ele, assim, apresentar menores exigências, provocando maior volume de ações.

19.7. As raízes brasileiras da arbitragem

O Brasil nunca foi indiferente à arbitragem, malgrado tenha ela emergido com vigor apenas com o advento da Lei 9.307, de 23/09/96. Durante o Império e mesmo nos primórdios de nossa vida como nação independente e soberana, antes que se elaborasse legislação nativa, vigoravam as Ordenações do Reino, em que a arbitragem era admitida. Proclamada a Independência, surgiu nossa primeira constituição, em 1824, prevendo a resolução de divergências jurídicas civis por meio da arbitragem.

Em 1850, porém, passa a vigorar o nosso Código Comercial, apontando a arbitragem como fórmula de solução para vários tipos de controvérsias no âmbito empresarial. Incisivo é o art. 783, ao apontar a arbitragem para a solução de divergências em operações de comércio marítimo. O art. 302, na

alínea 5, diz que o ato constitutivo de uma sociedade mercantil deve trazer a "forma da nomeação dos árbitros para juízes das dúvidas sociais". O art. 294 é ainda mais peremptório:

> "Todas as questões sociais que se suscitarem entre sócios durante a existência da sociedade ou companhia, sua liquidação ou partilha, serão decididas em juízo arbitral".

Posteriormente, a arbitragem foi regulamentada de forma ampla pelo Código Civil de 1916, nos arts. 1040 a 1047 e seu "modus faciendi" no Código de Progresso Civil de 1939, confirmado pelo atual CPC, de 1973. Essas partes foram derrogadas pela atual Lei de Arbitragem, mais propriamente dizendo, as disposições do Código Civil e do CPC não foram revogadas, mas incorporadas na nova Lei da Arbitragem.

Havia, portanto, um substrato legislativo da arbitragem antes que a nova lei fosse elaborada. Não estão sendo aqui invocadas as raízes internacionais, mas apenas as nacionais. Podemos ainda citar a prática da arbitragem no Brasil, como, por exemplo, as resoluções dos problemas relacionados ao Território do Acre e ao das Missões e o estabelecimento dos limites territoriais do Brasil e países limítrofes, todos resolvidos por arbitragem. Foi no julgamento arbitral dessas questões que se realçou a atuação do Barão do Rio Branco, como advogado do Brasil.

Podemos, ainda, fazer referência ao fato de o Brasil, além de submeter-se à arbitragem, atuou também como árbitro em certas questões internacionais ocorridas no século passado.

Prol Pabx: (011) 4178 05 22 provografica.com.br